广西哲学社会科学规划研究课题（22FFX011）和
广西地方法治与治理研究中心课题（GXDFFZ201607）成果

广西师范大学法学院丛书
"地方法治与地方治理研究"

丛书主编　陈宗波

刑事和解理论与实务研究

黄祖合　著

中国政法大学出版社

声　明　　1. 版权所有，侵权必究。

　　　　　　2. 如有缺页、倒装问题，由出版社负责退换。

图书在版编目（ＣＩＰ）数据

刑事和解理论与实务研究/黄祖合著. —北京：中国政法大学出版社，2022.12
ISBN 978-7-5764-0750-1

Ⅰ.①刑… Ⅱ.①黄… Ⅲ.①刑事诉讼－调解(诉讼法)－研究 Ⅳ.①D915.314

中国版本图书馆CIP数据核字(2022)第252410号

出 版 者	中国政法大学出版社
地　　址	北京市海淀区西土城路 25 号
邮寄地址	北京 100088 信箱 8034 分箱　邮编 100088
网　　址	http://www.cuplpress.com（网络实名：中国政法大学出版社）
电　　话	010-58908289(编辑部) 58908334(邮购部)
承　　印	北京九州迅驰传媒文化有限公司
开　　本	650mm×960mm　1/16
印　　张	18.25
字　　数	240 千字
版　　次	2022 年 12 月第 1 版
印　　次	2022 年 12 月第 1 次印刷
定　　价	79.00 元

总 序
GENERAL PREFACE

"地方"本来只是一个地理空间概念，自从出现了国家这一政治组织形式之后，"地方"一词又增添了新的含义，从政治地理学的角度理解，它指的是中央治下的行政区划。既然有了"地方"，就必然有"地方治理"。地方治理既是国家行使权力的重要标志，也是行政治理科学化的重要措施，古今中外，概不例外。

法治，已然成为现代国家治理的重要特征和必备工具。有学者指出，现代国家治理必备两个系统，即动力系统和稳定系统。动力系统主要来自于地方及其个体的利益追求，并付诸行动，推动国家的发展变化；稳定系统由规则体系构成，主要载体是宪法、法律和制度，它们为动力系统提供稳定的运行轨道和程序。法治是由国家整体法治与地方法治构成的内在联系的严密整体。所谓地方法治，一般认为是地方在国家法制统一的前提下，落实依法治国方略、执行国家法律并在宪法、法律规定的权限内创制和实施地方性法规和规章的法治建设活动和达到的法治状态。地方治理法治化就是将地方治理各方主体的地位职能、行动规则、相互关系逐步规范化，并在治理过程中予以严格贯彻实施的动态过程。地方法治建设是国家整体法治建设的重要组成部分，是我国全面落实依法治国基本方略、建设社会主义法治国家的有效路径，是自下而上推进法治建设的重要切入点。

在世界多元化的发展格局中，各国治理模式的选择自有其现实依据和发展需要。当下的中国，"地方法治"无论是作为一个学术话语还是一个实践命题，其兴起的根本原因是对经济社会快速发展的现实回应。从经济社会发展需要看，经济越发达，市场主体之间的竞争越激烈，民事主体的纠纷越频繁，财产保护的愿望越强烈，治理法治化的要求越迫切。当国家平均法治化水平无法达到某一先进地区社会关系所要求的调整水平的时候，这些区域就可能率先在法律的框架内寻求适合自身发展的治理规范。在我国，一个有力的证据就是东部发达省份，如江苏、浙江、上海、广东较早探索地方法治与地方治理路径。它们根据经济社会发展的现状，率先提出了"建成全国法治建设先导区"，意指在其经济与社会"先发"的基础上，在国家法制统一的原则下率先推进区域治理法治化，即"地方法治"。

完善和发展中国特色社会主义制度，推进国家治理体系和治理能力现代化是我国全面深化改革的总目标。应该说，上述这些有益的实践探索契合了我国国家治理的现实需要和理想追求。实践探索往往能够引领理论的创新，时至今日，"地方法治"早已超出最初"全国法治建设先导区"含义，而成为地方治理的应有之义，进而成为推进法治中国建设的有效路径。十八届三中全会《中共中央关于全面深化改革若干重大问题的决定》提出，"直接面向基层、量大面广、由地方管理更方便有效的经济社会事项，一律下放地方和基层管理"，"加强地方政府公共服务、市场监管、社会管理、环境保护等职责"。法治是国家治理体系和治理能力现代化的重要体现和保障。十八届四中全会《中共中央关于全面推进依法治国若干重大问题的决定》提出，"推进各级政府事权规范化、法律化，完善不同层级政府特别是中央和地方政府事权法律制度，强化中央政府宏观管理、制度设定职责和必要的执法权，强化省级政府统筹推进区域内基本公共服务均等化职责，强化市县政府执行职责"，"明确地方立法权限和范围，依法赋予设区的市地方立法权"。随后《中华人民共和国立法法》对此及时作出了回应，在原有相关规定的基础上，地方立法权扩至所有设区的市。十九届四中全会《中共中央关于坚持和完善中国特色社会主义制度 推进国家治理体系和治理能力现代化若干重大问题的决定》提出,"健全充分发挥中央和地方两个积极性的体制机制","理顺中央和地方权责关系","赋予地方更多自主权,支持地方创造性开展工作","构建从中央到地方权责清晰、运行顺畅、充满活力的工作体系"。这些目标和举措彰显了中国在国家治理体系和治理能力方面的灵活、务实态度和改革、创新精神。这意味着地方法治在中国地方社会秩序的建立和维护过程中将发挥越来越重要的作用,并且深刻地影响着国家法的实际运行。我国属于单一制国家,有统一的法律体系,在国家治理结构中,各地方的自治单位或行政单位受中央统一领导。但是我国幅员广大,不同地方区域的现实状况差别较大。正如孟德斯鸠所说的,法律和地质、气候、人种、风俗、习惯、宗教信仰、人口、商业等因素都有关系。因此,法治建设需要因地制宜,体现地方治理的个性要求,政治、经济、文化和社会发展的不同特点。地方在社会经济发展中形成的法律制度,也应针对实际情况、体现地方特色。可见,地方法治建设要体现地方特色也是法治中国的应有内涵。因此,根据目前我国地方法律制度的特点,着力解决法治中国建设在地方法治建设中所遇到的独特问题,对于推进法治中国建设具有重要现实意义。广西壮族自治区是少数民族地区,边疆地区,"一带一路"重要门户,华南经济圈、西南经济圈与东盟经济圈的结合部,社会关系较为敏感而复杂,在社会主义法治国家建设实践中有其自身的特点和情况。在这样的背景下,2013年4月,广西师范大学以法学院为主体单位,依托广西重点学科法学理论学科,整合区内外专家学者力量,联合自治区立法、司法和政府法制部门,组建"广西地方法制建设协同创新中心"。2014年7月,根据广西地方法治与地方治理理论和实践需要,在"广西地方法制建设协同创新中心"的基础上,进一步加强力量,组建"广西地方法治与地方治理研究中心",申报广西高校人文社会科学重点研究基地并被确认。2019年,在前一阶段工作成绩获得自治区教育厅考评结果优秀等次的基础上,又跻身广西高校人文社会科学研究基地 A 类。

中心致力于建设地方法治与地方治理高端研究平台，在较短的时间内，加强软硬环境建设，创新管理体制机制，汇聚学者队伍，构筑学术高地，服务地方社会经济，经过五年多的建设，初见成效：

大力汇聚专家学者。中心积极建立健全专家库，在加强校内多学科专家集聚的同时，拓宽人才引进模式，利用灵活、开放的政策，吸引学术影响大的学者和学术潜力强的中青年人才加盟团队。目前中心研究人员近 60 名，其中主体单位广西师范大学主要学术骨干 42 人，绝大部分具有高级职称和博士学位，多人具有省级以上人才称号。目前，设立了地方法治基础理论、广西民族法治与社会治理、广西地方立法、广西地方经济法治、广西地方政府法治、广西地方生态法治 6 个研究团队。

深入开展地方法治与地方治理学术研究。科研成果是衡量科研人员社会贡献大小的重要标志。中心精心策划，合理配置研究资源，开展了一系列科研活动。一是冲击高端研究课题。自中心成立以来获省部级以上科研项目 36 项，研究经费突破 600 万元，其中包括国家社科基金一般项目 17 项及国家社科基金重大项目 1 项。该重大项目"全面推进依法治国与促进西南民族地区治理体系和治理能力现代化研究"准确回应了中央精神，是西部地区法学领域为数不多的国家社科基金重大项目之一。二是设立研究课题。中心每年安排 30 万元左右，吸收广西内外学人积极开展地方法治与地方治理研究，年资助课题 10 余项，包括重点课题。三是资助出版理论研究成果。中心已资助《民族法治论》《民族习惯法在西南民族地区司法审判中的适用研究》等近 20 部专著出版发行，本系列丛书就属于中心资助出版理论研究成果的一部分。同时中心不限数量资助研究人员发表高水平学术论文。四是组织申报高级别科研奖。2014 年以来，中心研究人员获得省部级成果奖 20 多项，其中广西社科优秀成果奖一等奖 2 项。

当好"智囊"，服务经济社会实践。中心在培育高端服务平台、提供政策咨询服务、参与地方立法等方面已初见成效。目前已经孵化出多个省市级的法律服务平台，如"广西地方立法研究评估与咨询服务基地""广西法治政府研究基地"和"广西知识产权教育与培训基地"等，并成为广西特色新型智库联盟成员，从而为地方经济社会发展发挥出更大的整体效用。中心应要求组织专家参与了《中华人民共和国民法总则（草案）》《中华人民共和国国家安全法（草案）》《中华人民共和国境外非政府组织管理法（草案）》修改意见征求工作，以及《广西壮族自治区环境保护条例（修订草案）》《广西壮族自治区饮用水水源保护条例（草案）》等80余部国家法律和地方性法规、规章的起草、修改、评估和论证工作。上级有关领导和专家到立法基地视察和调研后，对中心在地方立法工作所作的努力和取得的成绩给予了充分肯定。

可以说，短短五年多时间，广西地方法治与地方治理研究中心的建设取得了可喜的进步，也为广西师范大学法学院法学专业2019年底获得国家首批一流本科专业建设点做出了贡献。目前，中央和地方高度重视地方法治建设，我们的工作迎来了机遇，同时也面临着更高的要求。广西地方法治与地方治理研究中心将坚持围绕广西地方法治基础理论与民族法治建设经验、广西地方经济法治理论与实践、东盟的法律和政策等方面的相关重大问题开展深入、系统地研究，推出一批在区域有一定影响的成果，并以此大力推动广西法学及相关学科的发展，培育本土学术人才和实务专家，在区域社会经济发展和地方治理现代化目标的实现上发挥更多积极作用。

陈宗波
2019年11月

前 言
PREFACE

十多年来，我国司法实务部门对刑事和解进行了积极探索，刑事诉讼中当事人们也积极参与了刑事和解，收到了良好的法律效果与社会效果。可以说，刑事和解制度对我国刑事司法产生了深远的影响，已成为我国刑事司法制度的重要组成部分。同时，在理论界，围绕着刑事和解的定位、功能、效果及价值，也产生了不少开拓性的学术成果，令人鼓舞。但不可否认的是，刑事和解制度还存在诸多不足，理论上也有不少问题需要澄清，因此，本书将通过几个专章对其进行深入调查和分析：

引言，论述本书的选题意义与研究方法。

第一章，首先在分析不同学者、不同司法机关关于刑事和解概念的基础上，提出本书关于刑事和解概念的观点。其次对与刑事和解相关法律制度进行了辨析，最后分析了刑事和解的功能。这为后文的分析奠定了坚实的理论基础。

第二章，对我国古代、民国时期及新中国成立后的刑事和解发展脉络，我国港澳台地区的刑事和解发展脉络，以及英美法系、大陆法系国家的刑事和解历史发展进行了梳理。这为我们的刑事和解研究提供了开阔的比较法视野，以及智识资源上的有力支持。

第三章，对侦查阶段的刑事和解进行了实证考察，指出了侦查阶段刑事和解存在的问题，并提出解决问题的若干对策。

第四章，对审查起诉阶段的刑事和解运行状况进行研究，指出了审查起诉阶段刑事和解制度存在的问题，并提出了诸多相应的解决策略。

第五章，对审判阶段的刑事和解运行进行了考察，提出了审判阶段刑事和解制度的不足，以及相应的问题解决方法。

第六章，通过对刑罚执行中的监所刑罚执行阶段以及社区矫正阶段的刑事和解，进行了全面考察，并提出了若干解决方法。

第七章，对于我国少数民族地区习惯法以及刑事和解实践进行了考察，对少数民族地区习惯法与制定法的冲突进行了梳理，尤其对少数民族地区刑事和解中存在的问题进行了考察，并提出了相应的完善办法。

结语，论述了进一步发挥刑事和解案件的分流功能及完善社区参与制度的重要价值，并分析了将刑事和解作为监禁刑替代措施的重要意义和方法。

总之，回顾刑事和解的过去，立足刑事和解的实践与理论现状，展望刑事和解的未来，这就是本书的主要思路。

目录
CONTENTS

总　序 ·· 001
前　言 ·· 006
引　言 ·· 001
 一、选题意义 ·· 001
 二、研究方法 ·· 003

第一章　刑事和解概述 ·· 004
 第一节　刑事和解的概念 ······································ 004
  一、刑事和解概念的分歧 ·································· 004
  二、本书的观点 ·· 009
 第二节　刑事和解与相关法律制度 ······················· 015
  一、刑事和解与恢复性司法 ······························· 016
  二、刑事和解与附带民事诉讼 ··························· 021
  三、刑事和解与协商性司法 ······························· 025
 第三节　刑事和解的功能 ······································ 029
  一、有利于化解社会矛盾 ·································· 029
  二、有效保护被害人的利益 ······························· 033
  三、提高司法效益 ··· 035
  四、有利于犯罪人重返社会 ······························· 037

第二章　刑事和解的发展沿革 ···································· 040
 第一节　西方国家刑事和解制度发展考略 ············· 040
  一、英美法系国家刑事和解的概述 ····················· 042

二、大陆法系国家刑事和解的概述 …………………… 050

三、评析 ……………………………………………… 063

第二节 我国刑事和解发展概述 ……………………… 064

一、中国古代刑事和解历史发展脉络 ………………… 064

二、民国时期刑事和解历史发展脉络 ………………… 067

三、新中国成立之后刑事和解发展脉络 ……………… 070

四、评析 ……………………………………………… 076

第三节 我国港澳台地区刑事和解的发展 ……………… 078

一、香港地区刑事和解发展历史与现状 ……………… 078

二、澳门地区刑事和解发展历史与现状 ……………… 079

三、台湾地区刑事和解发展历史与现状 ……………… 081

四、评析 ……………………………………………… 082

第三章 侦查阶段的刑事和解 …………………………… 086

第一节 侦查阶段刑事和解的实践概况 ………………… 086

一、侦查阶段刑事和解概述 …………………………… 088

二、侦查阶段刑事和解的五种运作模式 ……………… 090

三、侦查阶段刑事和解的法律后果 …………………… 104

第二节 侦查阶段刑事和解存在的问题 ………………… 106

一、侦查阶段刑事和解适用范围与法律规定相冲突 …… 106

二、刑事和解履行方式单一 …………………………… 113

三、主持刑事和解干警力量不足 ……………………… 114

四、刑事和解监督效果不佳 …………………………… 116

第三节 侦查阶段刑事和解制度完善 …………………… 118

一、扩大规范刑事和解适用范围 ……………………… 118

二、探索多种刑事和解履行方式 ……………………… 121

三、吸纳社会力量参与刑事和解 ……………………… 124

四、完善刑事和解监督机制 …………………………… 127

第四章 审查起诉阶段的刑事和解 …… 129

第一节 审查起诉阶段刑事和解实务 …… 130
一、刑事和解程序的启动方式 …… 131
二、刑事和解程序的运行 …… 133
三、刑事和解的法律效果 …… 141

第二节 审查起诉阶段刑事和解存在的问题 …… 144
一、刑事和解不起诉适用率偏低 …… 144
二、重刑事和解结果轻社会秩序恢复 …… 147
三、刑事和解缺乏有效监督 …… 147

第三节 审查起诉阶段刑事和解制度的完善 …… 148
一、简化刑事和解不起诉相关程序和完善考核机制 …… 148
二、将恢复作为刑事和解的前提条件 …… 151
三、加强审查起诉阶段对刑事和解的监督 …… 153

第五章 审判阶段的刑事和解 …… 156

第一节 审判阶段刑事和解实务 …… 157
一、刑事和解概况 …… 157
二、刑事和解程序的运行模式 …… 160
三、审判阶段刑事和解的法律后果 …… 177

第二节 审判阶段刑事和解存在的问题 …… 180
一、适用范围与法律规定存在冲突 …… 180
二、从宽幅度突破法律规定 …… 186
三、履行方式过于单一 …… 190
四、刑事和解监督不到位 …… 193

第三节 审判阶段刑事和解制度的完善 …… 194
一、规范并拓宽刑事和解的适用范围 …… 194
二、在刑法中将刑事和解规定为法定从宽情节 …… 201
三、改进刑事和解履行方式 …… 203

四、加强审判阶段刑事和解的监督力度 …………………… 206

第六章 刑罚执行阶段的刑事和解 …………………… 209

第一节 刑罚执行阶段刑事和解理论与实务 ………… 209
一、刑罚执行刑事和解基础理论研究 ………………… 209
二、监所刑罚执行阶段的刑事和解实务 ……………… 212
三、社区矫正中的刑事和解实务研究 ………………… 216
四、刑罚执行阶段刑事和解的法律后果 ……………… 219

第二节 刑罚执行阶段刑事和解存在的问题 ………… 221
一、刑事和解在刑罚执行阶段司法实践进展缓慢 …… 221
二、刑罚执行阶段相关刑事和解的立法相对滞后 …… 222
三、刑事和解的专业化程度不高 ……………………… 223

第三节 刑罚执行阶段刑事和解制度的完善 ………… 224
一、创造条件积极推动刑事和解实践发展 …………… 224
二、加快刑罚执行阶段刑事和解立法步伐 …………… 227
三、提高刑事和解专业化水平 ………………………… 228

第七章 少数民族地区的刑事和解
——以广西壮族自治区为样本 …………………… 231

第一节 广西壮族聚居区刑事和解概要 ……………… 231
一、壮族地区习惯法现状 ……………………………… 231
二、壮族习惯法与刑事和解的契合 …………………… 233
三、壮族聚居区刑事和解存在的问题及成因 ………… 237
四、关于广西壮族聚居区刑事和解的建言 …………… 238

第二节 广西瑶族聚居区与苗族聚居区的刑事和解 … 247
一、瑶族习惯法与瑶族地区的和解 …………………… 248
二、苗族习惯法与刑事和解 …………………………… 253
三、小结 ………………………………………………… 258

结　语　刑事和解制度的未来 …………………………………… 261
　　一、进一步发挥刑事和解制度的案件分流功能 ………… 261
　　二、进一步完善刑事和解社区参与制度 ………………… 262
　　三、刑事和解作为监禁刑的替代措施 …………………… 263
参考文献 …………………………………………………………… 264

INTRODUCTION 引 言

一、选题意义

当前,刑事和解制度俨然成了理论界与司法实务界共同关注的热点话题。十多年来,公安机关、检察院、法院以及监所等司法部门积极探索刑事和解在司法实务中的应用,以弥补刑事司法制度对于被害人关注度不够、罪犯矫正失败、化解社会矛盾功能不强以及司法机关面临压力过大等问题,取得了良好的法律效果和社会效果。在适用刑事和解的司法实践中,有的地方司法机关还根据司法实践中所积累和形成的刑事和解司法经验,制定了刑事和解的相关制度文件。理论界也不遗余力地对刑事和解的定位、功能、效果及价值进行深入研究,并且产生了不少具有开创性的学术成果,前景令人鼓舞。

尽管如此,我国刑事和解制度在理论研究和实务应用过程中,还是存在一些急需解决的问题。在理论研究中,对于刑事和解是否能适用于重刑案件乃至死刑案件,目前形成了两种截然不同的对立意见,有的意见认为对于重刑案件以及死刑案件一律不能适用刑事和解,有的意见认为刑事和解可以有条件地适用于一些严重犯罪乃至可能判处死刑的案件。[1]对于公共安全的犯罪,有的认为在一定条件下,具有具体被害人的案件可以适应刑事和解;对于没有具体

---

[1] 陈光中:《刑事和解再探》,载《中国刑事法杂志》2010年第2期。

被害人的刑事案件是否可以适用刑事和解？通说认为，没有具体被害人的刑事案件不应当允许适用刑事和解，而有的意见则认为应区分具体情况，有的情况下没有具体被害人的刑事案件也是可以适用刑事和解的。这些不同的观点，造成刑事和解制度在适用范围、适用标准或者从宽标准等各方面的不同，给司法实务应用造成一定的困扰。

在刑事司法实践中，虽然当前立法明确规定刑事和解的适用范围，但是目前各地司法机关在适用刑事和解过程中，对于适用刑事和解的适用范围与从宽标准也不尽相同。有的地方司法机关严格遵循立法规定的刑事和解适用范围，而有的机关则是根据当事人的和解意愿，通过权衡各方面的利益在重刑案件乃至死刑案件中也适用刑事和解。所有这些问题，都急需在理论上和实务上予以澄清和取得统一意见，为刑事和解在司法机关统一适用和保持法律公平适用打下坚实基础。

此外，当前学界对于刑事和解研究大都是只从理论方面诸如刑事和解价值、哲学基础、理论根基等方面进行研究，而且对于实务研究也大都从刑事诉讼某个阶段进行研究，鲜有从公安侦查阶段到刑罚执行阶段整个刑事诉讼过程适用刑事和解进行全方位实证研究，从而难以形成一种刑事和解研究体系，因而导致对于刑事和解研究的视野不够开阔，从而对于司法机关适用刑事和解的理论指导意义不够全面和权威。为此，本书从公安立案侦查阶段直至刑罚执行阶段所有诉讼环节适用刑事和解进行理论和实证研究，从而期待通过本书研究能为刑事和解实践提供理论指导，这正是本书研究的目的。另外，笔者长期在少数民族地区工作，同时又是少数民族和少数民族骨干计划博士生，因此对少数民族地区适用刑事和解进行较为深入的研究，尤其是对于广西壮族、瑶族以及苗族地区刑事和解进行深入研究，以期为刑事和解在该少数民族地区适用提供理论支持，这也是本书写作的另一个目的。

二、研究方法

本书将采用以下研究方法进行研究:

(一) 实证分析法

通过对刑事诉讼各个阶段大量的刑事和解案例进行分析,从而对于刑事和解适用范围、从宽标准等方面进行分析论证,以司法实践来检验理论,并且上升为理论来指导司法实践。

(二) 历史比较法

通过对古今中外刑事和解进行纵向和横向比较研究,总结和提炼中古今中外刑事和解制度发展的一些经验、规律,从而对于完善和构建当代中国刑事和解制度提供宝贵的经验和借鉴。

(三) 刑事一体化研究方法

本书还采用刑事一体化的研究方法。刑事一体化研究方法是储槐植教授极力提倡的一种刑法学研究方法。[1]因此,"我们需要以一种大刑法的观念分别从刑法之中、刑法之外和刑法之上对刑法作多方位的立体研究。"[2]在刑事司法实践中,刑事和解不仅涉及刑法方面的内容,还涉及了刑事诉讼法方面的内容,同时还涉及了刑罚执行法即监狱法的内容。刑事和解在实务中的应用,还贯穿于刑事诉讼的整个过程。因此,研究刑事和解制度,如果仅仅从刑事实体法或者刑事诉讼的某个阶段进行研究,不仅无法全方位地研究刑事和解的目的,而且也达不到刑事和解在各个诉讼阶段适用中达到与其他制度互相衔接和相互监督的目的。

---

[1] 根据储槐植教授的观点,"实现刑法最佳效益是刑事一体化的目的,刑事一体化的内涵是刑法和刑法运行内外协调,即刑法内部结构合理(横向协调)与刑法运行前后制约(纵向协调)。"储槐植:《建立刑事一体化思想》,载《中外法学》1989年第1期。

[2] 刘仁文主编:《刑法学的新发展》,中国社会科学出版社2014年版,第6页。

CHAPTER1 第一章

刑事和解概述

晚近十多年来,我国刑事和解制度得到迅猛发展。各种刑事和解相关理论得到深入探讨,各地的司法机关也根据各自的司法实践经验制定刑事和解相关文件。特别是随着新修订的刑事诉讼法将刑事和解规定其中,在给刑事和解"正名"的同时,更是把刑事和解的理论研究和司法应用推向高潮。立法机关虽然将刑事和解规定在刑事诉讼法中,但是对于何为刑事和解也没有给出一个非常清晰的概念,[1]而法学理论界对于何为刑事和解也是众说纷纭。为了更好地深入研究刑事和解和把握刑事和解的本质,有利于刑事和解在司法实践中得到更好的发展,本章将对刑事和解的概念进行厘清,对于刑事和解的功能进行探析,同时对于刑事和解相关概念进行辨析。

第一节 刑事和解的概念

一、刑事和解概念的分歧

十多年来,为了应对传统报应性和惩罚性的刑事司法所体现出

---

[1] 根据《刑事诉讼法》第288~290条规定,对于因民间纠纷引起,涉嫌《刑法》分则第四章、第五章规定的犯罪案件,可能判处三年有期徒刑以下刑罚的以及除渎职犯罪以外可能判处七年有期徒刑以下刑罚的过失犯罪案件,对于达成和解协议案件,公安机关可以向人民检察院提出从宽处理建议;对于犯罪情节轻微不需要判处刑罚的,可以作出不起诉决定。人民法院可以依法对被告人从宽处罚。

来的司法反应迟缓、司法压力沉重、化解矛盾不佳和司法矫正失败等一系列问题，我国刑事司法机关开始思考和探索该如何应对当前刑事司法制度存在的一系列弊病。而刑事和解制度所具有的以下优势则恰好是对传统刑事司法制度所体现出来的不足予以及时的补充：刑事和解司法效率更高、司法资源支出更少、化解矛盾效果更佳和加害人重犯率更低。为此，北京市朝阳区人民检察院于2002年开始实行刑事和解更是将刑事和解司法实践拉开了帷幕，从此之后刑事和解司法实践和理论研究更是一发不可收，从而在全国各地司法机关得到积极的自下而上式的司法实践探索。法学研究者也从理论角度对刑事和解的各个方面进行大量研究。刑事和解在我国的发展呈现出"星星之火，可以燎原"之势。

据不完全统计，当前已经有数十家司法机关通过本地区本部门的刑事和解司法实践单独或者联合出台的刑事和解相关文件，对于刑事和解的概念等方面作出规定。而各知名学者也从自己的角度出发对刑事和解概念进行界定。这十几年来刑事和解理论与实践发展势头良好而在立法方面显得滞后，为此，立法机关于2012年将刑事和解规定在新修订的刑事诉讼法中。

然而，对于何为刑事和解，各地司法机关所制定的刑事和解相关文件所持刑事和解概念观点不一，理论界也是众说纷纭。更为关键的是，立法机关对于何为刑事和解也未能通过立法给出一个非常明确的答案。而这正是当前困扰刑事和解理论与司法实践进一步发展的巨大理论障碍。因此，如何厘清刑事和解概念，这是当前法学理论界和司法实务界亟需解决的问题。

（一）理论界的观点

在学界，对于刑事和解概念，主要有以下几种观点：

有学者认为，刑事和解是加被害双方以认罪、赔偿、道歉方式达成谅解与协议后，国家司法机关不再追究加害人刑事责任或者对其从轻处罚的一种案件处理方式。[1]有学者认为,刑事和解是指由办案机关等人员主持,加被害双方在平等、自愿的基础上通过对话等方式达成和解,办案机关在当事人达成和解协议基础上,综合案件情况,作出撤销案件、不起诉决定或者在量刑上从轻处理。[2]还有学者认为,刑事和解是控辩双方协商一致基础上终止诉讼的活动。[3]有的学者则认为,刑事和解是经由调停人的帮助,使加被害双方通过商谈解决刑事纠纷。[4]

还有学者认为,刑事和解是指加被害双方以协商合作等方式解决刑事纠纷,在双方以赔偿道歉等方式达成谅解后国家专门机关不再追究加害人的刑事责任,或者对其从轻处罚。[5]有的学者认为,刑事和解是加被害双方经由调停人的帮助通过商谈等方式达成和解协议后,司法机关予以认可并作为对加害人刑事处分的依据。[6]

有的学者则从逻辑方面来分析刑事和解的定义,认为就刑事和解内涵而言只包含两方面的内容,即纠纷的性质和纠纷解决的方法,其中纠纷的性质是由于犯罪引起的纠纷,而纠纷的解决方式为和解。因此,该学者认为刑事和解是加害人认罪和弥补受害方得到被害人或控方谅解或放弃追诉而达成合意后,司法机关依此决定加害人刑事责任。[7]该观点认为国外的辩诉交易制度,或者确切地讲国家与犯罪人之间或者再明白一些就是刑事司法机关与犯罪人之间可以通

---

[1] 参见陈光中:《刑事和解再探》,载《中国刑事法杂志》2010年第2期。
[2] 参见宋英辉等:《我国刑事和解实证分析》,载《中国法学》2008年第5期。
[3] 参见卞建林、封利强:《构建中国刑事和解的中国模式——以刑事谅解为基础》,载《政法论坛》2008年第6期。
[4] 参见刘凌梅:《西方国家刑事和解理论与实践介评》,载《现代法学》2001年第1期。
[5] 参见葛琳:《刑事和解研究》,中国人民公安大学出版社2008年版,第20页。
[6] 参见武小凤:《冲突与对接——刑事和解刑法制度研究》,中国人民公安大学出版社2008年版,第50~59页。
[7] 参见武小凤:《冲突与对接——刑事和解刑法制度研究》,中国人民公安大学出版社2008年版,第50~55页

过自行和解而完成实质的刑事和解。[1]刑事和解是指加被害双方之间、单位、社区组织以及国家与加害人之间以互惠互利为条件通过沟通、妥协方式解决刑事纠纷活动。[2]

以上大抵上是理论界对于刑事和解概念所作出的较具有代表性的界定。从上面的学者给出的不同刑事和解概念来看，分歧还是不小的：其中有的学者给刑事和解所下的定义代表了目前比较普遍的看法，即主体是加害方与被害方，和解方式是通过对话、协商、认罪、赔偿、道歉、特殊服务等，和解的法律后果是国家专门机关不再追究加害人刑事责任或者对其从轻处罚；有的意见认为刑事和解的主体是控方即公诉机关和辩方即加害方，而不包括被害方，达成和解的方式是对话与协商，达成和解之后的法律后果是终结诉讼，不再将案件移交法庭审理。还有一种意见认为刑事和解是指加被害双方之间、单位、社区组织以及国家与加害人之间以互惠互利为条件通过沟通、妥协方式解决刑事纠纷活动。简而言之，该部分学者认为刑事司法中的协商性司法就是刑事和解。

（二）实务界的观点

从司法实务部门制定的刑事和解相关文件来看，不同司法机关对于刑事和解概念的界定是不一样的：

2002年北京市朝阳区人民检察院率先制定的《轻伤害案件处理程序实施规则（试行）》，对于刑事和解的适用范围、条件和程序等问题进行了规范，并未对刑事和解概念作出明确规定。北京市朝阳区人民检察院早年试行对于轻伤害案件试行刑事和解且得到了北京市政法委的肯定，北京市政法委于次年即出台了《关于处理轻伤害案件的会议纪要》，规定对因民间纠纷引起的轻伤害案件，若加害人悔罪且积极赔偿损失得到被害人谅解的，可对加害人作出撤案、

---

[1] 参见武小凤：《冲突与对接——刑事和解刑法制度研究》，中国人民公安大学出版社2008年版，第75~76页。

[2] 参见武小凤：《冲突与对接——刑事和解刑法制度研究》，中国人民公安大学出版社2008年版，第65~66页。

不起诉或免予刑事处分。

2004年浙江省高级人民法院、浙江省人民检察院和浙江省公安厅联合发布《关于当前办理轻伤犯罪案件适用法律若干问题的意见》规定，为实现办案法律效果与社会效果有机统一，在侦查、审查起诉中，对于轻伤害案件的加被害双方就民事赔偿问题达成协议和认为加害人危险性已消除的，公安机关可撤案，检察机关可作出相对不起诉处理。在该意见中，只是规定了刑事和解的内涵，而没有明确规定刑事和解的概念。

2006年上海市公检法司四机关联合制定《关于轻伤害案件委托人民调解的若干意见》规定，在刑事诉讼各阶段，公检法等办案机关可依双方当事人申请将符合条件的轻伤害案件委托人民调解委员会进行调解。

2007年浙江省人民检察院制定《浙江省人民检察院关于办理当事人达成和解的轻微刑事案件的规定（试行）》规定，刑事和解是指双方当事人自愿自行就民事赔偿达成一致后得到被害人谅解和要求司法机关不追究加害人刑事责任。

2007年浙江省义乌市《关于刑事和解工作的若干意见（试行）》规定，刑事和解是在刑事诉讼过程中，在公检法或受委托乡镇、街道办调处中心主持下，促成加害人悔罪赔偿被害人损失和得到被害人谅解而修复社会关系。

2008年北京市朝阳区人民检察院制定《北京市朝阳区人民检察院刑事和解暂行规定》规定，刑事和解是加被害人双方在检察机关主持下达成和解协议，检察机关作出相对不起诉或者向人民法院提出从轻或减轻量刑建议。

由于不同司法机关对刑事和解概念的界定不一，而且司法机关所界定的不同刑事和解概念对于刑事和解适用范围的限定并不完全一致，这就造成各司法机关对于刑事和解适用范围的执行标准难以统一。

二、本书的观点

(一) 对我国刑事和解概念的述评

从以上分析可以看出,对于何为刑事和解,国内学界与司法界大抵形成了四种意见:

第一种意见认为,刑事和解是指在加被害双方达成和解后,国家专门机关不再追究或者对加害人从轻处罚的一种案件处理方式。这种意见认为刑事和解不仅可以是有主持人主持和解的模式,还可以是加害人与被害人及其亲属自行和解的模式,因此涵盖面比较广。对于达成和解之后,司法机关可否予以减轻处罚?该种意见认为不可以减轻处罚,只可以不予追究或者从轻处罚,而不可以减轻处罚。

第二种意见认为,刑事和解是指经由办案机关等人员主持下,加被害双方达成和解协议,办案机关综合案件情况,对加害人作出撤销案件、不起诉决定或者在量刑上从轻处理。[1]该意见认为刑事和解应当有主持人,且量刑上不可减轻处罚。

第三种意见认为,刑事和解是指在诉讼中控辩双方达成一致意见而终止诉讼。[2]该种意见认为刑事和解作为诉讼法上专有概念,刑事和解的主体就是控辩双方,对于加被害双方达成和解的情况应

---

[1] 持该种意见的有刘凌梅博士关于刑事和解的观点,刑事和解的基本内涵是指在犯罪发生后,经由调停人(通常是一名社会志愿人员)的帮助,使被害人与加害人直接商谈、解决刑事纠纷,其目的是恢复被加害人所破坏的社会关系、弥补被害人所受到的伤害,以及恢复加害人与被害人之间的和睦关系,并使加害人改过自新、复归社会。参见刘凌梅:《西方国家刑事和解理论与实践介评》,载《现代法学》2001年第1期。还有向朝阳、马静华也认为,刑事和解是指在犯罪发生后,经由调停人(通常是一名社区志愿人员)的帮助,使被害人与加害人直接商谈、解决刑事纠纷,对于和解协议,由司法机关予以认可并作为对加害人刑事处分的依据。参见向朝阳、马静华:《刑事和解的价值构造及中国模式的构建》,载《中国法学》2003年第6期。

[2] 该学者把被害人与犯罪人之间的刑事和解称为"刑事谅解",把国家与被追诉人达成协议称为"刑事和解"。参见卞建林、王立主编:《刑事和解与程序分流》,中国人民公安大学出版社2010年版,第3页。

称为"刑事谅解"。[1]该种意见认为刑事和解就是所谓的"辩诉交易",而加被害双方达成和解的应为刑事谅解,这种观点很新颖,但尚未得到多数意见的认可,也不太符合当前关于刑事和解概念表述的惯例。

第四种意见认为,刑事和解可以分为广义上的刑事和解与狭义上的刑事和解。其中广义上的刑事和解是指犯罪被害人、单位组织、社区组织以及国家与犯罪人之间通过相互沟通、妥协而以互利互惠为条件来解决犯罪纠纷并处置犯罪的活动。该种意见甚至把刑法当中关于自首、立功、减刑、假释、缓刑以及罚金刑等被认为是包含有刑事和解实质的制度。[2]同时认为刑事诉讼法中的刑事自诉案件中犯罪人与被害人的刑事和解,刑事公诉案件中的轻微案件中的经由检察机关认可的犯罪人与被害人之间的刑事和解[3]以及附带民事诉讼中加被害双方对民事部分的和解也是包含有刑事和解实质内容的制度。[4]因此,此种意义上的刑事和解内涵包含的范围相当广泛,不管是辩诉交易还是被害人与犯罪人和解等都可以纳入刑事和解的范围。

从上述的这几种观点来看,一般都存在概念所涵盖刑事和解的内涵不全面或者范围太广等问题:

第一种观点对于达成和解之后司法机关对于加害人刑事责任的处理只包含免除或从轻而不包括减轻。这种观点既不太符合法律规定,也不太符合司法实务部门的实际做法。比如《刑事诉讼法》第290条明确规定,对于达成和解协议的案件,司法机关可以从宽处

---

[1] 参见卞建林、王立主编:《刑事和解与程序分流》,中国人民公安大学出版社2010年版,第10~11页。

[2] 参见武小凤:《冲突与对接——刑事和解刑法制度研究》,中国人民公安大学出版社2008年版,第131~151页。

[3] 比如根据《刑事诉讼法》第177条规定,对于犯罪情节轻微,依照刑法规定不需要判处刑罚或者免除刑罚的,人民检察院可以作出不起诉决定。《人民检察院刑事诉讼规则》(2019年修订)第373条规定,人民检察院决定不起诉的案件,可以根据案件的不同情况,对被不起诉人予以训诫或者责令结具悔过、赔礼道歉、赔偿损失。

[4] 参见武小凤:《冲突与对接——刑事和解刑法制度研究》,中国人民公安大学出版社2008年版,第152~155页。

理。这里的从宽从法理上来讲既包括从轻和免除，也包括减轻。在司法机关比如北京市朝阳区人民检察院所制定的《北京市朝阳区人民检察院刑事和解暂行规定（讨论稿）》当中对于达成刑事和解的处理也包括"减轻处罚"。其中的从宽处罚，从法律含义而言包括从轻、减轻或者免除处罚。诚然，第一种观点的定义，主要是基于刑事和解并不是法定从轻或者减轻量刑情节，从轻处罚是在不违反法律的情况下，酌定量刑情节，但是如果在没有法定减轻量刑情节而予以减轻则有违反法律的嫌疑。可见，这种观点有一定的道理。

但事实上，对于达成刑事和解之后，如果司法机关认为即使予以加害人从轻判刑仍然过重而有违罪刑相适应原则的，可以根据《刑法》第63条的规定，经最高人民法院核准，也可以在法定刑以下判处刑罚即减轻处罚。最高人民法院《关于适用〈中华人民共和国刑事诉讼法〉的解释》第596条规定，对于达成和解协议的案件，人民法院应当对被告人从轻处罚；符合非监禁刑适用条件的，应当适用非监禁刑，判处法定最低刑仍然过重的，可以减轻处罚。综合全案认为犯罪情节轻微不需要判处刑罚的，可以免除刑事处罚。正因为如此，该种观点认为对于加害人处罚只包括不追究加害人刑事责任或者对加害人从轻处理而不包括减轻处罚，既不符合法律规定，也与司法实践操作不相符，更与刑法的罪责刑相适应原则不相符，因此，这种观点还不够全面。

第二种观点认为刑事和解应当在司法机关、其他机构和其他人员主持下进行。通常而言，这种观点可以囊括当前刑事和解的主要模式。因为持这种观点的学者认为，本来刑事案件双方当事人的对抗情绪比较激烈，如果没有第三方主持很难达成刑事和解。实际上，这种观点并非毫无道理，但是在刑事司法实践中，双方当事人自行达成和解协议的司法实践也并非没有，特别是在朋友之间或者亲属之间的犯罪，这种情况就很常见。因此，第二种观点认为刑事和解必须在第三方主持下进行，该种刑事和解概念的观点也是不够全面的。

第三种观点认为刑事和解作为诉讼法的专有概念,如果将被害人与加害人协商达成和解之后得到司法机关从宽处理的情形译为刑事和解会导致刑事诉讼法概念的混淆,应以"刑事谅解"取而代之。这种观点实际上在国内外的提法相当少,[1]而且也与当前理论界与司法实务部门对于刑事和解惯常的通称不一样,将"刑事谅解"取代"刑事和解"反而可能会引起混乱,不利于刑事和解理论研究与司法实践的进一步推进。而实际上,刑事和解这一概念相对而言就是适用于被害人与加害人之间通过协商、调解等达成和解协议而达成和解的状态。

第四种观点的刑事和解概念显然过于扩大刑事和解概念的范畴,导致对于一些不适宜列入刑事和解研究范围的制度诸如自首、立功、减刑、假释、缓刑以及罚金刑等刑法制度统统拉进来,感觉不仅使得刑事和解范围扩得过大和越界,而且也会导致刑事和解"面目全非",令人们对于何为刑事和解更加迷惑。

此外,刑事司法机关或政法委机关对于刑事和解所下的概念定义大都是从总结本机关的刑事和解司法经验中而作出的,给出的刑事和解概念注定了范围会受限。比如2003年北京市政法委制定的刑事和解相关文件当中达成刑事和解之后对加害人的处分措施只包括撤案、不起诉或免予刑事处分,而不包括法院的从轻或者减轻处罚,这是不够全面的;2004年浙江省公检法机关联合发布的刑事和解相关文件中,在达成和解之后对于加害人的处理也仅有公安机关的撤

---

[1] 有学者认为,"很多学者将刑事和解视为法式辩诉交易,并将其与英美的辩诉交易程序进行比较法研究。这其实是一大误解。究其原因,与罗结珍教授的误译有莫大的关联","仅就翻译而言,médiation 自是有'调解'之意,composition 也有'和解'之意,但在刑事诉讼这一既定的文本背景下,此两种译法显然有误,正确的译法应倒过来,即 médiation pénale 应译为'刑事和解',而 composition pénale 则应译为'刑事调解'"。并认为所谓 médiation pénale,是指通过第三者的引导将犯罪行为与受害人召集会见,以在两者之间建立联系并就赔偿的具体规则和重新修复关系上达成合意,尽可能促进确立不再重新犯罪的条件。而 composition pénale 则指在某些犯罪中,检察官以被告认罪为条件,同意给被告适用较低量刑的程序设计。以上参见施鹏鹏:《刑事调解抑或刑事和解——与罗结珍教授商榷》,载《法国研究》2009 年第 4 期。

案和检察机关的不起诉而没有包含有法院的从轻、减轻或者免除处罚的规定，也是以偏概全；2007年浙江省义乌市制定的刑事和解相关文件规定刑事和解过程要有主持人，这也没有考虑到加被害双方当事人自行和解的情形；还有北京市朝阳区人民检察院2008年制定刑事和解相关文件认为刑事和解是在检察机关内部专门机构的主持下，通过自愿、平等协商，达成和解协议的活动，这里的定义只对检察机关进行的刑事和解作出概念规定，也不够全面。

（二）本书对刑事和解的界定

刑事和解的概念，既不能宽泛无边，也不能以偏概全，而应当全面准确地界定刑事和解的内容与实质。

笔者认为，刑事和解是指在犯罪行为发生后，加害人真诚悔罪，通过赔礼道歉和赔偿被害人经济损失等方式，取得被害人对加害人予以谅解，然后司法机关予以确认并对加害人予以从宽处罚的司法活动。

由此可以看出刑事和解的前提条件，首先是加害人真诚悔罪；其次是加害人与被害人双方达成和解协议，内容包括加害人悔罪、加害人赔偿被害人经济损失以及被害人对加害人予以谅解；最后是司法机关对加害人予以从宽处理，包括免除、从轻或者减轻刑事处罚。双方达成刑事和解的方式既包括有组织人主持的情形，也包括双方当事人自行和解的情形。不管是由主持人调解而达成的和解还是双方当事人自行和解达成的和解，都是通过协商、调解方式达成的和解，其实达到和解的状态都一样。"作为一种约定俗成的称谓，'刑事和解'并不只是单纯的双方自行和解，还有可能涉及司法机关或者调解机构的居中调解活动"。[1]

由此，在本书中，对于和解与调解不再进行严格的区分，在表述上均可以用和解或者调解来表述，而且二者可以互换使用。事实

---

[1] 陈瑞华：《刑事诉讼的私力合作模式——刑事和解在中国的兴起》，载《中国法学》2006年第5期。

上，我国香港地区司法机关对于调解与和解也不作严格的区分。[1]从被害人的广义而言，既包括被害人本人，也包括被害人亲属，有时候为了便于行文表述，也把被害人亲属用"被害人"一词来表达。

在司法实践中，对于附带民事诉讼赔偿的民事部分通过和解方式处理的法律效果和社会效果，与直接通过刑事和解的方式处理的法律效果与社会效果是一样的。这就存在了附带民事诉讼向刑事和解转变的可能性，只要附带民事诉讼当中符合刑事和解概念所包含的实质内容即可，亦即加害人真诚悔罪、赔礼道歉、赔偿损失和得到被害人谅解以及司法机关的从宽处理。而当前有的司法实务部门制定刑事和解相关文件的时候，也把附带民事案件列为刑事和解的适用范围。[2]这是刑事附带民事案件转化为刑事和解的典型。因此只有掌握了刑事和解的本质和内容，特别是掌握了较为科学的刑事和解概念之后，对于何为刑事和解以及在司法实践中应当如何对于达成刑事和解的案件予以从宽处理作出更为准确的判断。

在司法实务中，审判机关对于附带民事诉讼的被告人和达成和解协议的被告人的处罚从宽幅度也是很不一样的。换而言之，审判机关对于附带民事诉讼案件的被告人，如果被告人仅仅是赔偿了被害人的经济损失，其并没有向被害人体现出悔罪态度，而且没有得到被害人谅解的，审判机关只能是对被告人酌情从轻处罚。而审判机关对于达成和解协议的案件的被告人，如果被告人不仅仅赔偿了被害人的经济损失，而且还实现向被害人真诚悔罪、赔礼道歉和得到被害人谅解之后，司法机关则会予以被告人相对于附带民事诉讼在一定程度上给予更多的从宽处理。

因此，这不仅仅是涉及刑事和解概念的掌握问题，而是从掌握刑事和解本质能更好地保障当事人合法权益的角度出发来把握刑事

---

[1] 杨临萍：《损害救济与和谐复归视野下的纠纷解决：论国家赔偿协商调解机制》，载《首届海峡两岸暨香港澳门司法高层论坛论文集》2011年。
[2] 2009年10月《郑州市中级人民法院刑事和解、附带民事诉讼调解工作实施意见》第5条第5项明确规定了刑事附带民事诉讼案件可以适用刑事和解。

和解概念。刑事和解通过加害人悔罪认罪和被害人谅解等方式化解社会矛盾,体现了加害人主观恶性与人身危险性均降低,理应得到司法机关的从宽处理。比如,最高人民法院《关于常见犯罪的量刑指导意见》第三部分第 8~10 条规定,如果仅仅赔偿被害人经济损失只可减少基准刑的 30%以下,而如果双方达成和解协议则可减少基准刑 50%以下。由此可见,如何正确认定刑事和解显得尤为重要,而正确认定刑事和解的前提是科学地界定刑事和解概念,因此刑事和解概念的厘清对于刑事和解制度发展是至关重要的。

第二节 刑事和解与相关法律制度

在中国这十多年来,在司法机关自行进行了一场自下而上的刑事和解司法改革运动。司法机关通过适用刑事和解来处理当前司法制度所遇到的一系列瓶颈,[1]因而受到了法学理论界的青睐,从而成为当前理论界的热门研究课题。

在司法应用与理论研究中,有的学者认为刑事和解与西方国家的恢复性司法差不多,[2]而且有的地方司法机关还据此试行"平和司法"[3];而有的认为刑事和解与当前附带民事诉讼比较相像,因

---

[1] 一般认为,当前司法制度遇到的一系列瓶颈主要是司法效率低下,化解社会矛盾效果不佳,被害人的诉讼地位低下,加害人社会回归不受重视等。而刑事和解恰好具有提高司法效率,有效化解社会矛盾,提高被害人诉讼地位以及注重加害人回归社会等优点,从而成为传统刑事司法的一个非常好的补充。

[2] 如有的学者指出,刑事和解在西方国家被称为"恢复性司法",它不是指一定的程序,而是一种哲学,是一系列的原则和价值。参见黎宏:《刑法总论问题思考》,中国人民大学出版社 2007 年版,第 543 页。

[3] "平和司法"首先由山东省烟台市人民检察院推行适用,是指"在社区等各种社会力量的参与下,政法机关采用多元化的模式矫治犯罪,维护被害人的合法权益,使被破坏的社会关系恢复到原状,促进社会和谐发展的犯罪处理方法"。潘锡海:《"平和司法"的理论基础及实践探索》,载《人民检察》2006 年第 10 期。2006 年,烟台市检察机关适用平和司法程序办理了 99 起案件,其中决定不起诉的 15 件,提起公诉并建议法院从轻处罚的 21 件,退回公安机关作撤案处理的 63 件。参见宋英辉、袁金彪主编:《我国刑事和解的理论与实践》,北京大学出版社 2009 年版,第 135~136 页。

为在刑事附带民事诉讼过程中也出现了加害人通过赔偿被害人经济损失和司法机关的酌情从宽处理；有的认为刑事和解与协商性司法比较接近，因为刑事和解与协商性司法都是通过双方当事人的协商过程来处理刑事纠纷。

看起来，似乎刑事和解与这些相关概念都有交集，那么它们之间到底有什么联系和区别？对于这些相关概念进行辨析，有利于刑事和解在司法实践中的应用与理论研究。

一、刑事和解与恢复性司法

（一）恢复性司法概述

"恢复性司法是西方国家在近一二十年以来兴起了一场新的刑事司法改革运动，这一运动方兴未艾，并深刻地影响着西方国家的刑事司法走向以及犯罪预防的模式。这场运动就是恢复性司法运动，日本称为修复性司法，我国香港特别行政区翻译成'复合公义'，我国台湾地区翻译成'修复式正义'。"[1]在我国，为了更好地推进恢复性司法研究，一些著名高校和学者也积极地建立恢复性司法研究机构，不遗余力地推进恢复性司法在中国的发展和应用。

中国政法大学于2004年6月30日成立了恢复性司法研究中心，由该校的王平教授担任恢复性司法中心主任。恢复性司法研究中心成立以来，全面深入地对恢复性司法进行研究，还定期出版恢复性司法最前沿理论专著《恢复性司法论坛》和翻译国外恢复性司法专著，[2]

---

〔1〕王平主编：《恢复性司法论坛》（2005年卷），群众出版社2005年版，卷首语第1页。

〔2〕主要译著有：[英]格里·约翰斯通（Gerry Johnstone）：《恢复性司法：理念、价值与争议》，郝方昉译，中国公安大学出版社2011年版；[比利时]洛德·沃尔格雷夫（Lode Walgrave）编：《法与恢复性司法》，郝方昉、王洁译，中国人民公安大学出版社2011年版；[意]安娜·迈什蒂茨（Anna Mestitz）、西蒙娜·盖蒂（Simona Ghetti）主编：《欧洲青少年犯罪被害人—加害人调解——15国概览及比较》，林乐鸣等译，中国人民公安大学出版社2012年版；[澳]约翰·布雷思韦特（John Braithwaite）：《犯罪、羞耻与重整》，王平、林乐鸣译，中国人民公安大学出版社2014年版。

为全面地提高我国恢复性司法理论研究水平做出了不懈的努力。该研究中心与司法实务部门如北京市丰台区人民检察院建立了恢复性司法研究基地,使得恢复性司法在我国法学理论界和司法实务界得到快速的发展和应用。

恢复性司法是对于传统刑事司法的反思和将犯罪看作是对人们的伤害并通过帮助被害人、加害人以及社区渡过犯罪行为造成的创伤。[1]恢复性司法支持者认为现代西方国家司法制度的弊端主要包括行动迟缓、代价高昂、效能低下、被害人利益被忽视。[2]事实上也如此,因为现代司法制度出于保障人权的需要,强调各种程序,投入大量的人力物力,每一起案件都要按照程序进行,大量被判刑的人员被投入监狱改造,监所花费昂贵,且矫正效果不如人意,被害人在诉讼程序中成为被遗忘的人,这些都是现代司法制度需要深思和改进的地方。

恢复性司法的最大特点就是恢复,布雷思韦特认为包括对于财产损失的修复、对于伤害的修复、对于安全感的修复、对于尊严的修复、对于法秩序和平的修复和对于社会支持的修复。[3]恢复性司法与惩罚性司法最大的不同是:惩罚性司法是以报应正义为理论根据,认为对于犯罪行为给予"等价"的刑罚就是实现了正义;但是恢复性司法则是认为,刑事司法的主要任务是要全面恢复犯罪人、被害人和社区因犯罪而造成的损失。因此,恢复性司法主张全新的司法理念:摒弃报应主义,依赖人性主义,扩大权利保障,强调社会和解,预防重新犯罪。[4]

从一些主要国家的恢复性司法实践来看,恢复性司法除了用于

---

[1] 参见王平主编:《恢复性司法论坛》(2005年卷),群众出版社2005年版,第115页。

[2] 参见[意]安娜·迈什蒂茨(Anna Mestitz)、西蒙娜·盖蒂(Simona Ghetti)主编:《欧洲青少年犯罪被害人—加害人调解——15国概览及比较》,林乐鸣等译,中国人民公安大学出版社2012年版,总序第11~12页。

[3] 参见许春金等:《调解制度中受调解人修复性影响因素之研究——修复式正义观点》,载《犯罪与刑事司法研究》2007年第9期。

[4] 刘路阳:《中外刑事和解之辩》,中国检察出版社2013年版,第395页。

处理加害人与被害人及社区之间的关系，对于一些案件，在刑事审判之前，还可以对一部分案件采取替代性措施或运用转向项目。比如根据《加拿大刑法典》第717条和《加拿大青年犯罪法》第4条之规定，警察在移送起诉之前，可以对案件采取替代性措施或运用转向项目。[1]加拿大当前的司法实践主要有四个代表性的项目，即社区矫治项目、恢复性解决项目、社区会议项目和量刑圈。

美国恢复性司法也包括采用各种方式来恢复被害人的利益并促使加害人回归和社区关系的改善。虽然恢复性司法的实践应用范围主要以轻罪案件为主，但也不仅仅限制于轻罪案件，比如在英国的一些较为严重的刑事犯罪案件中也开始通过适用恢复性司法模式来解决，仅在2000年就有犯了强奸、抢劫、企图谋杀等犯罪的1700名犯人最后仅通过告诫这种非常简单的恢复性司法程序结案。[2]

二战之后，日本在处理犯罪方面取得了相当好的成绩，其中一个重要的原因就是日本非常注重通过司法人员、社区成员、加害人及被害人的共同努力，最终在除了弥补被害人造成的损失之外，还极力地将加害人融入社区，从而达到预防犯罪的目的。当然，在日本的恢复性司法还是以被害人为导向，这样在兼顾加害人和社区利益的情况下达到防止罪犯重新犯罪的目的。

（二）刑事和解与恢复性司法的关系

恢复性司法是基于对被害人疗伤、恢复犯罪人正常生活的一种全新的司法理念。恢复性司法通常有作为案件的转处措施[3]、取代

---

[1] 参见吴立志：《恢复性司法基本理念研究》，中国政法大学出版社2012年版，第24~25页。
[2] 参见［英］麦高伟、杰弗里·威尔逊主编：《英国刑事司法程序》，姚永吉等译，法律出版社2003年版，第159页。
[3] 如在被害人—犯罪人调解程序中达成协议，检察官就不再起诉，或者是在法庭接受犯罪人的正式认罪之后将案件提交被害人—加害人调解计划，假如被告人、辩护人愿意参加调解程序，就把调解作为一种缓刑条件。而在家庭小组会议中的转处则是指经常与警察警告程序、不起诉、起诉之后的法庭审判程序及量刑程序相连接，换言之，如果能够在家庭小组会议中达成协议的话，就不再针对案件通过司法程序处理。参见王平主编：《恢复性司法论坛》（2006年卷），群众出版社2006年版，第137~141页。

传统的量刑程序等[1]，而刑事和解作为刑事司法程序之下的一种案件处理方式，其实也包括了替代分流措施，比如侦查阶段达成刑事和解的撤销案件以及审查起诉阶段的酌定不起诉或者退回公安机关处理等。这就类似于恢复性司法的转处措施，而在审判阶段中，若加害人与被害人达成了和解协议，那么法官会予以从宽处理。

在我国，刑事和解制度的发展是司法机关对于当下司法制度所具有的社会矛盾化解效果不佳、犯罪人矫正失败以及司法压力过大等一系列问题而自行摸索和自下而上进行的一场司法革新。刑事和解的理论基石是保护被害人合法权益和预防加害人重新犯罪，促使加害人能够早日重返社会。刑事和解的本质是恢复被害人受到的损失和恢复加害人与被害人之间的关系以及恢复遭受破坏的社会关系。

通过十多年来的司法实践证明，刑事和解通过提高被害人的诉讼地位和注重化解双方矛盾以及加害人的再社会化，取得了良好的法律效果和社会效果。恢复性司法在我国的理论研究和司法实践也得到了很好的发展。

刑事和解与恢复性司法的联系点主要在：首先，两者都强调加害者的具体责任。传统刑事司法强调犯罪是孤立的个人反对统治阶级的斗争，因此更加强调犯罪人对国家担负抽象的刑罚责任，而犯罪人对于被害人、社区等的责任则被忽略；而刑事和解和恢复性司法都强调犯罪首先是对个人造成侵害，然后才是对社会公共利益造成侵害，因此更加强调犯罪人的具体责任——对被害人的责任和对社区的责任。

其次，两者都遵循修复性理念，强调对于当事人、社区关系的修复。在刑事和解和恢复性司法中均非常注重通过调解、协商等方式来化解当事人之间的矛盾以及与社区之间的矛盾，从而有利于修复当事人之间以及当事人与社区之间的关系。

---

[1] 量刑小组是在被告人得到定罪判决之后，用以取代传统的量刑程序而成为正式司法程序的一部分，若犯罪人在参加量刑小组后实现了协议的既定内容，将不会再存在犯罪记录。参见王平主编：《恢复性司法论坛》（2006年卷），群众出版社2006年版，第143页。

再次，两者都非常注重充分利用司法机关以外的力量来解决案件。在刑事和解程序中，除了司法机关的审查监督，更多的还是依靠当事人双方甚至是调解委员会调解员的力量来参与其中；而恢复性司法中，除了有的恢复性司法程序由司法机关来组织双方当事人进行协商、调解之外，更多的还包括专门的中立机构比如由宗教组织组成的中立调解机构来处理，还包括当事人双方家人、朋友甚至社区当中受到犯罪行为影响的人都参与其中。

最后，两者都关注加害人的再社会化。刑事和解与恢复性司法都关注被害人精神损伤得到治愈和经济损失得到赔偿，同时，关注加害人的再社会化。加害人终究是要回归社会，如何才能更好地回归社会？刑事和解与恢复性司法都非常注重通过与被害人甚至社区的对话，让加害人认识到自己的错误所在，使加害人产生羞耻感，同时尽量在达成和解之后对加害人处予更加轻缓的刑罚和非监禁刑的行刑方式，使加害人顺利回归社会。

但两者的区别也是相当明显的，其一，恢复性司法的运行环境更为多样化，除了在司法框架下[1]运行的方式外，还存在司法框架之外的运行方式，比如以家庭小组会议的方式结案，就将不再提交正式司法程序处理；刑事和解则是在刑事司法的框架内进行的，不管采取何种方式进行和解，达成和解协议的审查、监督和确认都是由司法机关进行。

其二，恢复性司法的运行模式更为多样化，包括被害人—加害人调解模式，还包括社区恢复委员会、家庭小组会议模式、量刑小组、赔偿、被害后果陈述、社区服务等[2]，而刑事和解适用的基本

---

[1] 比如圈模式以北美土著居民的价值观和传统为基础，在1990年作为法官量刑前听证会的部分，它们第一次被应用于刑事司法制度中。这种会议具有明显的社区基础，包括被害人、犯罪人、他们的家庭和支持者、感兴趣的社区任何其他成员（不论他们是否知道当事人或犯罪），以及刑事司法工作人员作为平等成员参加。参见［英］格里·约翰斯通（Gerry Johnstone）、［美］丹尼斯·W. 范内斯（Daniel W. Van Ness）主编：《恢复性司法手册》，王平等译，中国人民公安大学出版社2012年版，第273页。

[2] 参见王平主编：《恢复性司法论坛》（2005年卷），群众出版社2005年版，第16~27页。

模式是被害人—加害人和解模式。[1]

其三，适用范围也不太一样。恢复性司法不仅适用于轻微的刑事案件，甚至最为严重的谋杀类的案件也适用。而刑事和解至少在立法上[2]具有一定的限制，适用范围一般为罪行较轻的刑事案件。

其四，参与主体范围不一。刑事和解的参与主体包括加害方与被害方，通常情况下还包括司法机关工作人员或者中立的调解委员会的成员。恢复性司法除了包括刑事和解所包括的参与主体外，还可以包括受到犯罪行为影响的社区人员。

其五，刑事和解是在刑事司法框架内发挥作用，因此仍然属于正式的犯罪处理方法；而恢复性司法则是通过恢复程序实现恢复后果的非正式犯罪处理方式。刑事和解主要是通过加害人真诚悔罪、赔礼道歉、赔偿损失得到被害人谅解后而得到司法机关从轻、减轻和免除处罚等，而恢复性司法还包括社区服务、生活帮助等。

二、刑事和解与附带民事诉讼

（一）附带民事诉讼概述

1. 附带民事诉讼设立的目的

附带民事诉讼，一般是指司法机关在刑事诉讼过程中，在解决被告人刑事责任的同时，附带解决由遭受物质损失的人或人民检察院所提起的、由于被告人的犯罪行为所引起的物质损失的赔偿而进行的诉讼。[3]

该制度设立的初衷主要有两个：一是有利于节省司法资源。附

---

[1] 当然，被害人—加害人和解模式还可以细分为当事人自行和解、司法机关主持和解以及中立第三方主持和解三种，但不管哪一种都是在被害人—加害人和解模式下因主持主体不同而进一步的区分，实质上主要的参与主体就是被害方与加害方。

[2] 有的司法机关对于罪行较重的行为（包括死刑案件）也在加害人向被害人赔礼道歉、赔偿损失以及向被害人赔偿损失得到被害人谅解的情形下，司法机关对加害人予以从轻或者减轻处罚，笔者以为在实质上也是通过刑事和解处理。

[3] 刘金友：《附带民事诉讼的理论与实践》，中国展望出版社1990年版，第1页。

带民事诉讼一般是在法庭审理刑事部分结束之后，接着进行附带民事诉讼部分的审理，在审理的程序和法律依据上也参考了民事诉讼的程序和民事法律规定。由于刑事部分的审理和附带民事诉讼部分的审理是连接在一起的，这样可以省去另外组成合议庭进行审理所需额外的司法资源支出，从而节省司法资源。二是有利于保护受害者的合法权益。正如有学者所言，刑事诉讼制度的设置，既可以同时追究加害人的刑事责任与民事责任、简化诉讼程序和提高司法效率，又可以避免民庭法官重新审理而造成不必要的拖延，只要可以对加害人定罪，刑事附带之民事诉讼则理所当然也会成功，[1]有利于保护受害者合法权益。

另外，由于刑事部分与民事部分审判同时进行，可以避免单独提起民事诉讼有可能因民庭所作的民事裁判与刑庭所作出的刑事裁判产生矛盾，有利于树立司法机关的权威。

2. 附带民事诉讼存在的问题

在司法实践中，提起附带民事诉讼的主体一般是受害者或者其法定代理人或近亲属，[2]被上诉人通常是加害人或者其法定代理人。[3]根据最高人民法院《关于适用〈中华人民共和国刑事诉讼法〉的解释》第175条第1款规定，被害人因人身权利受到侵犯或者财产被犯罪分子毁坏而遭受的物质损失的，在刑事诉讼过程中，有权提起附带民事诉讼。该条第2款规定，因受到犯罪侵犯，提起附带民事诉讼或者单独提起民事诉讼要求赔偿精神损失的，人民法院不予受理。

换言之，附带民事诉讼原告人只能就加害人的犯罪行为遭受的直接物质损失提起附带民事诉讼，而不能就精神损失提起附带民事诉讼。附带民事诉讼的这一规定导致了类似的侵权行为，在附带民事诉讼中被害人提起的精神损失赔偿请求权得不到支持，而在单独

---

[1] 参见曲新久：《论附带民事诉讼中公权与私权的协调》，载《法学》2003年第8期。

[2] 在受害者死亡或者丧失行为能力的情形下。

[3] 比如加害人为未成年人。

提起的民事侵权诉讼中，被害人提起精神损失赔偿请求权却可以得到法院的支持。这样一来就会出现了受到民事侵权的被害人提起精神损害赔偿可以得到法律支持，而受到更为严重的犯罪行为包括故意伤害造成重伤等人身伤害的严重侵权，却不能提起精神损害赔偿的"离奇现象"，从而导致了附带民事诉讼与普通侵权诉讼的脱节，实际上背离了民事侵权法的一般规则原则。[1]

按照司法实践，刑事附带民事诉讼庭审一般是在刑事部分庭审结束之后紧接着进行附带民事部分庭审。但是庭审的重点通常是放在刑事部分的庭审，而附带民事部分的庭审则一般显得不太受重视，法官在审理附带民事部分也只是让原告人或者其诉讼代理人简单地宣读附带民事诉讼请求以及出示相关证据，后让被告人对证据进行简单质证，紧接着征求双方当事人是否愿意调解？在如此短的时间试图让双方达成调解协议，那是相当困难的。[2]

由于附带民事部分庭审的过程过于简单、粗糙和流于形式，而附带民事部分的原告人诉讼能力通常较为低下且大多没有委托诉讼代理人，且刑事法官不愿为了增加工作量而事先对附带民事诉讼被告人的财产采取查封、扣押等财产保全措施，导致在刑事附带民事判决作出前，被告人及其家属的财产就已经被转移或隐藏了，这非常不利于保护被害人合法权益和解决双方之间的矛盾，也不利于树立司法权威。

(二) 刑事和解与附带民事诉讼的关系

刑事和解与附带民事诉讼既有相同的地方，也有相区别的地方。刑事和解与附带民事诉讼相同的地方有：

---

[1] 参见陈瑞华：《刑事附带民事诉讼的三种模式》，载《法学研究》2009年第1期。
[2] 佛山中院2002年至2007年总共审理了417件附带民事诉讼案件，调解结案仅有28件，调解结案率仅为6.7%，与此形成鲜明对比的是在提倡构建社会主义和谐社会语境下，民事案件调解率大幅度上升，而附带民事诉讼案件调解则愈发艰难。参见广东佛山市中级人民法院课题组：《刑事附带民事诉讼案件审理与执行情况的调查报告》，载《法律适用》2008年第7期。

首先，两者都是在刑事司法框架内解决。不管是刑事和解还是附带民事诉讼，两者都是在刑事诉讼过程中进行的，也就是两者都是在刑事司法框架内解决的，因此两者的运行离不开刑事司法机关的组织或者监督。不管刑事和解是由办案人员组织，还是由加害人与被害人双方自行和解，或者是委托中立的调解委员会进行调解，最终都需要经过司法机关的审查与确认。附带民事诉讼也一样，大都是由办案人员组织调解。刑事和解与附带民事诉讼都是在司法框架内运行。

其次，两者都具有赔偿被害人经济损失的内容。不管刑事和解还是附带民事诉讼，两者都具有赔偿被害人经济损失这项内容。

最后，两者利益主体相同。不管是刑事和解还是附带民事诉讼，两者的利益主体都是加害人与被害人双方当事人，而再没有别的利益主体。不管是在刑事和解还是附带民事诉讼中，加害人的赔偿行为都是为了得到司法机关的从宽处理，而刑事和解和附带民事诉讼的赔偿都是为了使被害人的经济损失得到赔偿。

刑事和解与附带民事诉讼虽然都是在司法框架内解决且两者都关注被害人经济损失赔偿以及两者的利益主体都是被害人，但两者的区别也是明显的：

第一，两者成立的前提条件不一样。刑事附带民事诉讼只要加害人赔偿被害人的经济损失就可以了。而刑事和解中，加害人赔偿被害人经济损失并不一定是刑事和解的成立，而必须是以加害人真诚悔罪、认罪为前提，然后赔偿被害人的经济损失和得到被害人的谅解方可算是和解成功。

第二，两者赔偿的范围不一样。刑事和解的赔偿范围是除了在犯罪中被害人直接遭受的经济损失之外，还包括精神损害赔偿，由双方协商；而刑事附带民事诉讼则只能是因犯罪行为遭受直接经济损失，不包括被害人的精神损失。因此，通常而言，被害人在刑事和解中得到的经济赔偿数额一般都比在附带民事诉讼中所得的数额大。

第三，两者的模式不一样。刑事和解的模式包括自行和解、司法机关组织和解以及委托中立人民调解委员会调解员组织调解等模式;而刑事附带民事诉讼一般就是由司法办案人员组织调解。

第四,两者的法律文书不一样。刑事附带民事诉讼的法律文书包括附带民事诉讼判决书、附带民事诉讼调解书等;而刑事和解的法律文书则没有太多的限制,只要双方当事人达成和解协议,且履行完毕得到司法机关的确认就可以了。当然一般都会有双方签名的刑事和解笔录。

第五,两者得到司法机关从宽的幅度不一样。刑事和解一般会得到较大幅度的从宽,包括从轻、减轻和免除三种形式。而附带民事诉讼只能得到酌情从宽,一般只包括从轻处理。

三、刑事和解与协商性司法

(一) 协商性司法概述

随着人们认识到传统刑事司法制度和报应性司法的局限性和弊端,在我国积极构建社会主义和谐社会的大背景下,减少诉讼中的对抗,鼓励合作,扩大程序自治,促进司法和谐公正和效率,[1]已经成为当下刑事司法发展的方向。传统报应性司法强调通过规范举证、质证以及辩论等对抗性的庭审来发现案件的客观事实,同时强调程序优先和形式正义,而协商性司法赋予当事人双方对于诉讼的程序和实体更多的选择权,从而使双方甚至三方当事人[2]可以通过协商的方式来解决刑事纠纷,体现程序民主和自治,增加当事人的满意度。随着科学技术的日新月异,整个社会进入了价值多元化和矛盾高发期,法院的案件量进入了"爆炸"式增长时代,新型犯罪类型也层出不穷,司法人员疲于应付。

在现代风险社会背景下,由于刑事案件更加多发和复杂,如果所有刑事案件都严格按照普通司法程序处理,不仅司法机关压力过

---

〔1〕 参见孙瑜:《认罪案件审判程序研究》,对外贸易经济大学出版社 2012 年版,第 71 页。

〔2〕 双方当事人一般是指加害人和被害人,而三方当事人一般还包括司法机关。

大、司法人员疲惫不堪，而且堆积成山的案件依照普通司法程序处理完毕之后，当事人之间的矛盾也不一定能得到有效化解。为此，一种提倡通过当事人之间的协商、当事人与司法机关的协商机制，内容包括程序的选择、实体的选择等法律程序与协商相结合的协商性司法成为司法机关反思与实践的自觉。十多年前黑龙江省牡丹江市铁路运输中级人民法院受理的孟某某故意伤害案中就是通过国家司法机关与被告人协商，以被告人认罪、司法机关从轻处罚的一起典型的运用协商性司法解决的刑事案件。该案不仅所产生的法律效果和社会效果好，而且效率相当高，该案庭审不过25分钟就全部结束。近期以来发展迅速的恢复性司法和刑事和解更是体现了协商性司法之迅速发展前景。

（二）刑事和解与协商性司法的关系

从上面的分析可以看出，协商性司法内涵的边界应该大于刑事和解内涵的边界，他们之间是一种包含与被包含的关系，即协商性司法包括刑事和解制度，换言之，刑事和解属于协商性司法的一种。[1]确言之，协商性司法包含刑事和解、恢复性司法、认罪认罚从宽制度、污点证人豁免制度等。所以，刑事和解与协商性司法既有联系，又有区别。

刑事和解与协商性司法的相同点是：

（1）两者都是经过对话、协商以及认罪等形式进行的。刑事和解是通过加害人与被害人双方的对话协商来解决，而协商性司法则是包括加害人与国家机关之间认罪协商、加害人与被害人之间的和解协商等方式，两者都是通过对话、沟通与协调等司法方式进行。

（2）两者都得到司法机关的确认。在刑事和解程序中，不管是加害人与被害人自行和解模式还是司法机关主持和解模式抑或是中

---

[1] 有学者认为，认罪认罚与刑事和解都包含了控辩双方的对话、协商和妥协机制，被追诉者供认了被指控的犯罪事实，双方放弃了诉讼对抗，从而通过互谅互让的谈判过程，来寻求利益的切合点。参见陈瑞华：《协商性程序的正义》，载《比较法研究》2021年第1期。

立第三人主持和解模式,最终达成的和解协议均须经过司法机关确认。在协商性司法的辩诉交易模式中,控辩双方达成的辩诉交易是在公诉机关直接参与的情形下得到审判机关的确认,协商性司法的认罪协商制度也是如此。即使是较为"远离"正式司法程序的恢复性司法,在没有司法机关参与的行恢复性司法过程中,司法机关等公权力机关仍然对恢复性司法处理案件的条件、监督和保证恢复性司法处理程序的正确性等进行审查与确认。

(3)两者都以达成合意为成功要件。在刑事和解过程中,通过双方当事人或者由第三方主持就加害人向被害人真诚悔罪、赔礼道歉、赔偿损失以及被害人对加害人谅解等事项进行协商,以达成双方都满意或者接受的结果和协议,换言之就是双方达成合意是刑事和解成功的要件。在协商性司法的辩诉交易当中,控方与辩方也需要通过反复的磋商达成合意之后方可算成功。还有协商性司法当中的认罪认罚制度和污点证人豁免制度也是如此。

(4)两者的加害人都会得到从宽处理。在双方当事人达成刑事和解和得到司法机关确认之后,司法机关将不追究加害人刑事责任或者对加害人予以从轻、减轻或者免除刑事处罚。在协商性司法的辩诉交易中,只要控辩双方达成辩诉交易,加害人不仅可以得到控方的罪名的"降格"指控或者减少罪名项数指控,还可以得到司法机关的从宽处理。在认罪协商制度中,检察官在提起公诉后,劝谕被告作出有罪答辩以换取检察官不求重刑的措施[1],从而得到司法机关的从宽处理。

刑事和解与协商性司法的区别是:

(1)两者内涵大小不一。协商性司法的内涵大于刑事和解的内涵。协商性司法的本质就是通过对话与协商解决刑事纠纷,协商性司法包含刑事和解、恢复性司法、辩诉交易、认罪认罚从宽以及污点证人豁免等模式,非常明显的是协商性司法包含了刑事和解、确

---

[1] 参见曾士哲:《认罪协商制度于我国刑事诉讼实务之定位与检讨》,载《日新司法年刊》2014年。

言之,协商性司法的内涵大于刑事和解的内涵。

(2) 协商性司法程序中的主体不一定包含被害人,而刑事和解的主体必须包含被害人。协商性司法当中的辩诉交易、认罪认罚从宽制度等程序当中的主体就不包含被害人,而刑事和解则必须包含被害人,且得到被害人[1]同意和谅解后,刑事和解方算取得成功。

(3) 协商性司法中,控方可以减少罪名、变更罪名起诉或者以转处的方式处理,而刑事和解则不允许以这样的方式作出处理。在辩诉交易中,检控机关为了换取被追诉人的有罪供述而对被追诉人作出减少罪名或者变更罪名的方式进行起诉。而刑事和解则是不可以减少罪名或者变更罪名的方式进行处理的,但可以允许侦检机关在轻微刑事案件和解成功之后分流处理或者建议审判机关从宽处理。

(4) 刑事和解的启动必须得到被害人的同意,而协商性司法程序当中的辩诉交易、认罪认罚从宽制度等则不必征得被害人的同意。被害人的诉讼地位在刑事和解中得到充分的关注和保障。可以说,刑事和解制度的兴起最重要的原因之一就是被害人保护运动的兴起,这也是刑事和解制度理论基石之一。而协商性司法当中的辩诉交易、认罪从宽等制度的设置则是检察机关追求司法效率和避免败诉而陷于职业风险作为动因的,而对于被害人的诉讼地位及权益保护则被放在次要的位置来考量,甚至被害人的诉讼地位及相关权益在辩诉交易及认罪认罚从宽制度中被忽略了。

(5) 刑事和解必须是加害人向被害人赔礼道歉、赔偿损失以及悔罪等表现且得到被害人的谅解后[2]方可进行和达成。而协商性司法当中的辩诉交易制度以及认罪认罚从宽制度则不一定需要加害人向被害人赔礼道歉、赔偿损失和悔罪且得到被害人谅解后方能进行和达成,有的只需检控机关与被追诉人达成一致即可。

---

[1] 这里的被害人不但包含了直接被犯罪行为所侵害的人,还包括直接被侵害的人的近亲属等,在本书作广义性的理解。

[2] 刑事和解中得到被害人谅解是一般的情形,而在德国的刑事和解过程当中,只要被害人真诚悔罪和努力地与被害人进行和解,比如赔礼道歉、真诚悔罪和赔偿损失,努力减少被害人的损失的,即使没有得到被害人的谅解,法官也可以酌情予以从宽处罚。

第三节 刑事和解的功能

我国司法机关之所以积极地进行一场自下而上的刑事和解的探索，是因为我国刑事司法制度存在无法有效化解当事人之间的矛盾、不能有效保护被害人的利益、司法效益较低下以及犯罪人矫正失败等不足，而刑事和解则恰恰具有化解社会矛盾、有效保护被害人的利益、提高司法效益以及帮助犯罪人重返社会等功能，对刑事司法之不足进行有益的补充。因此，刑事和解得到了司法机关和当事人的青睐。

一、有利于化解社会矛盾

当前，我国正处于社会转型期，由传统的计划经济转向社会主义市场经济，由熟人社会转向陌生人社会，由重义轻利社会转向义利并重的社会。在社会秩序治理中，由传统社会主要依靠情理与道德、习惯维持的社会秩序转向逐渐主要依靠在法律框架下治理的法律秩序。但是，我国的社会转型并没有完全完成，法治更是还处于初期阶段，立法、司法以及执法等也没有达到应有的完善。这种依靠法律使长期以来所依赖的习惯、道德与情理维持社会秩序的做法被强行"撕裂"，在"法治国"理念下的司法解纠和社会治理也并没有收到预期的最佳效果。

因而在某种程度上，传统刑事司法解纠方式强化了加害人与被害人之间的冲突。[1]这表现在刑事司法当中，就是仅表面上移植与借鉴西方国家的程序保障、"疑罪从无"、"沉默权"以及加强控辩对抗等一套的理念与做法，这确实对于法治传统稍微缺失的我国的法治建设起到一定的促进作用，但在处理加害人与被害人的冲突过程中，却因为这一系列的制度赋予被追诉人予以否认自己罪行的权

---

[1] 参见［美］博西格诺等：《法律之门》，邓子滨译，华夏出版社2002年版，第660页。

利，而非真诚地向司法机关认罪和向被害人真诚悔罪，从而强化了刑事案件双方当事人之间的冲突。

但是随着过于强调程序保障、"疑罪从无"、"沉默权"以及加强控辩对抗等一系列保障被追诉人的权利等方面得到加强，同时在刑事司法过程中追求刑事案件事实的"客观真实"发现的理念下，随着刑事程序的设置越来越复杂，刑事诉讼证据制度越来越精良，再加上呼吁赋予被追诉人保持"沉默权"以及在刑事诉讼制度中通过制度设置加强被追诉方与控方的对抗能力等权利，被追诉人的诉讼权利保障可谓达到了"极致"。被追诉人一味选择不供认以及聘请高水平的辩护人为其辩护，在法庭上的控辩双方对抗是得到加强了，但是在司法资源有限的情形下，控方收集的证据不可能都能达到完美无缺的程度。

因此，在这种情形之下，被追诉人的诉讼权利确实得到了加强，但刑事案件的"客观事实"并非都能发现，反而使法庭双方变成了一种"竞技主义"式的表演，当事人之间的矛盾并不一定都能得到妥善解决。反观被害人一方，则只能作为"对抗式"司法中被遗忘的人，至多只能是作为庭审当中的证人角色，对于如何处理被追诉人，他几乎没有任何话语权。在这种司法模式下的刑事纠纷解决，加害方与被害方之间的矛盾不太可能得到彻底解决，有时加害人在法庭上"否认"自己的罪行而引起被害方的愤怒，激起双方更大的矛盾和决裂。

刑事和解则是通过加害人、被害人及司法机关或者还有非司法机关的第三人（比如受委托的人民调解委员会调解员或村委干部等）参与，从而使刑事和解成为包容刑事法律与习惯、道德及情理等于一体，提倡双方当事人之间的宽容与理解，这种"强调理解、宽恕、羞耻、仁爱；是温馨的，强调心灵的沟通，有浓浓的人文关怀"。[1]

不管是古代的中国还是现今的社会，国家统治力的触角并不是

---

[1] 王平主编：《恢复性司法论坛》（2006年卷），群众出版社2006年版，卷首语第7页。

无所不能地伸展到社会的每一个角落,特别是对于边远的乡村更是如此。对于这些地域的乡民来说,法律离他们确实有点远。而"秋菊式的困惑"更是使这些乡民远离法律而更钟情于适用"私了"等手段的解决。即使是在城镇当中,一些无证经营的小摊小贩以及大量无业人员和流动人口的治理也成了大问题。因为现在的社会治理不像改革开放以前通过城市当中的单位和农村当中的公社进行管理,以前国家通过公社和单位进行基层治理,如今已经失去了相应的制度通道,而新的治理通道尚未完成。[1]如果按照法治"精英化"的道路进行治理以及进行相关的司法改革[2],这固然可以从法律层面和人民法治理念等方面起到某种程度的促进作用。但是在司法"条条框框"平面上总会留下"司法公平正义"的"空纹"和"皱褶",从而需要一些更为细微柔软的"填充物"进行弥补。亦即所有的纠纷都通过普通司法进行处理,但司法也是由司法人员进行权利义务分配的,司法人员并非可以像"神"一样进行权利与义务的完美分配。因此,凡是人的理性都是有局限性的,更何况远离民众的"精英"司法人员。但是如果完全或者过于依赖司法之外的民众自主依照长期以来形成习惯、习俗以及道德规范等进行社会秩序的维持与治理,这又会导致权益受损的民众无法通过司法手段进行救济。

因此,在以刑事司法作为"第一领域"和以民间调解或者民间

---

[1] 参见肖仕卫:《刑事法治的"第三领域":中国刑事和解制度的结构定位与功能分析》,载《中外法学》2007年第6期。

[2] 随着党的十八届四中全会提出依法治国以及新一轮的司法改革的启动,呼吁遵循司法运行规律深化司法改革的呼声及实践愈发加快,试点地区已经开始实行法官、检察官员额制度,以进一步促进法官、检察官的"精英化"及"共同体化",以增加司法官依法办案的独立性,试图拉大法官、检察官等精英司法官与世俗的距离,从而达到保持司法的中立、公平与公正。上海市作为司法改革试点地区之一,2014年7月12日开始实行的员额制度,将司法工作人员分为三类:法官、检察官;法官助理、检察官助理等司法辅助人员;行政管理人员。三类人员占队伍总数的比例分别为33%、52%和15%。而最早实行司法员额制度的是广东省珠海市横琴法院。2013年12月26日该院成立后,按照法官"少而精"的原则,设8名法官;按照司法辅助人员"专而足"的原则,为每名法官配备3名法官助理和1名书记员。由此可以看出,我国新一轮司法改革揭开了司法"精英化"的序幕。参见《法官员额制:上海模式与珠海横琴模式比较分析》,载 http://court.gmw.cn/html/article/201407/15/160570.shtml,最后访问日期:2014年12月8日。

"私了"解决刑事纠纷作为"第二领域"的情形下,介于这两者之间的刑事和解应该作为"第三领域",就非常有利于弥补法治的第一领域和第二领域的不足:刑事和解既没有完全脱离刑事法治而完全进入"私人"之治,也没有完全以刑事法治规则之治而忽略"私人"之治,而是充分揉和了两者的长处而形成的一种国家与民众共同之治。虽然理论界已经逐步认识到了仅仅依刑事法治而导致被害人诉讼地位被忽略和合法利益遭冷遇所带来的"无法对症下药以实际解决被害人的迫切需要"[1],但对于人们在解决刑事纠纷过程中过于依赖民间组织以"私了"方式解决刑事纠纷的问题并没有引起理论界的足够的重视。所以有的地方特别是在偏远山区或者是少数民族地区较为注重对刑事案件进行"私了"处理。

当然,对刑事案件进行"私了"处理与我国历史上长期以来的为调整社会关系和解决纠纷形成的所谓"民间法律"有关,也与"私了"的快速简便而避免了冗长的司法程序有关。但如果对于刑事纠纷处理过度适用"私了"方式,就会使得"弱肉强食"的现象频繁出现而失掉"正义",这样处理的方式并没有彻底解决刑事纠纷产生的矛盾,有的甚至日后有可能出现一方不服而另一方走上"私人复仇"的悲剧,从而加剧整个社会的不安全感,而且失去了法治在这些地方和领域的存在和普及,这不利于法治在整个社会的形成。

犯罪问题产生的主要原因是社会矛盾的激化,而刑事和解在某种程度而言是化解犯罪人与被害人矛盾冲突最直接也是效果最好的一种方式,因此刑事和解具有使纠纷获得妥善解决的功能。[2]刑事和解则是在刑事法治的框架下,留出一定的空间让双方当事人能够通过加害人的真诚悔罪,及双方以协商、会谈方式了解犯罪给被害人带来的痛苦和损害,使被害人表达自己的愤怒情绪,且加害人通

---

〔1〕 张鸿巍:《刑事被害人保护的理念、议题与趋势——以广西为实证分析》,武汉大学出版社2007年版,第2页。
〔2〕 中国社会科学院法学博士后流动站主编:《中国社会科学院法学博士后论丛》(第六卷),中国社会科学出版社2010年版,第458页。

过自己的真诚悔罪和努力来赔偿被害人的经济损失。通过真诚沟通来消除或缓解被害人受伤和紧张的情绪，为加害人了解其自己行为给被害人和社区以及其亲属带来的伤害而感受到耻辱感并决心改正，从而最终走上回归社会的道路。

二、有效保护被害人的利益

在人类历史长河中，被害人在处理被侵害的案件中所处的地位是不一样的：在上古先民时期或者原始社会时期，人们对于犯罪与被害等问题处于蒙昧的自发状态，这一时期的被害人（及其血亲或血族）具有程序意义上的举告权，与此同时，这一时期的被害人还享有刑罚执行权。到了奴隶社会和封建社会时期，国家社会已经确立和完善，这一时期的刑事司法制度已建立完成，在民刑分离以及国家逐渐垄断刑罚权的情形之下，刑事诉讼中的被害人的诉讼地位逐渐降低而转向保障加害人的诉讼权利和对加害人的矫正改造，[1]刑罚的形式也逐渐摆脱同态复仇的简单等量报应，而是代之以赎刑、流刑、徒刑、拘役以及"五刑"等各种形式的等价报应。[2]

在这一时期，刑事司法领域中心是犯罪嫌疑人、被告人的地位问题，刑事被害人普遍遭到忽略而成为"被遗忘的人"。德国犯罪学家汉斯·约阿希姆·施奈德指出："在预审和刑事司法过程中，没有任何人应该获得比被害人需要更多的关注"。[3]而传统的刑事司法不仅没能有效保护好被害人的利益，有的反而可能因为忽略被害人利益的保护而造成被害人"二次"甚至"三次"受害。

二战之后，随着被害人学的发展，人们重新审视"犯罪人中心主义"的刑事司法，并逐渐将刑事司法关注的焦点转向被害人，国

---

[1] 参见许福生：《台湾犯罪被害人保护法之回顾与展望——以2009年扩大保护性侵害被害人为例》，载《亚洲家庭暴力与性侵害期刊》2010年第1期。
[2] 参见梁根林主编：《刑法方法论》，北京大学出版社2006年版，第273页。
[3] [德]汉斯·约阿希姆·施奈德：《国际范围内的被害人》，许章润等译，中国人民公安大学出版社1992年版，第32页。

际社会对于被害人学也是满腔热情。1985年在意大利米兰召开的"联合国预防犯罪及罪犯处遇会议"上,通过的《为罪行和滥用权力行为受害者取得公理的基本原则宣言》当中,就包括了被害人在司法程序上权利之保障、加害人对于被害人及其遗属或被抚养人之公正赔偿等内容。[1]随着国际社会被害人保护运动的兴起,以被害人权利保护为中心的刑事和解制度得到不断发展,被害人权利保障司法制度,尤其是刑事和解制度得到迅猛发展。

党的十六届四中全会提出构建社会主义和谐社会。在社会转型期社会矛盾不断增多,司法压力不断加大以及罪犯矫正工作效果不佳的情形之下,刑事司法案件当事人特别是被害人涉法涉诉申诉上访的案件不断增多,我国司法实务界及理论界反思当前传统刑事司法的不足以及改进的路径,对于如何通过司法审判解决社会矛盾,提高被害人的诉讼地位,切实保护、弥补被害人在犯罪中所遭受的经济损失和精神损失,已经成为刑事司法机关在执法过程中需要着重考虑和解决的迫切问题。刑事和解通过搭建双方当事人协商、会谈的舞台,加害人通过真诚悔罪、赔礼道歉以及赔偿被害人的经济损失,经双方达成和解协议之后,则可以弥补被害人遭受的经济损失和修复被害人遭受的精神痛苦,从而切实有效地保护被害人的合法利益。

尤其需要提及的是,在刑事犯罪中尤其是在性侵犯以及故意伤害造成毁容等刑事犯罪中,被害人所遭受的精神损害相当大。而根据我国相关的法律规定,在附带民事诉讼中,被害人提起精神损害赔偿的,法院不予支持;在法院作出刑事判决后,被害人另行提起精神损害民事诉讼的,人民法院不予受理。这无异于把被害人寻求精神损害救济的法律途径堵死,这是非常不利于保护被害人利益的。而在刑事和解中,双方当事人并不受此限制,双方当事人可以通过协商而使被害人得到包括精神损失在内的所有经济赔偿。

因此,通常而言,在刑事和解中被害人所得赔偿金一般都高于

---

[1] 参见许福生:《台湾犯罪被害人保护法之回顾与展望——以2009年扩大保护性侵害被害人为例》,载《亚洲家庭暴力与性侵害期刊》2010年第1期。

通过附带民事诉讼获得赔偿金的数额，而且刑事和解的加害人对被害人经济赔偿大多是即时履行。反观在刑事附带民事赔偿中，"案件一旦进入审判程序，法院只能通过刑事附带民事诉讼的方式解决被告人的经济赔偿问题。按照司法的基本规律，一旦被告人被定罪量刑，被害人想要获得高额的经济赔偿，就变得非常困难。"[1]因此，刑事和解可以有效保护被害人的合法利益。

三、提高司法效益

司法效益包括两个方面：一是司法效率；二是司法对于国家、社会以及当事人的有益性。美国著名经济分析法学家波斯纳曾指出："公正在法律中的第二种含义就是效率。"[2]在司法实践中，司法机关最为注重的是司法效率，不太注重对于刑事案件的法律效果与社会效果相结合。尤其是在"案多人少"以及法定案件办理期限短等双重压力之下，大多司法工作人员把自己工作的注意力仅仅集中于认定事实与适用法律之上，而且往往一味追求案件的快审快结，对于当事人的想法与愿望置之不理，当事人所欲求的"司法产品"很难得到满足。这样很难得到良好的司法效益。

随着人们工作和生活节奏变得越来越快，陷入矛盾纠纷的双方当事人因此变得愈加焦虑，这就更加需要司法人员的细心与关怀，为当事人搭建一个沟通协商的平台，以让双方当事人积聚的情感能得到释放，同时让当事人的知情权以及处理建议权等可以得到司法机关的关注和考虑。司法行为是重新分配当事人之间权利与义务的行为，这就需要司法人员听取双方当事人的意见。司法人员在关注司法效率的同时，合理地分配双方当事人之间权利与义务的行为，那就是体现了司法公正与效率之间的最优化理想配置，从而得到良

---

[1] 陈瑞华：《刑事诉讼的私力合作模式——刑事和解在中国的兴起》，载《中国法学》2006年第5期。

[2] [美]理查德·波斯纳：《法律的经济分析》，蒋兆康译，中国大百科全书出版社1997年版，第31~32页。

好的司法效益。[1]

从法经济学的角度而言，传统刑事司法处理模式在某种程度上体现出司法效益的低下：司法机关通过投入大量的人力、物力和财力，通过事实认定和法律适用而对加害人定罪量刑以及判令加害人赔偿被害人的民事经济损失。表面而言，被害人的报应情感得到了满足，加害人也因为自己的犯罪行为得到了应有的惩罚，被害人的经济损失也由司法审判机关在裁判文书中依法判定由加害人赔偿，从而达到惩恶扬善的目的。

但是，在这一系列刑事司法行为的背后，从立案侦查到执行等诸多环节，司法机关投入了大量的人力、物力和财力，当事人在涉讼过程中也投入相当大的人力、物力等，比如被害人、证人参加庭审期间而造成的误工费、交通费等以及被害人因涉讼而造成的名誉下降等，还包括被害人因加害人的犯罪行为而造成的精神和经济损失等。

在这样的一种情形之下，加害人与被害人之间的矛盾并没有得到有效化解，而国家的高投入、加害人被严惩以及监狱部门的投入增加，但加害人的矫正效果没有达到预期目标，被害人的经济及精神损失没有得到及时的赔偿和弥补，这种"只关注施加于犯罪人的痛苦而不顾及将来的社会收益，这显然与社会目标——即从整体上减少而不是有意地增加人类痛苦——相左"。[2]这是不利于提高司法效益的。

在刑事和解中，首先，由于在刑事和解过程中，充分给予双方当事人参与权和提出处理建议权，因此司法机关在处理过程中就会更加考虑当事人的处理意见，从而司法机关的处理结果更加容易得到当事人的尊重和认可。由于"正义的实现只能依靠人们的协商和合意，在法律决定之中体现参与者的可接受的价值观和正义观"[3]，因而，

---

[1] 参见李艳华、潘爱仙：《论司法效益》，载《法商研究》1997年第3期。
[2] 劳东燕：《刑法基础的理论展开》，北京大学出版社2008年版，第282页。
[3] 李桂林、徐爱国：《分析实证主义法学》，武汉大学出版社2000年版，第39页。

当事人也会因此而减少上诉或者申诉,从而节约上级司法机关或者相关行政管理部门的资源支出。其次,刑事和解还具有案件分流的功能,将一部分轻微刑事案件分流,从而达到节省司法资源的作用。最后,刑事和解既可以实现被害人经济损失得到赔偿和精神损失得到修复的目标,也在整体上提高了司法效益。

当然,司法效益还体现在"消费"刑事司法这一产品过程中,当事人的满意度得到提高。刑事和解既能充分保障当事人双方的充分参与,又可以充分保障当事人的知情权和决策权[1],还可以实现双方当事人的心理预期。从心理学角度而言,刑事和解过程中的被害人通过自己的真诚悔罪、赔礼道歉和积极赔偿被害人的经济损失,通常也更加容易得到被害人的宽容和谅解,从而使被害人从愤怒、憎恨和恐惧中解脱出来,并不再渴望报复侵害者的一个内部过程。[2]因此,在刑事和解过程中,双方当事人的满意度也得到提高。根据对当前一些刑事和解试点司法机关的调查,有的刑事和解双方当事人的满意度甚至达到100%。[3]

四、有利于犯罪人重返社会

如何成功地通过对加害人进行改造矫正而使其重返社会和不再犯罪,这也是衡量司法优劣的重要指标之一。良好的司法不仅可以通过打击和惩罚犯罪来达到威慑和预防犯罪的目的,还可以通过司法处理之后,达到把犯罪人成功改造成为自觉遵守法律的良好公民的目的。传统的刑事司法一味倚重通过发挥刑罚的打击和威慑作用

---

[1] 尽管刑事案件处理的决定权还是掌握在司法人员手中,但是通过刑事和解的达成,被害人和加害人的意见和建议在刑事司法处理结果中得到一定的体现。

[2] 参见罗春明、黄希庭:《宽恕的心理学研究》,载《心理科学进展》2004年第6期。

[3] 广西横县人民法院自从2013年开展刑事和解试点工作以来,至2014年止的一年时间里,达成刑事和解案件的被告人都得到了从轻或者减轻处罚,服判息诉率100%,实现了零上诉,零抗诉和零上访,双方当事人满意率达到100%。参见广西横县人民法院:《横县人民法院开展刑事和解司法联动机制试点工作总结》(2014年)。

来预防犯罪。但多年的司法实践证明，仅仅依靠不断地增加刑罚量来预防犯罪和改造犯罪的效果并不明显。

西方国家比如美国也是世界上犯罪率较高的国家之一，且犯罪率一路攀升。全美在 1960 年至 1978 年，杀人、强奸、严重袭击、抢劫和夜盗等类型的犯罪数量平均增长了 250%，而公众的恐惧感也相应增长。[1]在美国整个历史中，得到明确承认的矫正目的就是"矫正"犯罪行为以便防止其再次发生，质言之就是累犯率的降低。但传统的对罪犯的监禁无助于这个目标的实现，广泛考察对矫正有效性的研究会发现美国监狱几乎同样是无效的。[2]这与监禁刑给犯罪人套上的"罪犯标签"[3]以及在监狱中受到的"交叉感染"有关。

正是在这一社会背景之下，西方国家不断反思传统刑事司法的弊端，并且不断开始尝试采用新的司法手段来处理社会问题，从而出现了通过被害人—加害人调解[4]的方式对犯罪进行处理，在刑罚上也开始注重非监禁刑的适用，在刑度上也实施刑罚宽缓化的方式进行处理，同时注重发挥罚金刑等刑种的作用，在预防犯罪方面也收到了良好的效果。

究其缘由，就是因为通过刑事和解的当事人协商，不仅使犯罪人认识到自己的错误所在，还得到了被害人谅解和司法机关从宽处理，从而使犯罪人得到更为轻缓的判处以及更多的非监禁刑的机会，进而尽量避免短期自由刑所带来的"交叉感染"。

另外，在刑事和解过程中，犯罪人意识到自己所犯错误之后通常会感到羞耻和内心产生内疚感，这样的整合性羞耻与仅仅把加害

---

[1] 参见储槐植：《美国犯罪趋势和预防犯罪策略》，载《国外法学》1981 年第 2 期。

[2] 参见 [美] D. 斯坦利·艾兹恩、杜格·A. 蒂默：《犯罪学》，谢正权等译，群众出版社 1988 年版，第 557 页。

[3] 早期的一个社会学家曾提出过一个纯主观的犯罪和犯罪的定义，他认为罪犯是"一个认为自己是罪犯而且社会也认为他是罪犯的人"。参见 [美] 里查德·昆尼等：《新犯罪学》，陈兴良等译，中国国际广播出版社 1988 年版，第 2 页。

[4] 有的是以恢复性司法方式进行处理，但不管是被害人—加害人和解还是恢复性司法抑或刑事和解的方式进行处理，它们都是非常注重当事人的参与以及注重加害人的回归社会。

人投入监狱是不同的：后者是给犯罪人贴上越轨者的标签，使其被正常的社会生活抛弃而逐渐认同越轨者的身份，从而将犯罪人推向犯罪亚文化而继续实施犯罪；而前者则是施以羞耻的同时保持尊重与关爱，并逐渐通过宽恕的言行或消除越轨身份的仪式将犯罪人重新整合到守法公民或体面公民的社群中去，从而使其回归正常的社会生活和不再继续犯罪。[1]

根据布雷思韦特（1989）的观察，低犯罪率的社会（如日本）往往依赖于整合性羞耻的社会控制，而高犯罪率的社会却往往依赖于点式羞耻的社会控制。[2]因此，"刑事司法、矫正和刑罚必须旨在改造与感化罪犯"，[3]刑事和解实际上更多的是通过犯罪人的真诚悔罪、赔礼道歉和赔偿损失等方式得到被害人谅解和司法机关从宽，这实际上是对犯罪人的一种奖励，这是一项预防犯罪的重要措施。正如贝卡利亚曾经说过，预防犯罪的一项措施是奖励美德。[4]

刑事和解过程也是对犯罪人人格矫正的过程。"对犯罪人人格的矫正贯彻整个刑事司法过程。矫正的目的在于抑制或消除犯罪人的反社会心理和行为倾向，使其能够重返社会。"[5]同时，刑事和解也有利于预防犯罪，因为"强制赔偿比短期监禁具有更为强大的预防作用。如果能够使罪犯们确信：一旦被发现，他们不能逃避弥补因其犯罪所造成的损害，这将对罪犯，特别是职业扒手和骗子产生阻力，这种阻力比当代剥夺自由的刑罚所产生的对于犯罪的阻力要大得多"。[6]

---

[1] 参见[澳]约翰·布雷思韦特（John Braithwaite）：《犯罪、羞耻与重整》，王平、林乐鸣译，中国人民公安大学出版社2014年版，第2~5页。

[2] 许春金：《修复式正义的司法理念与途径——参与式刑事司法》，载《犯罪与刑事司法研究》2003年第1期。

[3] [美]D.斯坦利·艾兹恩、杜格·A.蒂默：《犯罪学》，谢正权等译，群众出版社1988年版，第16页。

[4] 参见[意]贝卡利亚：《论犯罪与刑罚》，黄风译，中国法制出版社2003年版，第132页。

[5] 张远煌：《犯罪学原理》（第二版），法律出版社2008年版，第502页。

[6] [意]加罗法洛：《犯罪学》，耿伟、王新译，中国大百科全书出版社1996年版，第376页。

CHAPTER2 第二章

刑事和解的发展沿革

西方国家刑事和解制度的发展源头非常久远,刑事犯罪在不同的时期处理的方式也不一样。因此,在不同时期,西方国家刑事和解所体现出来的样式也不相同。犯罪被害人在刑事和解中所起的作用也不完全相同。本章对于西方国家刑事和解的发展将主要以部分具有代表性的英美法系和大陆法系国家的刑事和解制度作为研究对象。

第一节 西方国家刑事和解制度发展考略

从西方国家历史来看,对于犯罪处理的权力并不是一直由国家独断的。关于刑事和解的起源,先从刑法或犯罪法的来源说起。事实上,古代社会的刑罚并非"犯罪"法,而是"不法行为"法,或者说是"侵权行为"法。而被害人对于一个普通的民事诉讼就可以对不法行为人提起诉讼,如果他胜诉,就会得到以金钱为赔偿形式的损害赔偿。[1]根据《十二铜表法》,由罗马法所确认的民事不法行为的开头是盗窃行为,在我们习惯上认为只属于犯罪的侵犯行为,却被认为完全是侵权行为,并且不仅是偷窃,还有强奸和抢劫,法学家也把它们和侵害、文字诽谤及口头诽谤联系在一起。因此所有

---

[1] [英]亨利·萨姆奈·梅因:《古代法》(二),高敏、瞿慧虹译,九州出版社2007年版,第463页。

类似的一切都产生了"债"或是"法锁",并且都用金钱支付的方式予以补偿,甚至在日耳曼部落统一法中,他们对杀人行为也不例外地阐述了一个庞大的金钱赔偿制度,对于轻微损害,除少数例外,也有一个同样庞大的金钱赔偿制度。因此,如果一种不法行为或侵权行为的标准被认为是个人而不是国家遭受了该行为的侵害,那么可以断言,在法学初期,公民赖以得到保护对抗暴力或欺骗的不是"刑法"而是"侵权行为法"。[1]

而在英美法系当中,自12世纪英国普通法诞生以来,即使是以现在的法律观念认为是犯罪的行为,那时英国传统上还是将其纳入侵权法的领域进行处理。在现代法理念特别是经典的马克思主义法学者认为,所谓犯罪是孤立的个人反对统治关系的斗争,在那时的英国法看来是不可思议的,在英国包括所有的苏格兰的平民以及被害人及其亲属均可以成为平民检察官。[2]难怪有的学者经研究后发现,"受害人及其近亲属依旧是最基本的检控权主体。但是,普通法将刑事检控权力主体扩大到一切平民,除了犯罪的直接受害人之外,每一位英格兰平民都有权以国王的名义、对自己知晓的犯罪事实提起检控。"[3]在这一时期,刑事案件由包括被害人及其亲属在内的普通平民提起,因此被害方与加害方当然可以通过刑事和解的方式进行处理。从原始时期沿袭下来的美洲印第安人和澳洲毛利人等土著居民那里,他们仍然主要是通过刑事和解的方式解决纠纷。到了20世纪中后期,西方国家才开始在刑事司法领域适用刑事和解。[4]下面分别对部分英美法系国家和大陆法系国家的刑事和解制度进行探究。

---

[1] 参见[英]亨利·萨姆奈·梅因:《古代法》(二),高敏、瞿慧虹译,九州出版社2007年版,第463页。
[2] 参见高鸿钧等主编:《英美法原论》(上),北京大学出版社2013年版,第554页。
[3] 高鸿钧等主编:《英美法原论》(上),北京大学出版社2013年版,第555页。
[4] 参见马静华等:《刑事和解理论基础与中国模式》,中国政法大学出版社2011年版,第3页。

一、英美法系国家刑事和解的概述

（一）加拿大刑事和解制度

现代意义上的刑事和解发端于 1974 年加拿大两个年轻人实施侵害 22 名被害人财产后，承认自己罪行并在缓刑官的帮助下，两个年轻人与所有被害人会面并达成和解协议，两个年轻人赔偿所有被害人遭受的经济损失，最终得到法院判处缓刑的处理。1988 年，加拿大国会的司法和公安常务委员会对于刑罚、有条件释放和近年来罪犯的矫正情况进行了调查，并且发布了题为《请承担起你的责任》的报告，也就是众所周知的《多布尼（Daubney）报告》。其中被害人的需要就是这个报告的一个重点内容之一，该报告还建议在立法中作出相应规定，包括对被害人的赔偿以及提高犯罪者的责任意识。被告人是否可以得到法院判处缓刑，根据《加拿大刑法》第 737 条第 2 项规定，被告人除了应当守法、行为善良和按照法庭要求出庭外，法院还可以在缓刑令中规定被告人应当履行赔偿或者补偿被害人或受害人因犯罪行为遭受的实际损失或损害。[1]

在刑事和解的当事人满意度方面，根据对加拿大四个城市中基于法庭的被害人与犯罪人调解模式的调查发现，相对于没有参加和解程序的被害人和犯罪人而言，参加了和解的被害人与犯罪人似乎更满意司法机关对他们案子的处理，他们对于和解结果满意率非常高，其中被害人的满意率达到 89%，犯罪人的满意率达到 91%。[2]

此外，加拿大一些学者对于在执行阶段的犯罪人适用刑事和解的效果还进行了相关研究，研究的内容是将犯罪人从监狱释放到社区资源中心或者过渡训练所，以弥补对被害人造成的损失。研究发

---

[1] 参见刘强主编：《各国（地区）社区矫正法规选编及评价》，中国人民公安大学出版社 2004 年版，第 195~196 页。

[2] 参见王平主编：《恢复性司法论坛》（2007 年卷），中国检察出版社 2007 年版，第 408 页。

现,根据被害人对于弥补损失的态度显示,相当一部分人更愿意获得金钱赔偿。[1]加拿大在对于重刑案件适用刑事和解的时候也会注意被害人及其律师认为对于犯罪谴责性和威慑性不足的问题。[2]从而刑事和解提倡者也会对加害人提出(相比刑罚)更多的要求。

事实上,在加拿大一些地区推进严重暴力犯罪适用刑事和解使双方当事人都感到受益,受害者认为刑事和解确保犯罪人负起具体的责任而非仅对政府的抽象责任,了解了犯罪人犯罪原因后消除了恐惧感。而加害人也感到自己负起了"正义性"责任,向受害人保证自己不会再回来向他们复仇。[3]

(二) 美国刑事和解制度

在1974年,美国刑事和解领域先驱者和权威者霍华德·泽尔(Howard Zehr)实现了第一起刑事和解程序,他同时提出一个刑事和解模式来帮助其他社区适用刑事和解。从那之后,美国刑事和解程序得到迅速发展起来。从此以后刑事和解程序也具有不同的结构,但大部分刑事和解模式与霍华德·泽尔模式包含相同的基本要素。[4]刚开始的时候适用刑事和解的案件大多是财产犯罪以及轻伤害案件。但是在美国即使是死罪案件也适用刑事和解。虽然对于死罪案件适用刑事和解程序的基本要素基本相同,但是在暴力犯罪中包含的风险因素递增而要求对于传统刑事和解的模式进行修改。

最近以来,一种"人文主义刑事和解"得到大力提倡,人们重新调整刑事和解的目标即主要通过对话而不是主要通过达成一致赔偿协议作为"治愈"的目标。在一般刑事案件的刑事和解和死刑案

---

[1] 参见王平主编:《恢复性司法论坛》(2007年卷),中国检察出版社2007年版,第409页。

[2] 参见王平主编:《恢复性司法论坛》(2007年卷),中国检察出版社2007年版,第411页。

[3] 参见王平主编:《恢复性司法论坛》(2005年卷),群众出版社2005年版,第435~436页。

[4] See Rachel Alexandra Rossi, "Meet Me on Death Row: Post-Sentence Victim-Offender Mediation in Capital Case", *Pepperdine Dispute Resolution Law Journal*, Vol. 9: 1, 2008, p. 191.

件的刑事和解中,由于死刑案件涉及一些独特的问题,这时就需要修改刑事和解的一些目的。当然不论是哪种刑事案件当中的刑事和解,其核心目标还是一样的:为受害者提供治疗,允许犯罪人参与以及恢复社区活动。[1]最重要的是,刑事和解不仅仅注重物质赔偿,而且更为注重被害者的治疗。

在美国,一个被害人的母亲可以通过德克萨斯州刑事和解程序原谅杀死自己女儿的死刑犯。在会面程序中,这个被害人的母亲了解到了罪犯在童年时期就被暴力和性虐待,还染有毒瘾。当罪犯知道被害人母亲还有别的小孩时感到很欣慰。罪犯同时意识到,他的犯罪行为不仅杀了被害人,还影响了一个家庭。令被害人母亲惊讶的是,她对于罪犯的看法改变了,她再也不再将其看作是一个杀了她女儿的罪犯,而是一个人。当她听到罪犯要负责的时候,她沉重的心情得到了缓解,她消极的情感也消失了。[2]可见,在刑事和解过程中,非物质性的沟通与交流是多么的重要,而非刑事和解就是强调罪犯对被害人的经济损失赔偿。

刑事和解发展过程当中,美国律师协会起了很大的作用,在1994年,美国律师协会正式支持被害人与加害人调解,并且还建议全国法院使用。从此之后,这一模式成为美国一种替代性纠纷解决机制,并得到广泛应用。但该模式并非意在替代传统的刑事司法模式,而是与传统的刑事诉讼司法模式一起共同组成多元纠纷解决机制。[3]

根据相关研究,被害人和加害人参加刑事和解之后,他们的满意度达到了90%以上,其中被害人认为他们参加刑事和解之后,可以给他们一个机会了解到底发生了什么以及减少了他们的恐惧感,而且大部分被害人经过刑事和解程序之后,他们再也不怕犯罪人了。

---

[1] See Rachel Alexandra Rossi, "Meet Me on Death Row: Post-Sentence Victim-Offender Mediation in Capital Case", *Pepperdine Dispute Resolution Law Journal*, Vol. 9: 1, 2008, p. 196.

[2] See Rachel Alexandra Rossi, "Meet Me on Death Row: Post-Sentence Victim-Offender Mediation in Capital Case", *Pepperdine Dispute Resolution Law Journal*, Vol. 9: 1, 2008, p. 209.

[3] 参见胡铭:《论刑事和解的理念基础——浙江"枫桥经验"与美国VOR模式之比较》,载《浙江社会科学》2010年第9期。

据研究，只有19%的被害人在经过刑事和解程序之后，他们的安全感尚未得到恢复。有88%的被害人认为刑事和解有助于解决问题，经过刑事和解程序之后，他们理解了被害人，他们的同情心也大大增加了，同时也感觉能得到更多的关注，而且77%的被害人感觉到犯罪人的道歉是真诚的。根据研究，犯罪人参加刑事和解之后，"有助于他们被被害人当人看"，而且感觉到"被理解和关心"，受害者与他们的关系也得到改善，更为重要的是犯罪人的重犯率大为降低，他们在一定程度上也得到"康复"。[1]

（三）英国刑事和解制度

从1985年以来，在内政部的推动下，英国的刑事和解制度得以发展起来。从20世纪80年代早期开始，英格兰和威尔士的不同计划已经开始在整个刑事司法程序中使用被害人—加害人调解模式的刑事和解。一些计划把调解作为转处策略的一部分，一些计划在法庭（认罪）答辩至判决宣告期间使用调解，也有其他计划尝试在监禁或者社区矫正判决中使用调解。刑事和解已经成功运用于许多严重犯罪案件之中。[2]随着主要针对青少年犯罪适用刑事和解文件的出台，给青少年犯罪人制定了五种新的非监禁的处置措施：最后警告令、补偿令、行动计划令、监督令和转处令。这五种非监禁刑的处置措施，除了警察局制作的最后警告令之外，其他由青少年法院适用。每个措施都意图将犯罪人与被害人之间的交流、补偿被害人纳入令的内容的范围，确保青少年犯罪人能直面犯罪行为的后果，鼓励青少年犯罪人补偿被害人。根据法律规定，加害人已经弥补由其所造成的损害属于起诉必要性较小的情形之一。刑事和解方式根

---

[1] See Rachel Alexandra Rossi，"Meet Me on Death Row: Post-Sentence Victim-Offender Mediation in Capital Case"，*Pepperdine Dispute Resolution Law Journal*，Vol, 9: 1, 2008, pp. 202-203.

[2] [意]安娜·迈什蒂茨（Anna Mestitz）、西蒙娜·盖蒂（Simona Ghetti）主编：《欧洲青少年犯罪被害人—加害人调解——15国橄榄及比较》，林乐鸣等译，中国人民公安大学出版社2012年版，第37页。

据不同模式而各异,比如在转处模式,侦查终结后如果警察认为没有必要起诉的,就给予警告处分,然后交付给中介机构。

替代模式则是在案件移送到起诉机关或审判机关后,先调查犯罪者与被害人是否愿意和解,如果愿意和解则可以由犯罪人向被害人通过损害恢复、赔偿、提供服务以及赔礼道歉、真诚谢罪、悔悟、赠送礼物等方式结案。[1]在监狱行刑阶段,在监狱中施行的受害者安抚计划就是在监狱中适用刑事和解的一种模式。受害者安抚计划的目的在于转达监狱犯罪人对受害者关怀情绪和帮助改变犯人的态度和行为。在此计划下,犯罪人有机会弥补受害者的损失。在该计划最后一个阶段,还将邀请社区居民出来以见证犯罪人向受害人做出补偿行为。同时,该计划还得到英国教育部门的认可,对于那些确已从该刑事和解项目中受益的犯罪人,可以得到外界承认的学历证书。[2]

(四) 新西兰刑事和解制度

家庭小组会议(Family Group Conference)由新西兰土著毛利人所创造,后来用于解决由警方或法庭转介犯了可被检控罪行的10岁至17岁违法青少年,使他们承担违法责任和重新融入社会。家庭小组会议一般由警察组织和受雇于社会福利工作部的未成年人司法协调者协助,会议参加者包括被害人(或其代表)、犯罪人及其家庭成员。将各方召集在一起有协助于各方之间达成和解。犯罪人对自己造成后果负责并向被害人作出赔偿的承诺,这对于被害人而言是一个治愈的过程。[3]

家庭小组会议一般由以下几个阶段组成:先由主持人介绍,然

---

[1] 参见刘凌梅:《西方国家刑事和解理论与实践介评》,载《现代法学》2001年第1卷。

[2] 参见王平主编:《恢复性司法论坛》(2005年卷),群众出版社2005年版,第468~469页。

[3] 参见王平主编:《恢复性司法论坛》(2006年卷),群众出版社2006年版,第202~203页。

后由辅助人员介绍会议程序，再由警察人员简单介绍案情。接着让加害人对警察人员所介绍的案情的准确性进行评价，若加害人认罪，则由被害人发表看法。之后是对可能性的结果进行讨论，在加害人的家庭中进行讨论，在加害人家人的反应、计划和结果形成之后的一般协商，并得到被害人和执行机构同意，记录各方同意的协商结果，最后是会议结束。[1]

根据《儿童、未成年人及其家庭法》规定的未成年司法指导性原则，包括立法要求任何处理儿童或未成年人犯罪措施都应适当地考虑被害人利益。所有提交给法庭或起诉机关的计划，都必须经家庭小组会议成员的同意。[2]除了家庭小组会议用于未成年犯罪人之外，在新西兰的地方和高等法院的成年人刑事司法体制适用于17岁以上的成年人犯罪案件中使用了成年人审前分流/转处警务的方案。

根据1994年《新西兰警察法》选择分流/转处方案适用的案件主要考虑以下因素：①犯罪人没有犯罪记录或虽然以前有犯罪记录，但是有特别的理由可以使其适用分流/转处方案；②罪行严重；③犯罪人认罪，并表示对被害人做出全面赔偿；④对分流/转处方案与被害人协商和考虑被害人看法；⑤犯罪人同意适用分流/转处程序。[3]对于犯罪人本人或者他人代表犯罪人向被害人赔偿的，法院在审判时会对此予以考虑，并且法庭考虑犯罪人提供的任何经济的或为被害人提供的劳务或服务形式的赔偿。

（五）澳大利亚刑事和解制度

早在1992年，在澳大利亚昆士兰州就已经对青少年犯罪实施

---

[1] 参见王平主编：《恢复性司法论坛》（2006年卷），群众出版社2006年版，第203~204页。

[2] 参见王平主编：《恢复性司法论坛》（2006年卷），群众出版社2006年版，第204页。

[3] 参见王平主编：《恢复性司法论坛》（2006年卷），群众出版社2006年版，第205~206页。

"受害人—加害人"的青少年司法会议（Youth Justic Conferencing），旨在为青少年加害者提供修复因其行为给被害人造成损害的平台。青少年司法会议由符合资格调解员主持，参与人员包括青少年加害者、受害者、双方家长或者支持者、社区代表以及警务人员等。各方达成协议之后签订具有法律效力的协议。自1997年至2008年间，昆士兰州共有超过37 500人参加了青少年司法会议，97.5%的参加者表示满意。[1]

在新南威尔士州的沃加沃加（Wagga Wagga）在家庭小组会议概念的基础上，形成了一个适用于未成年犯罪人的警告方案。该方案使得犯罪人更好地理解其犯罪行为所造成不良影响，犯罪人应当对其行为负责，同时给被害人提供参与案件处理的机会，使犯罪人及被害人的家庭成员及对他们有重要影响的人聚在一起，鼓励对被害人进行赔偿或者补偿，以实现对未成年人犯罪人警告影响的最大化为目标。

耐人寻味的是约翰·布雷思韦特和莫格福（John Braithwaite & Mugford）提出的重新整合性羞耻理论。该理论认为，重整性的羞耻可以控制犯罪，而烙印化的羞耻则将犯罪人推向犯罪亚文化。[2]该理论要求犯罪人应当被置于那些利益受到犯罪行为影响或对之感兴趣的人群中，参加会议的人可以包括犯罪人、犯罪人的支持者、犯罪人的家庭成员、被害者、被害者的支持者以及被害者家庭成员、社区代表、警察和协调者。犯罪人与其家庭成员或朋友之间的尊敬和情感关系据说可以促进犯罪人对其犯罪行为的羞耻感，但是犯罪人的支持者也会对犯罪人的非犯罪方面表示肯定，因此这种会议的体验是一种整合性质的，而非对犯罪人进行羞辱。[3]这种违反刑法

---

[1] 参见李冠美：《香港未成年人刑事和解制度：康和服务》，载《中国社会工作》2013年第25期。

[2] [澳]约翰·布雷思韦特（John Braithwaite）：《犯罪、羞耻与重整》，王平、林乐鸣译，中国人民公安大学出版社2014年版，第15页。

[3] 参见王平主编：《恢复性司法论坛》（2006年卷），群众出版社2006年版，第187~188页。

规定的用于控制掠夺性犯罪的重整羞耻理论，主要目的就是通过使加害人实施犯罪后的羞耻感来控制犯罪。

重整羞耻理论认为，传统刑事司法的"烙印化"容易滋生犯罪亚文化，亚文化为被离弃的犯罪人提供了反对其反对者的机会，从而维持了某种形式的自尊。相反，重整性的羞耻会使犯罪亚文化对犯罪人的吸引力变小。除非误入烙印化的歧途，否则羞耻将是社会控制的最有力武器。正式的刑罚并非社会控制的有效武器，部分原因在于它是一种意在最大限度地实现烙印化的羞辱仪式。[1]烙印化也不利于使犯罪人与被害人乃至社区达成刑事和解。

重整羞耻理论还认为，如果传统的犯罪学政策建言的传统控制犯罪理论主张社群在犯罪控制中保持中立的倾向实际上都鼓励了犯罪。而如果社群成员成为主要的犯罪控制者，积极地参与对犯罪人施以羞恶以使其感到羞耻，并且共同努力将犯罪人重新整合到守法公民的社群之中，此时犯罪就得到了最好的控制。

事实上，低犯罪率的社会是人们不仅关心自身事务的社会，也是对越轨行为的宽容有着明确界限的社会。[2]羞耻被构思为这样一种工具：它吸引并诱导公民关注刑法的道德要求，规劝并引导公民服从法律规定，同时与犯罪人辩论并谴责其行为的危害性。公民最终可以拒绝那些试图通过社会非难来对其进行劝导。

可以说，重整羞耻可以视为是一种教化性的社会控制，而传统的刑事司法则被视为一种强制性的社会控制，但是，"教化性的社会控制比强制性的社会控制更能保证人们对法律的遵守。由于任何道德尺度衡量犯罪行为通常都是有害的，并且大多数公民也认可这一点，因而一般来说（尽管未必总是），将公民视为有责任做出正确选择之个人的道德性呼吁比通过将人们视为毫无道德观念的利益计算

---

[1] 参见［澳］约翰·布雷思韦特（John Braithwaite）：《犯罪、羞耻与重整》，王平、林乐鸣译，中国人民公安大学出版社2014年版，第16~17页。

[2] 参见［澳］约翰·布雷思韦特（John Braithwaite）：《犯罪、羞耻与重整》，王平、林乐鸣译，中国人民公安大学出版社2014年版，第9页。

者而否定人的尊严的强制性控制会得到更为积极的回应。可以说，一种期望公民具有高尚道德的文明相比那种通过对越轨者施加痛苦来实现控制的文明更有利于控制犯罪。"[1]

二、大陆法系国家刑事和解的概述

(一) 德国刑事和解制度

德国现代的刑事和解制度"被害人—加害人调解"发端于20世纪80年代。在此之前，在法律执法者、学者、社会工作者等各界对于该刑事和解项目产生了激烈争论。但最终都赞同刑事和解项目的发展。在1984年在图宾根开始了第一个成年人被害人—加害人调解的试点项目，后在汉堡和杜塞尔多开始实施当地的试点项目[2]。在1986年颁布了《德国被害人保护法》，从而使得法院在量刑时须顾及被害人的利益，而《德国刑法典》第46条第2款则规定了行为人实施犯罪后的态度——尤其是为了补救被害人所受损失所做努力作为法院量刑考虑的因素。第46条a则规定，行为人努力与被害人达成和解，或者被害人的补偿全部或者部分得到实现的，可以作为法院对行为人减轻或者免除处罚的依据。[3]《德国少年法院法》第10条的规定，法官可以指示少年犯人努力与被害人和解。

自1998年以来，《德国刑事诉讼法》（仅对成年人适用）第155条第a项规定检察官和法官在诉讼程序的任何阶段都应当注意案件调解的可能性，不论在哪个阶段发现案件适合并能够进行调解都

---

[1] [澳] 约翰·布雷思韦特 (John Braithwaite)：《犯罪、羞耻与重整》，王平、林乐鸣译，中国人民公安大学出版社2014年版，第11页。
[2] 参见 [意] 安娜·迈什蒂茨 (Anna Mestitz)、西蒙娜·盖蒂 (Simona Ghetti) 主编：《欧洲青少年犯罪被害人—加害人调解——15国概览及比较》，林乐鸣等译，中国人民公安大学出版社2012年版，第297页。
[3] 参见《德国刑法典》，徐久生、庄敬华译，中国法制出版社2000年版，第56~57页。

应当将其提交调解。[1]在1999年12月的《德国刑事诉讼法》修正案中,将"行为人—被害人和解"制度正式纳入刑事诉讼程序中。[2]

从以上可以看出,德国刑法、刑事诉讼法和少年法院法都从不同层面和不同角度对于被害人—加害人调解作出不同的规定。尤其需要注意的是《德国刑法典》第46条a的规定,从德国联邦最高法院的一些案例中可以推断,适用《德国刑法典》第46条a的规定,不仅有物质方面的努力,比如赔偿损失等,还应该有非物质方面的努力,比如积极真诚地与被害人沟通、协调以及向被害人赔礼道歉等作为,其中犯罪人本人与被害人的沟通与协调是必不可少的。如果沟通与协调是完全由别人来承担,例如基于责任保险契约,从而由保险公司来赔偿给被害人所造成的损失,那根本就不算是犯罪人本人的沟通、协调与努力,那就不适用《德国刑法典》第46条a的规定。[3]被害人对犯罪人的努力过程不予接受是否会影响《德国刑法典》第46条a的适用?德国联邦最高法院在一个案例中[4]就很

---

[1] 参见[意]安娜·迈什蒂茨(Anna Mestitz)、西蒙娜·盖蒂(Simona Ghetti)主编:《欧洲青少年犯罪被害人—加害人调解——15国概览及比较》,林乐鸣等译,中国人民公安大学出版社2012年版,第316页。

[2] 参见万毅:《刑事和解制度若干基本理论问题反思——以刑事诉讼"习惯法"为视角》,载《昆明理工大学学报(社会科学版)》2011年第1期。

[3] 在1995年一个涉及交通事故造成的过失身体伤害案件中,联邦最高法院认为,未将被害人引入协商,而只是通过保险公司支付保险金给被害人的情形,无法满足《德国刑法典》第46条a的要求。转引自杜宇:《"犯罪人—被害人和解"的制度设计与司法践行:以当代德国经验为中心》,载《和谐语境下的刑事和解学术研讨会论文集》2006年,第274页。

[4] 在这一起案件中,被告人与其他数人共同正犯一起抢劫了数个金融机构,之后将抢劫所得的钱予以分赃。在案发后,被告人对犯罪事实予以供认,并且将自己所分得的赃款汇还给各银行的保险公司。此外,被告人还通过自己的辩护人,与抢劫银行时的职员取得联系,表示愿意支付适当的精神抚慰金。但被害人最终并未接受,因为他们不想提出金钱上的请求。最终联邦法院没有适用《德国刑法典》第46条a。被告将该案上诉至德国联邦最高法院。德国联邦最高法院认为《德国刑法典》第46条a的立法意图并非将所有协商调解的努力完全系于被害方,因此该案是可以适用《德国刑法典》第46条a之规定的。参见杜宇:《"犯罪人—被害人和解"的制度设计与司法践行:以当代德国经验为中心》,载《和谐语境下的刑事和解学术研讨会论文集》2006年,第275页。

明确表明了自己的立场，即只要犯罪人努力地对犯罪行为造成的损害后果努力地进行复原，而且不论复原是否完全，尽管被害人不予接纳，仍然可以适用《德国刑法典》第46条a的规定。

在德国，刑事和解大量地适用于青少年犯罪（约占2/3），而且提供调解组织大部分为私立的非政府组织执行，而且这些组织一般都是独立的。在德国，法律并不一定要求刑事和解的双方当事人面对面接触。在德国刑法上，这两种方式的效力是同等的，即使在那些明确提及被害人—加害人调解的法律规定中，努力与被害人达成和解协议也就足够了。在侦查阶段，检察官是诉讼程序的主导者。如果检察官认为某一案件适合调解，他既可以在决定撤销案件前将案件提交调解，也可以在立即撤销案件的同时发出努力进行和解的命令。在前一种情况下，调解成功是撤销案件的法定前提；在后一种情况下，检察官先作出撤销案件的决定，然后才进行调解。

另外，在前一种情况下，由检察官将案件提交调解；后一种情况下，调解命令是由法官依据检察官的要求而发布的。在审前阶段，法院也享有案件转处选择权。甚至在审判过程中，听完被害人陈述后认为该案件存在和解的可能，他可以决定休庭并延期审理，同时将该案件提交调解、发布调解令或者认定该青少年犯罪人由于所做的恢复性努力而可以减轻其罪责。如果青少年犯罪人被正式定罪，仍然存在将被害人—加害人调解或其他恢复性行为作为制裁本身或制裁一部分的可能。而相对轻缓的处罚种类就是所谓的教育措施。而法典中所规定的教育措施的范围也包括已经提到的努力达成和解协议的命令。[1]在执行阶段，调解令、赔偿令或道歉令也可以作为少年监狱缓刑判决的前提条件而被适用，假如青少年犯罪人没有遵守这些命令，那缓刑就可能被撤销，同样的情况也可以适用于执行

---

〔1〕参见[意]安娜·迈什蒂茨（Anna Mestitz）、西蒙娜·盖蒂（Simona Ghetti）主编：《欧洲青少年犯罪被害人—加害人调解——15国概览及比较》，林乐鸣等译，中国人民公安大学出版社2012年版，第315页。

阶段中具有提前释放性质的假释当中。[1]

在德国，有很多不同的机构都可以提供被害人—加害人调解，这些调解机构主要有两种性质：一种是私立的非政府组织，另一种是公立或州立的机构。后一种最重要的两个机构是少年法庭援助机构和社区青少年福利办公室。公立机构的资金来源是由市政当局和联邦各州提供财政支持的，而私立非政府组织的资金来源则多种多样，比如可能来自私人途径，也可能来自教会或其他公共福利机构、慈善机构，如果这些非政府组织本身被登记为公共福利机构，还可以获得包括和解费在内的多种公共补贴。

关于调解员的来源，在调解的最初发展阶段是由来自不同学科的专业人士执行，主要是社会工作者、社会教育学家（前提是他们要通过由被害人—加害人调解服务办公室或是其他机构提供的关于调解的培训课程），目前大部分聘用的人员都是专业的调解员，他们在一些大学或学院[2]获得了调解的证书或文凭。这对于为调解员在主持刑事和解所需具备的专业技能和提高调解成功率提供了人员保障。

（二）法国刑事和解制度

法国的刑事和解是在20世纪80年代引进的。在法国，刑事和解的出现主要是为了应对司法诉讼程序的冗长和诉讼效率低下。为此，法国司法者寻找一种既能提高效率又能解决纠纷的途径，刑事和解成了他们的选择。[3]经过各地司法机关的实践与探索，立法者于1993年1月将刑事和解程序纳入《法国刑事诉讼法典》，法典规

---

[1] 参见［意］安娜·迈什蒂茨（Anna Mestitz）、西蒙娜·盖蒂（Simona Ghetti）主编：《欧洲青少年犯罪被害人—加害人调解——15国概览及比较》，林乐鸣等译，中国人民公安大学出版社2012年版，第316页。

[2] 比如自2000年1月起，路德维希港社会工作及社会教育学院新开设了一门四学期的课程，通过这门课程学员有机会获得调解员的证书或学位，其他大学如哈根远程教育大学、奥尔登堡大学以及海德堡大学也新开设了一系列不同领域的调解课程。

[3] 参见施鹏鹏：《法国刑事和解程序及其借鉴意义》，载《社会科学辑刊》2006年第6期。

定了检察官可以将成年人犯罪案件提交刑事和解,[1]并由法院核准的特定代理机构或者代理人来执行,规定 18 周岁以下的青少年犯罪案件可以提交刑事补偿(penal reparation)。假如是由检察官提交的,补偿措施若取得成功则意味着犯罪人将被免予起诉;如果是由法官提交,那就认为是一种没有刑事法律后果的教育措施,审判进程将被终止。[2]根据 1994 年 3 月 1 日生效的《法国刑法典》第 132-59 条第 1 款的规定,"如表明罪犯已获重返社会,所造成的损失已予赔偿,由犯罪所造成的危害已告停止,可予以免除刑罚。"[3]第 132-60 条第 1 款规定,"如表明罪犯正获重返社会,所造成的损害正在赔偿之中,由犯罪所造成的损害即将停止,法院得推迟刑罚宣告。"[4]

刑事和解的定义,根据 2004 年行政通令之解释是指:"通过第三者的引导将犯罪行为实施者与受害人召集会见,以在两者之间建立联系并就赔偿的具体细则和重新修复关系上达成合意,尽可能促进确立不再重新犯罪的条件。"[5]刑事和解一般经历会见、交流、成果固定以及协议执行等阶段,但不是每一个刑事和解都必须经过四个阶段,也有可能在某个阶段退出而回到诉讼程序。[6]

一般而言,在法国刑事和解主要分为两部分,一是成年人刑事和解(mediation penale),二是 18 周岁以下的青少年刑事补偿(reparation penale)。法国的成年人被害人—加害人调解只是一种转处措

---

[1]《法国刑事诉讼法典》第 41 条规定:共和国检察官如认为进行调解可以保证受害人受到的损失得到赔偿,可以终止因犯罪造成的扰乱,有助于罪犯重返社会,在其就公诉作出决定之前,并征得各方当事人的同意,可以决定实行调解。参见[法]卡斯东·斯特法尼:《法国刑事诉讼法精义》,罗结珍译,中国政法大学出版社 1999 年版,第 504~505 页。

[2] 参见[意]安娜·迈什蒂茨(Anna Mestitz)、西蒙娜·盖蒂(Simona Ghetti)主编:《欧洲青少年犯罪被害人—加害人调解——15 国概览及比较》,林乐鸣等译,中国人民公安大学出版社 2012 年版,第 392 页。

[3]《法国刑法典》,罗结珍译,中国人民公安大学出版社 1995 年版,第 40~41 页。

[4]《法国刑法典》,罗结珍译,中国人民公安大学出版社 1995 年版,第 41 页。

[5] 施鹏鹏:《法国刑事和解程序及其借鉴意义》,载《社会科学辑刊》2006 年第 6 期。

[6] 参见施鹏鹏:《法国刑事和解程序及其借鉴意义》,载《社会科学辑刊》2006 年第 6 期。

施（即避免被作为犯罪人而受到起诉），补偿命令则被包含在青少年司法系统的法律文本中。它们均被检察官和审理未成年人犯罪法官在法院内部或者通过秘密提交程序来完成。补偿程序还应该包含教育的元素且应由国家官方机构——司法部的"青少年司法保护处"的专业社会工作者来执行。[1]

关于刑事和解的调解人选要求，对未成年人犯罪的补偿命令是由"青少年司法保护处"雇佣的教育官员来执行的。补偿命令的代理人具有高度职业化的特征，因此负责执行补偿命令的社会工作人员倾向于抵制来自司法官对于其措施有效性的精确要求，因为他们更多的是关注补偿命令的教育性目的，他们认为这才是补偿命令的基本原则。对于执行补偿命令的社会工作者分为两类人，第一类是属于国家司法机构青少年保护处的一部分。他们对于在司法过程中的具体措施需要而进行培训，他们职业能力将在培训当中获得。如果他们专司于补偿命令的工作，他们会另外接受两天至三天训练课程，以便他们更加熟悉国家法规。而第二类社会工作人员是受雇于私人组织。他们经过为期三年的培训与专门教育，从而获得教育部门颁发的文凭。这种为期三年的培训课程是在社会工作职业学院中完成的。

然而，课程中没有专门关于被害人—加害人调解或者补偿命令的培训，要获得这种能力只能是在工作中通过资深同事监督获得。[2]被害人—加害人调解主要是应用于成年犯罪人。调解员有四种形式：①长期固定的一些小的社区调解组织中的无薪调解志愿者；②在大型非营利组织中从事社会儿童关爱工作的职业调解员；③每次调解后领薪并在检察院当局直接管辖下工作的兼职调解者；④退

---

[1] 参见[意]安娜·迈什蒂茨（Anna Mestitz）、西蒙娜·盖蒂（Simona Ghetti）主编：《欧洲青少年犯罪被害人—加害人调解——15国概览及比较》，林乐鸣等译，中国人民公安大学出版社2012年版，第390~391页。

[2] 参见[意]安娜·迈什蒂茨（Anna Mestitz）、西蒙娜·盖蒂（Simona Ghetti）主编：《欧洲青少年犯罪被害人—加害人调解——15国概览及比较》，林乐鸣等译，中国人民公安大学出版社2012年版，第393~394页。

休的警察或者司法工作人员，出于自愿并接受很少的薪酬来进行调解工作。不管是哪一种类型，他们对检察院的依赖性非常大，因为案件须由检察院提交刑事调解机构。这些调解员有三种特征：第一类是由退休警察、律师或者司法官员组成。选择他们是考虑到他们具有一定的法律能力和权威。第二类是业余调解员。作为兼职调解员，他们有自己的主业。第三类是专业的调解员，调解工作获得的薪水成为他们主要的甚至是唯一的生活来源。正因为如此，他们在调解工作中所接受的培训比上述所提及的任何一种调解员的培训强度更高。[1]

在补偿和刑事调解涉及那些由警察提交检察院的未成年人案件，检察院可以依法直接把案件提交审理未成年人案件的法官，也可以选择"转处"而终止诉讼。[2]如果选择转处，检察官就会把案件交给一个需要调解或补偿的专门机构。之后调解员或者社会工作人员会把最终的报告提交给检察官。如果评价是好的，检察官将终止诉讼。假如调解失败，则检察官可以起诉青少年犯罪人。在青少年犯罪被害人—加害人调解的实践中，犯罪人的父母将作为承担责任的成年人出席调解，在调解过程中还包含前面所提到的教育方面的要求。在这个过程，被害人可以说明因犯罪行为给其带来的损害，还可以从加害人父母那里得到金钱性赔偿。[3]

对于成年人的刑事和解，法国可以宣告制裁性赔偿。《法国刑事诉讼法典》第41-2条特别规定了赔偿被害人损失，这种赔偿可以是

---

〔1〕参见［意］安娜·迈什蒂茨（Anna Mestitz）、西蒙娜·盖蒂（Simona Ghetti）主编：《欧洲青少年犯罪被害人—加害人调解——15国概览及比较》，林乐鸣等译，中国人民公安大学出版社2012年版，第395~396页。

〔2〕共和国检察官认为进行调解可以保证受害人的损失得到赔偿，可以终止因犯罪造成的扰乱，有助于罪犯重返社会，在其作出提起公诉之决定前并征得诸当事人同意，可以决定进行调解。参见《法国刑法典 法国刑事诉讼法典》，罗结珍译，国际文化出版社1997年版，第370页。

〔3〕参见［意］安娜·迈什蒂茨（Anna Mestitz）、西蒙娜·盖蒂（Simona Ghetti）主编：《欧洲青少年犯罪被害人—加害人调解——15国概览及比较》，林乐鸣等译，中国人民公安大学出版社2012年版，第405~408页。

在被害人同意的前提下，对被害人因犯罪造成的财产损失恢复原状。制裁性赔偿作为刑罚适用，首先要取得被害人的同意。在刑事和解的情况下，也要根据《法国刑事诉讼法典》第41-2条规定，取得当事人（包括犯罪行为人）的同意。在赔偿方式上，一般情况下应当以金钱赔偿的方式履行赔偿责任，也可以采取实物赔偿的方式。[1]

(三) 意大利刑事和解制度

在意大利，刑事和解最先用于处理青少年犯罪中发展起来的。从1995年开始，被害人—加害人调解团体逐步在其他青少年法院和检察院中发展起来。到1997年，其国内已经出现5个调解团体。在意大利的刑法和刑事诉讼法当中，并没有明确规定刑事和解的相关规定，刑事和解发展是依靠一小群青少年司法官、非专业性法官和社会工作人员自下而上推动起来的。

意大利第一家被害人—加害人调解中心是于1995年在都灵开始设立的，之后8家新调解中心陆陆续续在特兰托等地建立起来。从2000年起，意大利的治安法官被允许使用刑事和解方式来处理成年加害人。治安法官用于处理成年加害人的调解中心于2004年在博尔扎诺首次建立。虽然青少年刑事诉讼法典中没有包括被害人—加害人调解的具体条款，但是检察官和法官却可以使用不同的条款把案件送到被害人—加害人调解中心。比如检察官在诉讼程序阶段将大部分的案件提交被害人—加害人调解，检察官主要依靠条款提供"人格评价"，这就涉及对青少年犯罪人的家庭和社会背景进行调查。根据"人格评价"的要求，调解中心和青少年法院社会公益服务部门都可以进行调查。如果调解成功，检察官不能撤销案件，但是他们可以要求法官撤销。如果调解不成功，案件就会进入正常的诉讼程序。而对于法官来说，如果想适用被害人—加害人调解时，最常用的规范是试图为缓刑提供条件。经调解后，如调解结果是积极的，法官审判案件即可在司法上给予宽恕或者撤销案件，因为犯罪行为

---

[1] 参见张亚平：《法国刑事执行法》，法律出版社2014年版，第188页。

被认为是显著轻微的。[1]到 2002 年，有 8 家地方调解中心在运作，分别分布在都灵等地。

意大利刑事和解过程主要分为以下步骤：首先是当一个罪犯被报告到检察院。警察、检察官可能采取以下三种措施中的一种：①要求法官撤销案件；②为了能继续正常的司法活动，把案件提交给初步调查的法官；③把案件提交给法院社会公益服务部门或调解中心。而法官则可能会：①终止案件审理；②作出一个判决或中止审理，把案件提交给法院社会公益服务部门或调解中心；③把它提交初步听证的法官——可以判决案件或把它提交给初审法官。关于何种犯罪类型比较适宜提交调解，60%参加者认为犯罪的类型是一个关键的标准，并进一步指出被害人和犯罪人之间先前存在的关系是进行被害人—加害人调解的先决条件，因为双方互相认识有助于他们都能投入精力去修复他们之间的关系、协商处理犯罪。

关于司法官与调解员就调解事项信息沟通的问题，案件被提交到调解中心后，调解开始进行，调解中心就被害人—加害人调解的结果与司法官进行沟通。一旦案件进入审判程序，司法机构不会与调解中心进行正式沟通，也就是说，没有官方渠道告知调解员法官对调解结果的应用情况，这样会影响到调解员的工作满意度。[2]关于调解成功率，据相关数据显示，卡里利亚调解中心是 90%，米兰是 82.7%，特兰托仅为 60%。不同类型的犯罪的调解成功率也是不同的，当违法行为是针对财产时，被害人—加害人调解成功率会高一些（71%）；而当犯罪行为是针对人的时候，被害人—加害人调解成功率要低得多（20%）。关于调解附加目标，常会提及的是促进被害人和加害人之间感情的共享、使加害人意识到他的责任和为被害

---

[1] 参见［意］安娜·迈什蒂茨（Anna Mestitz）、西蒙娜·盖蒂（Simona Ghetti）主编：《欧洲青少年犯罪被害人—加害人调解——15 国概览及比较》，林乐鸣等译，中国人民公安大学出版社 2012 年版，第 412~423 页。

[2] 参见［意］安娜·迈什蒂茨（Anna Mestitz）、西蒙娜·盖蒂（Simona Ghetti）主编：《欧洲青少年犯罪被害人—加害人调解——15 国概览及比较》，林乐鸣等译，中国人民公安大学出版社 2012 年版，第 424~428 页。

人提供支持。[1]《意大利刑法典》第 62 条列举了减轻处罚情节，其中包括审判前，通过赔偿或者返还以完全弥补损失等。[2]这主要是鼓励被告人通过自己的努力达到弥补被害人损失等具有刑事和解内容的方式而得到法院减轻处罚。

（四）西班牙刑事和解制度

西班牙法律对于未成年人犯罪的处理体现出一种宽松的福利式的处理而非严厉的惩罚。未成年人如果所犯罪行为一级犯罪没有使用暴力或者胁迫手段，检察官可不启动公诉程序；如果启动了程序且未成年人进行了安抚或者补偿，此时已经开始的调查可终结。假如未成年人承认自己造成了损害并且向被害人道歉，被害人也接受了道歉，安抚一定能够被接受。令人惊讶的是这里的补偿不是民事责任而是具有刑事责任的意义，而且如果未成年人同意为被害人或者为社区一定的服务，则一般都会得到法律认可。[3]

事实上，根据《西班牙刑法典》第 21 条第 5 项规定，在对行为人起诉之后开庭之前，行为人给予被害人进行补偿或者减小被害人损失的都可以获得减轻刑责。[4]西班牙将刑事和解应用于解决冲突始于 20 世纪 80 年代中期，这得益于加泰罗尼亚自治政府司法部的法律研究和专业培训中心举行的宣传活动。在 1989 年，加泰罗尼亚司法部开始设计被害人—加害人调解方案，该方案于次年 3 月份启动，而今已经成为该自治区青少年司法体系不可缺少的一部分。在方案刚出来的两年时间里，被害人—加害人调解项目是没有特别法律条款支撑的，后来加泰罗尼亚政府对法律 4/92 进行了改革，该法

---

[1] 参见［意］安娜·迈什蒂茨（Anna Mestitz）、西蒙娜·盖蒂（Simona Ghetti）主编：《欧洲青少年犯罪被害人—加害人调解——15 国概览及比较》，林乐鸣等译，中国人民公安大学出版社 2012 年版，第 437~438 页。

[2] 参见《意大利刑法典》，黄风译，法律出版社 2007 年版，第 32~33 页。

[3] 参见［西班牙］胡塞-路易斯、德拉奎斯塔：《西班牙新的未成年人司法制度论纲》，喻贵英译，载《法学家》2006 年第 1 期。

[4] 参见《西班牙刑法典》，潘灯译，张明楷、［厄瓜多尔］美娜审定，中国政法大学出版社 2004 年版，第 9 页。

律改革使加害人赔偿被害人损失成为可能,而且如果未成年人做出了赔偿,法律4/92授权检察院可以提出诉讼程序终止,这样就可以避免法律诉讼程序的连续性,减轻犯罪人应有的责任和解决冲突并使受害人自愿参与调解程序。调解过程特征的变化取决于它是否想要在各方之间达成安抚和/或赔偿目的,以及被害人是否愿意直接或间接参与调解过程。在调解结束之后,调解员会向检察院送交协议文件和调解过程的一个全面评估报告。该报告用于衡量犯罪和所做的赔偿,并向青少年法院法官提议撤销指控及终止诉讼程序。[1]法律5/2000于2001年1月13日生效,这就使得补偿被害、安抚及调解项目成为可能。在审讯阶段,该法律第19条就规定在犯罪人出席会议并承诺补偿因犯罪对被害人造成的损害或伤害等情况下,检察院可以放弃指控。[2]放弃指控是指暂时依靠未成年人来遵守赔偿和(或)安抚的承诺。如果一项严重犯罪情况未恶化,如未出现暴力或恐吓,检察院可批准调解但不撤销案件,调解和赔偿完成之后,检察官可以建议法官撤销案件。[3]

在西班牙不同的调解团队,刑事和解的模式也是不相同的。在巴塞罗那团队,在调解最初阶段,他们先对调解的可行性进行评价,如果认为具有可行性,则实施调解。而加泰罗尼亚的葛罗纳省、莱达省和搭拉国纳省,青少年缓刑团队的调解是依靠青少年司法处来执行。[4]在青少年犯罪的被害人—加害人调解中,青少年检察院对

---

[1] 参见[意]安娜·迈什蒂茨(Anna Mestitz)、西蒙娜·盖蒂(Simona Ghetti)主编:《欧洲青少年犯罪被害人—加害人调解——15国概览及比较》,林乐鸣等译,中国人民公安大学出版社2012年版,第448页。

[2] 参见[意]安娜·迈什蒂茨(Anna Mestitz)、西蒙娜·盖蒂(Simona Ghetti)主编:《欧洲青少年犯罪被害人—加害人调解——15国概览及比较》,林乐鸣等译,中国人民公安大学出版社2012年版,第453~454页。

[3] 参见[意]安娜·迈什蒂茨(Anna Mestitz)、西蒙娜·盖蒂(Simona Ghetti)主编:《欧洲青少年犯罪被害人—加害人调解——15国概览及比较》,林乐鸣等译,中国人民公安大学出版社2012年版,第454页。

[4] 参见[意]安娜·迈什蒂茨(Anna Mestitz)、西蒙娜·盖蒂(Simona Ghetti)主编:《欧洲青少年犯罪被害人—加害人调解——15国概览及比较》,林乐鸣等译,中国人民公安大学出版社2012年版,第455页。

于案件的控制范围还是很大的,比如他们能参与调解当中并对调解协议施加一定的法律影响。但是案件要进入调解程序,不仅要有青少年检察院的授权,同时还必须满足一定的条件才可以进行,比如未成年人承担犯罪责任,未成年人明确地表达赔偿的意愿,未成年人的参与出于自愿,但也应该同时取得他父母的同意,还有未成年人有足够的赔偿能力。关于调解者的人选方面,在西班牙执行被害人—加害人调解的调解人员所具备的学术背景是多样化的,调解团队会优先选择那些具备社会工作、教育学、心理学、法律或者社会与人文科学其他领域学术背景的专业人士。[1]

(五) 俄罗斯刑事和解制度

俄罗斯刑事和解制度在立法方面达到了相当完善的程度。在《俄罗斯联邦刑法典》总则第三编第十章"处刑"第61条规定,积极实施对被害人医疗救助、赔偿等努力作为减轻刑罚情节之一,即"在犯罪后立即对被害人给予医疗救助或其他帮助,自愿赔偿犯罪所造成的财产损失或精神损害,以及其他旨在弥补对被害人所造成的损失的行为"[2]。该法典第四编第十一章"免除刑事责任"的第75条和76条非常明确地规定了加害人和被害人达成刑事和解之后,加害人可以得到司法机关免除刑事责任。其中第75条第1款规定,初次实施轻罪和中等严重犯罪者,如犯罪后主动自首、协助揭露犯罪,对其犯罪所造成损害进行赔偿或以其他方式进行弥补,则可被免刑。第76条则规定"因与被害人和解而免除刑事责任"[3]。俄罗斯除了在刑法对刑事和解作出规定之外,还在刑事诉讼法中对刑事和解作出了相关规定。

根据《俄罗斯联邦刑事诉讼法典》第20条第2项规定,对于自

---

[1] 参见[意]安娜·迈什蒂茨(Anna Mestitz)、西蒙娜·盖蒂(Simona Ghetti)主编:《欧洲青少年犯罪被害人—加害人调解——15国概览及比较》,林乐鸣等译,中国人民公安大学出版社2012年版,第462~467页。

[2] 《俄罗斯联邦刑法典》,黄道秀译,北京大学出版社2008年版,第23页。

[3] 《俄罗斯联邦刑法典》,黄道秀译,北京大学出版社2008年版,第30页。

诉案件，诉讼始于被害人告诉，止于被害人与被告人达成和解协议。在法庭作出判决前允许当事人进行和解。[1]第25条规定，如果加害人赔偿被害人经济损失，则法院、检察长及侦查员和调查员经检察长同意，有权根据被害方申请终止对加害人提起的刑事案件。[2]第318条规定检察长介入自诉刑事案件不剥夺控辩双方和解的权利。第319条规定了和解法官[3]在自诉刑事案件中的权限。其中，双方若申请和解，和解法官对刑事案件依法作出予以终止裁决；如果没能达成和解，和解法官依法决定开庭审理。[4]

综上，俄罗斯联邦刑法把加害人积极悔罪以及与被害人达成和解作为一种免除刑事责任的事由，从而鼓励加害人在实施犯罪行为之后积极悔罪和赔偿被害人所受到的损失，修复双方之间的关系，从而与被害人达成和解，得到被害人谅解和司法机关从宽处理。由此可以看出，不管是俄罗斯联邦刑法还是俄罗斯联邦刑事诉讼法，都鼓励实施犯罪行为人与被害人达成和解，从而修复双方的关系和得到司法机关的从宽处理。同时对于和解法官的权限以及不能达成和解可依法开庭审理等方面作出规定。俄罗斯作为大陆法系国家和实行较为严厉的刑罚制度，刑事和解在该国的立法和司法实践得到如此重视和广泛的应用，可以给同为大陆法系国家的中国的刑事和解制度立法与司法实践提供具有参考价值的借鉴。

---

[1] 参见《俄罗斯联邦刑事诉讼法典》，黄道秀译，中国人民公安大学出版社2006年版，第18页。

[2] 参见《俄罗斯联邦刑事诉讼法典》，黄道秀译，中国人民公安大学出版社2006年版，第22页。

[3] 何为和解法官？根据《俄罗斯联邦刑事诉讼法典》第30条和第31条规定，和解法官依《俄罗斯联邦刑事诉讼法典》第31条第1款规定即和解法官审理最高刑罚不超过三年的刑事案件，但同时排除了《俄罗斯联邦刑法典》所规定的第107条第1款等109种犯罪除外。由此可以知道，和解法官就是审理最高刑罚不超过三年的刑事案件当中（除了109种犯罪）可以通过和解方式解决的刑事案件。

[4] 参见《俄罗斯联邦刑事诉讼法典》，黄道秀译，中国人民公安大学出版社2006年版，第263~265页。

三、评析

西方国家刑事和解制度主要分为英美法系国家刑事和解制度与大陆法系国家刑事和解制度。其中，英美法系国家大多受实用主义哲学影响，因此英美法律国家的刑事和解制度对于形式、程序以及适用范围等方面的规定更加宽松和自由。比如加拿大对于重刑案件也适用刑事和解。而美国不仅可以在死刑案件审理过程中适用刑事和解，还可以对已经判处死刑或者将要执行死刑案件的案件适用刑事和解。

而英国刑事和解在替代模式下可以由犯罪人向被害人通过损害恢复、赔偿、提供服务以及赔礼道歉、真诚谢罪、悔悟、赠送礼物等方式结案。新西兰以及澳大利亚所实施的家庭小组会议则是允许当事人及当事人家人、社区等主体参与并对此持一种更加开放的态度。而且澳大利亚刑事和解专家布雷思韦特把羞耻性重整理论运用到刑事和解当中，以达到预防和控制加害人再次犯罪。

在大陆法系国家，德国是对于刑事和解制度理论研究、立法和适用均较为深入的国家。在适用刑事和解过程中，特别体现了对于被害人合法利益的保护，也体现了对于加害人积极努力与被害人达成刑事和解的鼓励。在德国刑法、少年法院法、刑事诉讼法等法律当中对于刑事和解的适用范围、程序以及法律后果等均作出详细的规定。对于法律规定，《德国刑法典》第46条第2款、第46条a以及《德国少年法院法》第10条等条文堪称德国刑事和解立法的典范，并且在司法实践中得到广泛应用，值得我国将来在刑法修正时进行参考。

法国刑事和解制度则是散布在刑法、刑事诉讼法以及行政通令中。法国刑事和解还分为成年人刑事和解与未成年人刑事和解。与德国一样，法国对于未成年人刑事和解非常重视，并设立青少年保护处等机构来执行。意大利的刑事和解也主要适用于青少年犯罪。并且在全国各地建立了很多的调解中心对青少年犯罪案件进行刑事和解。西班牙刑事和解制度对于未成年人刑事犯罪体现出特别的照顾,大都为一种宽松福利式的处理而非严厉的惩罚。在审讯阶段,根据法律规定在犯罪人出席会议并承诺补偿因犯罪对被害人造成的损害或伤害等情况下,检察院可以放弃指控。

第二节　我国刑事和解发展概述

我国是一个非常注重通过调解方式解决当事人之间矛盾纠纷包括刑事纠纷的国家。我国调解制度被誉为"东方经验",具有非常悠久的历史,在我国社会矛盾解纠中一直扮演着非常重要的角色。同时,"和合"文化在我国一直占据着重要的位置。在民间,民众对于程序冗长的诉讼程序的惧怕和一直以来就存在厌诉心理,正如子曰:"听讼,吾犹人也,必也使无讼乎。"[1]中国传统社会一直以来以礼维持社会秩序的传统,为我国刑事和解的制度的发展提供了良好的外部环境。

到了民国时期以及新中国成立之后,我国刑事和解制度在解决社会矛盾纠纷中一直起着举足轻重的作用。下面将以我国古代、我国民国时期以及新中国成立之后的刑事和解发展脉络作为研究对象。

一、中国古代刑事和解历史发展脉络

在历史长河中,我国形成了独具特色的法律文明,其中调解或者和解制度就是其中之一。在国家产生之前的远古时期,由于还没有形成阶级和国家,在氏族成员之间存在矛盾时,人们处理社会矛盾主要依靠氏族部落和解方式来进行。如果氏族部落通过和解方式还解决不了,就会以复仇的方式进行解决。

国家产生之后,通过和解的方式仍然是人们解决矛盾纠纷的重要手段和方式。比如在西周时期就已经出现了专司调解的"调人"。虽然和解主要适用于较轻的刑事案件,但后来在一些比较严重的刑

---

[1] 转引自费孝通:《乡土中国》,上海人民出版社2007年版,第53页。

事案件中也出现过允许私和的情形，比如建立了北魏王朝的鲜卑族根据少数民族习惯在北魏昭成建国二年下令："民相杀者，听与死者家牛马四十九头，及送葬器物以平之。"[1]

到了唐朝，随着经济的繁荣和立法水平的提高，在唐朝的法律中更是出现了具有古代典型意义上的刑事和解即"保辜制度"。所谓保辜制度，是指发生了加害人侵犯被害人的犯罪行为发生之后，法律确定一定的期限，在限满之日根据被害人的死伤情况，决定加害人所应承担的刑事责任。在法律所规定的期限之内，加害人可以通过自己的努力积极抢救和医治被害人，使被害人的伤势得到痊愈。另一方面，要求加害人对被害人采取积极的医疗抢救措施，使被害人早日康复以减轻加害人自身的罪责，这对于保护被害人利益和缓和社会矛盾起到了非常重要的作用。[2]因为在保辜期内，加害人及其亲属为了减轻自己的罪责，他们会尽一切的心思和努力去照料、保护和治疗好被害人，在这一过程当中，被害人的内心必定会在某种程度上受到触动而原谅加害人，加害人得到被害人谅解后也会反过来更加努力地抢救被害人，这其实是一种促使双方达成和解的制度。此外，保辜制度在一定程度上还有利于节约司法资源。因为在古代刑事证据科学技术等不是很发达的情形之下，保辜制度可以将刑事案件处理重点从对证据收集、认定等方面向加害人治疗被害人方面转变，从而降低诉讼成本。[3]

《宋书·刑法志》指出："仁义礼制，政之本也；法令刑罚，政之末也。"这句话的意思是通过仁义礼制等方式进行统治，才是统治的根本，而通过法律和刑罚等强制措施进行治理，则是万不得已而为之的一种统治手段。因此，在宋朝时期，统治者已经非常注意适用教化礼制的手段进行统治。宋代名儒陆九渊做官时，总是鼓励诉

---

[1]《魏书·刑法志》。转引自陈光中主编：《中国司法制度的基础理论专题研究》，北京大学出版社2005年版，第336页。
[2] 参见张晋藩：《中国法制史》，高等教育出版社2003年版，第164页。
[3] 王林平：《古代保辜制度与当代刑事和解》，载《中国司法》2014年第1期。

讼双方和解，以至于在许多案件中，当事人都感动地撕掉状纸，相互谅解。[1]宋统治者的这种理政方式，其实就是提倡通过刑事和解等教化方式进行治理，最终达到有效化解社会矛盾和巩固统治的目的。

元朝《大元通制》规定："诸戏伤人命，自愿休和者听。"[2]元朝还在法典中专列"诉讼"篇，并将诉讼调解制度称为"调处制度"，赋予调处制度以法律效力，强调凡是调处结案之诉，当事人不得重新起诉。[3]

到了明朝，比较盛行的是以役代刑，对于一般的死刑乃至笞刑都允许用罚劳役来赎罪抵刑。这种以役代刑满足了当时的社会对劳动力的需求，相对于单纯的羁押监禁和刑杀具有更为积极的意义。[4]这与刑事和解中的通过对于被害人或者社区的劳动来取得被害人或者社区的谅解和司法机关从宽处理的规定具有异曲同工之处，广义上属于刑事和解的一种。明朝在各州县及乡之里社设立申明亭，"凡民间应有词状，许耆老里长准受于本亭剖里"。[5]在明朝设立的申明亭，大多也是以调解和处理民间纠纷为主。总体而言，由于明朝实行较为严峻的刑罚，故相对而言，当事人之间以协商的方式进行调解或者和解并未在明朝得到广泛应用。

进入清朝后，通过和解与调解息诉得以继续发扬和传承。在清代，调解分为县州调解和民间调解两种。州县调解是在州县官的主持下的诉讼内调解，有时候州县官通过"不准"状的办法来促成双方和解。在调解方式上，除了州县官的亲自当堂调解之外，有时候也批令乡保调解。民间调解是诉讼外的调解，主要有宗族调解和相邻调解。在清朝宣统年间，达成和解成为终结诉讼的法

---

[1]《宋史·陆九渊传》。转引自华东政法大学法律史研究中心编：《法律史的世界》（中），法律出版社2011年版，第378页。

[2]《元史·刑法志》。转引自陈光中主编：《中国司法制度的基础理论专题研究》，北京大学出版社2005年版，第336页。

[3] 华东政法大学法律史研究中心编：《法律史的世界》（中），法律出版社2011年版，第371页。

[4] 参见张晋藩：《中国法制史》，高等教育出版社2003年版，第246页。

[5] 参见张晋藩：《中国法制史》，中国政法大学出版社2010年版，第239页。

定事由，当事人双方到场和解的，审判衙门应记名于笔录。[1] 到了清代中晚期，对于一般性的斗殴案件，总的原则仍是让当事人自行和解而不许随便兴讼。比如在浙江黄岩发现的一批清朝后期的百余件官府档案就有两宗被官府驳回而不予受理，其中一宗是一寡妇因其子被殴打致伤而告人的案件，一宗则是竞争同行发生的斗殴案。官府对于这两宗案件的处理分别是"伤不请验，据不呈送，无从查核，不准"以及"着仍自邀理可也，毋庸涉讼"驳回。随着民间刑事纠纷的增加，只要不是特别恶劣的刑事案件的和解，大都得到了官府的认可。[2]

二、民国时期刑事和解历史发展脉络

在清朝末年，西方国家用"强枪利炮"打开了中国国门，中华民族陷入了"空前危机"。爱国人士为了达到强国富民的目的，开始把目光转向西方，学习西方的政治、法律制度，其中以沈家本为代表的一些法学者更是把强国的希望寄托在向西方国家学习和移植先进的法律制度上。表现在刑事司法制度上就是实行国家追诉制度以及检察官起诉原则，并且规定凡是经过检察起诉的案件审判厅不得无故拒绝，被害人不得自行与加害人进行和解。[3]

到了民国时期的中华民国北洋政府等传承了清末移植西方法律制度的做法，大规模移植西方法律制度。其中南京国民政府分别在1928年和1935年制定的《中华民国刑事诉讼法》都明确规定了国家追诉主义，而传统的刑事和解被认为是一种法律的落后而被法律

---

[1] 参见张晋藩：《中国法制史》，高等教育出版社2003年版，第315页。
[2] 参见陈光中主编：《中国司法制度的基础理论专题研究》，北京大学出版社2005年版，第336~337页。
[3] 比如在1907年制定的《高等以下各级审判庭试办章程》第106条规定：凡经检察官起诉案件审判厅不得无故拒却，被害者亦不得自为和解。参见胡铭、张健：《转型与承续：民国时期的刑事和解——基于龙泉司法档案（1929—1949）的考察》，载《浙江大学学报（人文社会科学版）》2014年第1期。

禁止。[1]事实上，南京国民政府在修订法院组织法、刑法之后，于1933年12月开始修订刑事诉讼法时的一些修订要旨，在某种意义上是主持自诉人对于轻微刑事案件的刑事和解决定权。比如第二次修正要点就规定了对于轻微案件，认为以不起诉为适当者，经告诉人同意，得命被告向被害人道歉或支付抚慰金，或立悔过书，告诉人对于此项不起诉处分，不得声请再议。[2]

1931年4月，南京国民政府司法院与行政院会同公布的《区乡镇坊调解委员会权限规程》第4条规定了适用调解的刑事案件类型，对包括妨害风化罪、妨害婚姻罪、伤害罪、妨害自由罪、妨害名誉及信用罪、妨害秘密罪、盗窃罪、侵占罪、欺诈背信罪、毁弃损坏罪可以通过调解委员会办理。[3]

而根据浙江大学一些青年学者对于民国时期的一些司法档案进行考察时发现，刑事和解不仅在司法实践中没有被禁止适用，实际上还出现了刑事和解得到较为广泛适用的现象。[4]

民国时期的刑事和解模式分为三种类型：一是官方调解模式；二是民间调解模式；三是官批民调模式。官方调解模式的刑事和解主要集中在公诉和审判两个阶段。在公诉阶段，尽管国家通过立法不承认刑事和解，但1928年和1935年的《中华民国刑事诉讼法》

---

[1] 参见胡铭、张健：《转型与承续：民国时期的刑事和解——基于龙泉司法档案（1929—1949）的考察》，载《浙江大学学报（人文社会科学版）》2014年第1期。

[2] 赵晓耕主编：《中国近代法制史专题研究》，中国人民大学出版社2009年版，第333页。

[3] 参见李綦江：《恢复性司法理念下我国刑事和解制度的构建》，载《北京理工大学学报（社会科学版）》2010年第4期。

[4] 参见浙江大学张健博士通过对浙江龙泉司法档案进行考察发现，在清朝与民国时期中，刑事和解司法实践相当普遍。通过对搜集的300份刑事案件中发现有124起案件通过和解的形式予以结案，而通过司法审判程序结案的案件只有80件，占所有案件约三成。在通过和解结案的案件类型多样，有伤害罪、盗窃罪、毁损罪、妨害自由罪、妨害婚姻自由罪、公共危险罪、妨害家庭罪、诈欺罪、妨害风化罪、妨害兵役罪、重婚罪、抢夺罪、赌博罪、恐吓罪、强奸罪、妨害名誉罪、伪造文书罪等除了恶性暴力犯罪以外的几乎所有罪名。参见张健：《晚晴民国时期刑事和解的第三领域——基于龙泉档案刑事案件官批民调制度的考察》，载《刑事法杂志》2013年第4期。

都规定了不起诉制度。1935年《中华民国刑事诉讼法》第231条规定了十种不起诉的类型。该法第217条则是规定了告诉乃论之罪告诉人于第一审辩论终结前得撤回其告诉。[1]如果是非告诉乃论之罪，则适用1935年《中华民国刑法》第57条和第61条。1935年《中华民国刑法》第35条规定，科刑时应以行为人之责任为基础，并审酌一切情状，尤应注意下列事项，为科刑轻重之标准：①犯罪动机、目的。②犯罪时所受之刺激。③犯罪之手段。④犯罪行为人之生活状况。⑤犯罪行为人之品行。⑥犯罪行为人之智识程度。⑦犯罪行为人与被害人之关系。⑧犯罪行为人违反义务之程度。⑨犯罪所生之危险或损害。⑩犯罪后之态度。第61条规定，犯下列各罪之一，情节轻微，显可悯恕，认为依第59条规定减轻其刑仍嫌过重者，得免除其刑：①最重本刑为三年以下有期徒刑、拘役或专科罚金之罪。但第132条第1项、第143条、第145条、第186条及对于直系血亲尊亲属犯第271条第3项之罪，不在此限。②第320条、第321条之窃盗罪。③第335条、第336条第2项之侵占罪。④第339条、第341条之诈欺罪。⑤第349条之背信罪。⑥第346条之恐吓罪。⑦第349条第2项之赃物罪。[2]

在检察阶段，检察官具有较大的刑事处分权，可以起诉，也可以通过和解解决案件。在和解解决案件的过程中，检察官并非完全着眼于是非曲直，而是更多地从维护社会和谐稳定的角度出发。比如在孙招云诉王芳茂窃盗案中，检察官就劝谕王芳茂可以原谅孙招云。这时检察官的角色不再像是传统意义上的国家代理者和追诉者，更像是一位中立的调停者。

当然，对于一些轻微的刑事案件，检察官也会指令或者委托家族亲友、宗族、甲长等民间力量参与到和解当中。这种方式其实就

---

[1] 参见胡铭、张健：《转型与承续：民国时期的刑事和解——基于龙泉司法档案（1929—1949）的考察》，载《浙江大学学报（人文社会科学版）》2014年第1期。

[2] 参见胡铭、张健：《转型与承续：民国时期的刑事和解——基于龙泉司法档案（1929—1949）的考察》，载《浙江大学学报（人文社会科学版）》2014年第1期。

是"官批民调"的和解方式。通常而言,"官批民调"的和解方式也分为三个阶段:官批、民调以及呈禀。经过"官批民调"的刑事案件处理结果一般就是两种:双方当事人经过调解达成和解协议,检察官撤销案件;对于调解不成功的,由原告再另行告诉,检察官不再调解,而是径直提起公诉。[1]民国时期检察官适用刑事和解处理刑事案件的类型非常多样,可以说除了包含政治犯、杀人罪外几乎所有的刑事案件。

民国时期刑事审判阶段,刑事和解也比较普遍,对于自诉案件中判罚被告人赔偿被害人经济损失的,如果不能完全履行赔偿金则以监禁替代。与意大利刑法学家菲利认为"强调对被害人的赔偿应当作为公法中的一种刑罚"[2]一样,经济赔偿在某种程度上可以视为刑罚的替代措施来适用。

三、新中国成立之后刑事和解发展脉络

新中国成立之后不久,我国的刑事和解制度还是继承了各抗日民主根据地的刑事和解制度,包括刑事和解组织、原则、内容以及程序等。当时,各根据地还发布了一些相关的法令与条例。比如,1941年《山东省调解委员会暂行组织条例》等。[3]调解的方式主要有赔礼道歉、书面认错、赔偿损失或赔偿抚慰金等。达成调解协议后一般须制作调解书。[4]在陕甘宁边区有这样一个案例:同住在一村内的两家人,某天因为担水之故,两家的女同志吵了一次嘴。后来其中一家的女同志将此事说给丈夫侯应周听,侯就与其老婆一起将对方已经怀孕四个月的女同志打伤并致对方流产。事后双方达成

---

[1] 参见张健:《民国检察官的刑事和解及当代启示》,载《中南大学学报(社会科学版)》2013年第5期。
[2] [意]恩里科·菲利:《犯罪社会学》,中国人民公安大学出版社2004年版,第13页。
[3] 参见张晋藩主编:《中国法制史》,高等教育出版社2008年版,第360页。
[4] 参见张晋藩主编:《中国司法制度史》,人民法院出版社2004年版,第593~594页。

和解，以候应周付给对方五百元用以养伤结案。[1]

新中国成立之后，我国刑法的发展可谓"一波三折"。刑事和解制度也会跟随着刑法的发展而发生变化。从新中国成立至今，我国刑法走过了三个阶段，刑事和解的发展状况也会随着刑法发展的这三个阶段而体现出不同的特征。

首先是创建和初步发展的时期，也就是从1949年新中国成立之后到1956年，这个阶段可以说是我国刑法的创建和初始阶段。这一时期对于轻微刑事案件的和解也是刑事司法的一个组成部分。例如1954年制定的《人民调解委员会暂行组织通则》明确规定，对于轻微刑事案件进行调解是调解委员会的主要任务之一。到了1955年底，全国已经有70%的乡、街道建立了人民调解组织。[2]在这一时期，人民调解委员会的建立是以乡为单位、城市以派出所辖区为单位或以街道为单位而建立的。除了对于民事方面的公民个人之间的纠纷进行调解之外，还对刑事案件进行调解。[3]

在"文革"时期，虽然调解委员会可以调解案件，从而取代专业的司法机关[4]，但这个时期对刑事案件的处理是实行"一长代三长""一员顶三员"等做法，即公检法机关各自分片负责各自所负责的区域，可以由一机关履行三机关所有的职责，而且在法庭中允许群众参与并加入辩论，形成了所谓的"群众路线的审判方式"[5]。在该时期，刑事法并没有新的进展，刑事和解也是停滞不前的。

"文革"结束之后，我国刑法的发展进入了崭新的时期，新中国的首部刑法也于1979年颁布。但是，之后的治安形势使党中央和国

---

[1] 参见《陕甘宁边区高等法院案例汇编》，陕西省档案馆藏，全宗15-773。转引自贾宇：《陕甘宁边区刑事和解制度研究》，载《法律科学（西北政法大学学报）》2014年第6期。

[2] 参见李婷婷：《交互视域：人民调解委员会组织生产与流变的逻辑》，载《社会主义研究》2011年第3期。

[3] 参见常怡主编：《中国调解制度》，法律出版社2013年版，第22页。

[4] 参见杨庆文：《当代中国刑法史研究》，浙江大学2005年博士学位论文。

[5] 杨庆文：《当代中国刑法史研究》，浙江大学2005年博士学位论文。

务院作出"严打"部署，我国进入了新一轮的严打犯罪活动。这一时期实行的是计划经济制度，因此以国家为本位，个人利益让位于国家和集体利益，在发生犯罪之后，国家代表全体公民对犯罪实施惩罚成为一种主流理念。在这一时期对于犯罪分子实施的是依法"从重从快"的打击，不免会有一些侵犯被追诉人的权利的情况发生。在这样的形势下，关注被害人利益和加害人回归社会的司法理念不可能在司法实践中得到关注和实施，这一时期的刑法，基本上是"家长式"的刑法，不允许加害人与被害人之间自行和解，因此在这一时期的刑事和解基本上也是停滞不前的。

随着改革开放的深入，人们的思想观念也在不断发生变化，之前在城市以单位为管理单位，在农村以公社为管理单位的计划经济时代逐渐结束，取而代之的是逐步由计划经济转向市场经济。这一时期，人们的整个自由度得到较大的发展，加之企业改制，大量技术设备陈旧和管理水平落后而陷入亏损甚至破产的企业出现了大量的下岗工人，乡村大量的剩余劳动力也由广大西部农村向东部沿海城市转移，整个社会流动人口剧增，社会治安不稳，犯罪包括经济犯罪率不断上升，人们思想观念从"重义轻利"转向"重利轻义"。再加之在这一时期党和国家提出构建社会主义和谐社会理念，国家机构实行"简政放权"，着重以化解社会矛盾、维护社会和谐稳定为出发点，司法机关从过于关注结案转向"案结事了"转变，人民更加注重通过刑事案件的调解来化解双方当事人的矛盾，刑事和解在这一时期得到了迅猛发展。

早在1998年初，有学者在广东省东莞市以代理人的身份代理了一起刑事和解案件。该案的案情是这样的：东莞当地一名男子杀死了一个出租车司机后将车开走。经东莞市中级人民法院审理后，双方当事人达成和解协议，由加害方赔偿被害方经济损失13万元人民币，前提是被害方同意法院判处被告人死缓。东莞市中级人民法院最终判处被告人死缓。东莞市人民检察院以量刑畸轻提起抗诉。最终广东省高级人民法院维持原判，被害方获得了加害方13万元经济赔偿款。[1]

在 2002 年，黑龙江省牡丹江市铁路运输法院审理堪称中国辩诉交易第一案的孟某某故意伤害案也涉及了刑事和解。该案虽然"堪称"为"中国辩诉交易第一案"，但实际上与国外比如美国的辩诉交易又不太一样。因为美国的辩诉交易纯粹就是检控机关与被告人在罪行和量刑方面进行协商，与被害人无多大关系，而孟某某案中则还是非常重视被害人的赔偿问题，在得到被告人同意赔偿被害人 4 万元钱的赔偿金以及愿意认罪之后，被告人得到被害人谅解并最终得到法院的从宽处理。在这起案件当中就已经有了更多的刑事和解的"影子"。

2002 年，北京市朝阳区人民检察院就已经开始对事实清楚、证据确实充分和被告人认罪悔罪的刑事案件施行刑事和解，并制定了《轻伤害案件处理程序实施规则（试行）》，对于刑事和解的适用条件、适用范围和适用程序进行了规定。尤其需要提出的是，朝阳区人民检察院通过和解结案的案件的被害人得到经济损失赔偿额远远高于通过普通程序平均所得的赔偿额，而且双方当事人对于这样的处理方式非常满意，有的案件加害人最终得到公诉机关以不起诉的方式处理，不仅加害人的前途未受影响，而且其与被害方的关系变得缓和了。正是因为检察官等司法人员对于刑事司法的不足进行思考而促使司法理念的转变，从而促使检察人员在办案过程中对于符合条件和有可能促使双方当事人达成和解的案件适用刑事和解。

在党的十六届四中全会提出构建社会主义和谐社会的大背景下，我国各地司法机关纷纷试行刑事和解，并通过总结本地刑事和解的经验与教训，大都相应地制定刑事和解的相关规定，有的是由检察院单独作出，如上面所提到的北京市朝阳区人民检察院，有的是由公检法联合作出的，比如 2004 年浙江省高级人民法院、浙江省人民检察院、浙江省公安厅联合发布的《关于当前办理轻伤犯罪案件适

---

[1] 参见曾友祥：《中国刑事和解价值之辩》，载《政法论坛》2011 年第 6 期。

用法律若干问题的意见》。还有的是公检法司联合发布的，比如2006年5月，上海市高级人民法院、上海市人民检察院、上海市公安局和上海市司法局联合制定《关于轻伤害案件委托人民调解的若干意见》。

2007年4月，江苏省无锡市中级人民法院与人民检察院、公安局、司法局联合下发《关于刑事和解工作的若干意见（试行）》。还有的比较特殊的是由政法委作出的相关规定，比如在2007年12月由浙江省义乌市委政法委作出的《关于刑事和解工作的若干意见（试行）》。[1]

有的则是由法院作出刑事和解相关规定，比如在2009年7月由北京市第一中级人民法院作出的《关于规范刑事审判中刑事和解工作的若干指导意见》，以及同年10月由河南省郑州市中级人民法院作出的《郑州市中级人民法院刑事和解、附带民事诉讼调解工作实施意见》等。这些相关规定中适用条件即刑事和解的适用范围大都规定为被告人可能被判处三年以下刑罚的轻微刑事案件。

但是根据某些省份的相关调研数据表明，刑事和解不一定仅仅适用于被告人可能被判处三年以下刑罚的轻微刑事案件，有的还适用于判处三年有期徒刑以上甚至十年有期徒刑以上刑罚的案件。比如某省全省法院2005年至2007年所适用的刑事和解案件16 815起案件中，判处三年至十年有期徒刑的案件比例为4.13%，判处十年有期徒刑以上刑罚的案件比例为2.16%。[2]尽管2012年修正的《刑事诉讼法》规定的是可能判处有期徒刑三年以下的刑事案件可以适用刑事和解，但实际上对于可能判处三年有期徒刑以上的刑事案件中，仍有司法机关适用刑事和解，从而对于达成和解协议的案件在量刑上予以从宽处罚。

据统计，西部某市2013年1—6月，该市10个基层法院一共审

---

[1] 参见卞建林、王立主编：《刑事和解与程序分流》，中国人民公安大学出版社2010年版，编写说明第3~4页。

[2] 周长军：《刑事和解与量刑平衡》，载《法律适用》2010年第4期。

理了 86 件故意伤害案件，达成和解协议的 36 件，和解率达到了 42%。其中，故意伤害致人重伤和解的 5 件，占 14%；故意伤害致人死亡和解的 2 件，占 6%。该市中院共审结故意杀人案 6 件，当事人达成和解协议的有 3 件，和解率为 50%。[1]即使是最高人民法院死刑复核的案件，也是存在刑事和解的案例的。笔者所在的中级人民法院承办过这样一个刑事和解案例：[2]

案例 2-2-1：被告人钟某与吴某原是男女朋友关系。二人分手后，钟某欲与吴某恢复恋爱关系被拒绝后，于 2012 年 8 月 6 日携带一把尖刀找到吴某在广西某市开的店铺。当时吴某与其弟吴某奇以及男友谢某均在店中。钟某与吴某、吴某奇及谢某发生纷争，钟某用刀捅死谢某，把吴某、吴某奇捅成轻伤。一审法院以被告人钟某犯故意杀人罪判，判处死刑，剥夺政治权利终身；判处被告人钟某赔偿附带民事诉讼原告等人经济损失共计人民币 78 746 元。

该案作出一审判决后，被告人钟某不服提出上诉。二审期间，钟某家属代其向附带民事诉讼原告人吴某、吴某奇各赔偿现金 1000 元；向被害人谢某亲属赔偿现金 10 万元。被害人谢某亲属对钟某表示谅解，并请求二审法院对钟某从轻处罚。二审法院经审理认为一审认定事实清楚，证据确实充分，审判程序合法，唯量刑方面可对钟某判处死刑不立即执行。最终，二审法院以上诉人钟某犯故意杀人罪，判处死刑缓期二年执行，剥夺政治权利终身。

这个案例显然就是因为被告人钟某悔罪态度好，通过与被害方和解，积极赔偿被害方受到的经济损失并且得到了被害方的谅解，司法机关也对被告人予以从宽处理即不判处死刑立即执行的，质言之，这个案例是典型的通过刑事和解处理本应以被告人犯故意杀人罪判处死刑立即执行的案件，通过加害方与被害方刑事和解并达成

---

[1] 参见李红彬：《刑事和解入法后的现状与应对——以 Y 市中院和 10 个基层法院审理的 92 件一审判决书为样本的实证分析》，载《法律适用》2014 年第 4 期。

[2] 案件资料来源：广西贵港市中级人民法院（2012 年）。

和解协议,加害人得到被害方的谅解之后,司法机关予以从宽处理的案件。

由此可见,该案是被判处死刑的案件,已经超过了《刑事诉讼法》第 288 条所规定的刑事和解的适用范围的案件。由于通过刑事和解的处理方式取得了令双方当事人都满意的法律效果和社会效果,因此在重刑案件中根据案件的实际情况适用刑事和解在刑事审判司法中已经成为常态。

由此可见,在刑事司法审判实践中,刑事和解的适用范围不仅适用于轻罪,还适用于重罪,甚至还适用于死刑案件当中。关于刑事和解的适用范围,本书还将在后面详细分析。

四、评析

调解作为东方经验,自从西周出现"调人"以来,我国就非常注重通过和解的方式解决纠纷。加上我国自古以来就一直具有的"和合""厌诉"等传统,为我国刑事和解制度的发展提供了天然优良的土壤。并且刑事和解在中国古代不仅适用于轻微刑事案件,在一些严重的刑事犯罪中也同样适用刑事和解。比如建立了北魏王朝的鲜卑族根据少数民族习惯在北魏昭成建国二年下令:"民相杀者,听与死家马牛四十九头,及送葬器物以平之。"[1]而唐明朝的"保辜制度"更是我国古代刑事和解的典范。到了元朝,强调调处结案的,当事人不得重新起诉。到了明朝,以役代刑较为盛行,对于一般的死刑乃至笞刑都允许用罚劳役来赎罪抵刑。进入了清朝,统治者为了达到抑制诉讼和提倡和解的目的,甚至出现了由州、县官通过"不准状"的办法来促成双方和解。在清朝,随着民间刑事纠纷增多,只要不是特别恶劣且太严重的刑事案件的和解大都得到了官

---

[1]《魏书·刑法志》。转引自陈光中主编:《中国司法制度的基础理论专题研究》,北京大学出版社 2005 年版,第 336 页。

府的认可。[1]总而言之，刑事和解贯穿了中国古代史。

到了民国时期，国民政府司法院与行政院会同公布的《区乡镇坊调解委员会权限规程》已经对刑事和解的适用范围、程序等作出相关规定。民国时期适用刑事和解处理刑事案件的案件类型非常多样，可以说几乎包括了除政治犯、杀人罪外所有的刑事案件。

在新中国成立前夕，我国各地抗日根据地红色政权也通过适用刑事和解解决案件。各根据地还发布了一些相关法令与条例，规定刑事和解组织、原则、内容及程序等。新中国成立之后的初期制定的《人民调解委员会暂行组织通则》明确规定了对于轻微刑事案件进行调解是调解委员会的主要任务之一。进入"文革"时期，我国刑事和解也进入萎缩时期。随着"文革"结束和改革开放的进行，我国法律得到迅速发展，刑事和解也开始得到重视和应用。

随之而来的刑事司法超负荷运行以及被害人诉讼地位被忽略、加害人矫正效果失败等一系列的司法难题出现，司法机关自下而上地再次把刑事和解摆到司法运行台面，刑事和解制度使司法制度得以焕发出新的活力。自从北京市朝阳区人民检察院 2002 年探索实行刑事和解制度近二十年来，各地司法机关探究刑事和解的热情就一直没有中断过，而且经济社会发展水平越高，刑事和解得以发展的程度就越充分。

当下，随着我国死刑政策"少杀慎杀"的出台，这成为刑事和解适用于死刑案件的切入点，并且在刑事审判实践中成为法官的一种"自觉"行动，包括到了最高人民法院的死刑复核环节，刑事和解仍然是最高人民法院死刑复核官的优先选项。最高人民法院还颁布了相关文件，鼓励死刑案件适用刑事和解，全力做好附带民事调解工作，从而有效化解社会矛盾。

---

[1] 参见陈光中主编：《中国司法制度的基础理论专题研究》，北京大学出版社 2005 年版，第 336~337 页。

第三节 我国港澳台地区刑事和解的发展

一、香港地区刑事和解发展历史与现状

在香港地区,司法机关对于调解与和解的实质定义是一致的。香港和解中心(Hong Kong Mediation Centre)认为,"调解是一种另类解决争议的办法,由调解员协助争议双方进行谈判。调解员接受过正规培训,协助当事人讨论及认识双方所争议的焦点、探讨当事人各自的利益和需要、寻求共同接受的解决方案,适当协助草拟和解协议,让双方签署。调解员是独立的第三方,不会影响双方当事人的决定,当事人在整个过程当中都是自愿参与,过程保密及自主,如果和解成功,双方所签署的和解协议是具有法律效力的。"[1]香港地区的学者习惯于把加害人与被害人的刑事和解概说为"复和公义"(为了便于研究,本书在论及香港地区的刑事和解制度时也用及"复和公义"一词)。

1999年基督教香港信义会"复和公义"的刑事调解模式是"警司警诫令+家庭小组会议"。基督教香港信义会社会服务部是宗教团体,其宗旨为"实践耶稣基督传扬音及服务人群之精神"。自从1954年基督教香港信义会成立至今,已建立了接近60间堂会和布道所、20多间学校及接近40间社会服务中心。信义会一向关心青少年的成长需要,特别是协助年轻人处理成长上的危机及偏差行为,而且认为"复和司法"的做法比"惩罚"手法更能鼓励青少年在犯错后改过。信义会在1999年与水上警署及在2001年与天水团警署合作推行"和解会议",这是香港地区就青少年犯事者首创的"和解会议"计划。[2]

---

[1] 《何谓调解?》,载香港和解中心:http://www.mediationcentre.org.hk/tc/services/Mediation.php,最后访问日期:2015年3月7日。

[2] 参见王平主编:《恢复性司法论坛》(2006年卷),群众出版社2006年版,第107页。

"和解会议"是一个"警诫后的和解会议"(Post-caution mediation)。当一名青少年犯事者因触犯轻微罪行而被警司警诫后,信义会的社工——"和解员"会评估该个案是否适合进行"和解会议",从而做出适当的安排。最开始的时候,该计划先集中处理有关"盗窃"的案件,诸如校园盗窃等,此后该计划尝试处理青少年的人际冲突。该"和解会议"经过两年多的尝试,总共进行了26次和解会议,当中协助过35位青少年犯事者及25名受害人。

从形式上来说,"和解会议"的形式是以澳大利亚及新西兰的家庭小组会议为基础的,而不是欧美的"复和"会议(Mediation Meeting)。主要是考虑到在警司警诫的过程当中,少年犯事者的家长或者监护人均需要出席参与,同时,犯事者及受害者均可以邀请有关人士到场,以加强"重新"的作用。当然,该计划是与警方合作的,因此,警方代表亦是被邀请出席"和解会议"的。该计划的成效斐然:犯事者意识到了自己的错误,看到了自己的错误给被害人和社区所带来的危害后果,从而使他们改过自新。

至于受害者,因为在普通的司法程序中成了被遗忘的角色,而"和解会议"则非常重视倾听受害者的心声,使其受到重视和尊重,更能让犯事者倾听和肯定受害者的感受。反观现在的司法制度,受害者只是起到证人角色,因而容易导致"二次被害",不像在"和解会议"上能表达自己的感受,受到受害者的欢迎,从而使受害者积极参与。而犯事者的家长参与,使得犯事者更能明白父母的感受及支持,从而激起其改过自新的动机。社区热心人士的参与也会鼓励犯事者积极改过。总之,香港地区的"和解会议"能促进犯事者及受害者与社区"和好"。[1]

二、澳门地区刑事和解发展历史与现状

在我国澳门地区,刑事和解制度是分散规定在相关的刑法等法

---

[1] 参见王平主编:《恢复性司法论坛》(2006年卷),群众出版社2006年版,第108~110页。

律当中的。根据澳门刑法的规定，法院对于被判处缓刑的罪犯，可以同时判定被告人履行特定义务：一是在一定期间内，向受害人支付全部损害赔偿；二是法院可以责令被告人向被害人悔罪道歉、消除影响，包括在有关报刊上公开道歉；三是向社会互助机关或本地区捐款，以示赎罪。当然，并非上述三个条件同时具备方可，而是由法院根据具体实际情况择一或者择二甚至是所有的条件符合方能使用缓刑。[1] 换言之，加害人积极悔罪，向被害人赔礼道歉和赔偿被害人损失等为其在缓刑期间必须承担的特定义务，否则法院可以撤销缓刑。

此外，《澳门刑法典》第18条规定未满16岁的未成年人不可归责，但是并不意味着没有任何措施处理未满16岁的未成年人实施犯罪的情况。根据第2/2007号法律《违法青少年教育监管制度》第1条明确规定，违法青少年教育监管制度适用于在年满12岁尚未满16岁时被法律规定为犯罪或轻微违反的事实的青少年。《违法青少年教育监管制度》规定了复和、社会服务令、感化令等措施，法官根据对被害人造成的损害等因素，考虑拟选用的措施实际上能否执行。其中复和行为就具有刑事和解的内涵。复和措施实际上是为了促使青少年真诚悔过和取得被害人谅解，召集违法涉及人员举行复和会议。在达成复和协商之后，青少年应向被害人道歉和补偿对被害人造成的部分或全部经济损失。[2]

此外，《澳门刑事诉讼法》还规定了诉讼暂时中止制度。该法第263条对于诉讼暂时中止制度的附加条件作出了明确规定，以促使加害人与被害人达成和解。所附的条件包括给予受害人适当精神上的满足以及对受害者做出损害赔偿等。[3]

---

[1] 参见赵国强：《澳门刑法总论》，澳门基金会出版社1998年版，第139页。

[2] 参见邱庭彪：《澳门刑事诉讼法分论》，社会科学文献出版社2012年版，第321~325页。

[3] 参见陈俊伊：《论澳门诉讼暂时中止制度以及对酌定不起诉的借鉴意义》，载《河北青年管理干部学院学报》2012年第4期。

三、台湾地区刑事和解发展历史与现状

我国台湾地区的刑事和解制度包括缓刑、微罪不起诉、缓起诉以及协商程序等制度结合起来适用。

我国台湾地区"刑法"第74条规定,对于缓刑宣告,可以根据情形,要求犯罪人向被害人赔礼道歉以及支付被害人受到的财产上或非财产上损失以及保护被害人安全之必要命令。[1]法院根据刑法规定对于拟判缓刑的犯罪行为人附加犯罪人对被害人的一系列向被害人道歉和赔偿被害人以及保护被害人措施命令,目的也是为了促使犯罪人与被害人达成和解。根据台湾"刑事诉讼法"第253条和第376条所规定的案件,检察官考虑"刑法"第57条所列事项,认为作出不起诉更为适当。检察官作出不起诉处分前,经斟酌情形和告诉人同意,在作出缓起诉处分的同时,命令被告人在一定期间内向被害人悔罪、赔礼道歉和向被害人支付一定的抚慰金。[2]

在台湾的起诉制度中,对于微罪不起诉包括行为人犯罪动机、身份、犯罪后态度裁量不起诉者。此种类型的案件,由于行为人多有悔意,且其行为法律亦无非将其加以制裁之必要,故允许检察官对其处裁量不起诉处分,这当中包括非告诉乃论之罪与被害人和解;或告诉乃论之罪,已赔偿损害,而告诉人未表示撤回告诉者。[3]不言而喻,不管是非告诉乃论之罪还是告诉乃论之罪,只要是犯罪情节轻微,加害人悔罪态度好,其与被害人和解之后,检察官可以作出不起诉裁量。

我国台湾地区的刑事诉讼有关规定除规定了微罪不起诉制度之外,还规定了缓起诉制度。缓起诉制度可以避免短期自由刑的弊端,

---

[1] 参见王平等:《理想主义的〈社区矫正法〉——学者建议稿及说明》,中国政法大学出版社2012年版,第47~48页。
[2] 参见林晨彦等主编:《刑事诉讼法》(第二册),大追踪出版社2010年版,第1473页。
[3] 参见许春金等:《刑事政策与刑事司法》,三民书局2011年版,第192页。

有利于被告人再社会化。我国台湾地区"刑事诉讼法"第253条之二规定：检察官对于被缓起诉处分的被告人，可以命令被告人在一定期间内向被害人道歉、立悔过书和向被害人支付财产或非财产损失等具有刑事和解内容的事项。[1]台湾地区"刑事诉讼法"第455条还规定了协商程序相关规定。

根据台湾地区"刑事诉讼法"第455条之二规定，检察官可以与被告于审判外对被告人向被害人道歉和向被害人支付相当数额赔偿金等事项进行协商，但应征得被害人同意，被害人同意是协商成立前提条件。[2]通过加害人与被害人和解、加害人对被害人赔偿之形式，采取诸如微罪不举、起诉犹豫（缓起诉）、执行犹豫（缓刑）、易刑处分、作为量刑事由及假释事由等措施，使行为人对被害人所造成的损害进行修复。故刑事和解已经成为予以分流、缓刑、假释的轻缓刑事责任的事由。

由于法律对于刑事和解所作的相关规定和措施比较完善，我国台湾地区刑事和解的司法实践发展迅速：2010年办理调解业务结案82 266件，其中以伤害罪及毁弃损坏罪居多，达66 026件，占80.2%。总的刑事案件调解成功率达83.2%。[3]此外，根据1955年颁布、2009年最新修订的"乡镇市调解条例"还规定对于告诉乃论之罪的刑事案件（刑事自诉案件）进行调解。[4]

四、评析

由于历史原因，我国港澳台地区目前均实行不同于内地（大陆）的社会制度，而且在法律制度方面也与内地（大陆）有所不同。因此，我国港澳台地区实行的刑事和解制度也与内地（大陆）有所

---

〔1〕参见许春金等：《刑事政策与刑事司法》，三民书局2011年版，第196~200页。

〔2〕参见许春金等：《刑事政策与刑事司法》，三民书局2011年版，第204~206页。

〔3〕参见朱楠：《台湾检察官运用司法调解功能之剖析》，载《首届海峡两岸暨香港澳门司法高层论坛论文集》2011年。

〔4〕参见刘建东：《台湾地区乡镇市调解制度考察及启示》，载《中国司法》2013年第2期。

不同：

首先，我国香港地区刑事和解。我国香港地区的"和解会议"是以澳大利亚和新西兰的家庭小组会议为基础。因此，我国香港地区刑事和解与我国内地刑事和解制度最大区别就是前者鼓励社区、宗教团体以及中立和解机构的参与。总之，香港地区的"和解会议"能促进犯事者及受害者与社区"和好"。

其次，我国澳门地区刑事和解。我国澳门地区刑事和解是散布在刑法等相关法律制度中。根据澳门刑法的规定，法院对于被判处缓刑的罪犯，在一定期间内，责令被告人向受害人支付全部损害赔偿，责令被告人向被害人悔罪道歉、消除影响等。《澳门刑事诉讼法》第263条对诉讼暂时中止制度的附加条件作出了明确规定，以促使加害人与被害人达成和解。所附的条件包括给予受害人适当精神上的满足以及对受害者作出损害赔偿等。

最后，我国台湾地区刑事和解制度。我国台湾地区刑事和解制度是综合结合缓刑、微罪不起诉、缓起诉以及协商程序等制度结合起来适用。因此，我国台湾地区刑事和解制度主要是在检察官主导下的适用，而我国大陆地区刑事和解则是贯穿了从公安侦查阶段一直至刑罚执行阶段。我国台湾地区刑事和解相对于中国大陆的双方当事人进行直接和解而言，更多的是体现出"间接和解"，即以检察官作为中间人通过分别在双方当事人之间的间接调停而完成。[1]

总而言之，任何事物都是物极必反，走到事物的极端就会返回头，因此一直徘徊在绝对与相对之间。法律也是如此，法律史就是一部在绝对与相对之间来回摇摆的历史。

在对犯罪行为救济途径上，由原始的私力救济走向公力与私力相结合再到公权力绝对垄断的过程，现在发展到了公权力绝对垄断之后又往回走再到了公力与私力相结合的相对位置上。那么，事物的摇摆或者法律状态的摇摆应当走到什么的位置上才算是恰当和合

---

[1] 参见孙维萍、邢鹏虎：《两岸刑事和解制度比较研究》，载《中国刑事法杂志》2010年第3期。

适?从刑事和解制度发展历史来看,其经历了从"绝对的刑事和解"(完全私力救济)到"相对的刑事和解"(私力救济与公力救济相结合)再到"完全消解的刑事和解"(公力垄断)的过程,在近期又回到"相对的刑事和解"位置上。

应当说,刑事和解制度在法律中的位置或者说刑事和解发展到什么程度,并不是无章可循的,而是与一定的经济、社会等外部条件是息息相关的。在阶级和国家尚未产生之初始社会,人们之间产生矛盾时解决的唯一途径就是私力救济,处理方式大都为"以眼还眼,以牙还牙"。

当经济社会发展到一定程度产生剩余价值和阶级的时候,开始产生具有管理功能的国家或组织,这时为了限制私力救济对于人口和生产力的过度破坏而实施私力救济与公力救济相结合。比如古罗马时期制定的《十二铜表法》第一表第1条规定,"原告传被告出庭,如被告拒绝,原告可邀请第三者作证,扭押同行。"[1]第一表第5条规定,"如当事人双方自行和解的,即认为解决。"[2]第一表第6条规定,"如当事人不能和解,则双方应于午前到广场或会议厅进行诉讼,由长官审理。"[3]随着国家权力的发展与强大并且伸展到社会以及国民生活各个角落的时候,犯罪行为被认为是对抗统治者的行为,对于犯罪行为一律由国家处置,不允许当事人尤其是被害人与加害人进行私和。这种状态在西方国家确立刑法的形式正义和绝对的程序正义之后尤其如此。

为了建设社会主义法治国家,近二三十年来,我国在一定程度上借鉴了西方国家的这套程序,但这并没有使我国刑事司法制度走上良性的发展轨道,反而产生了司法机关不堪重负、罪犯矫正失败等一系列问题。究其缘由竟是公权力垄断刑事案件处理权,司法机关独自扛起处理犯罪的"重任"和被害人权益受到冷落等而得不到

---

[1] 晏立农编著:《图说古罗马文明》,吉林人民出版社2009年版,第85页。
[2] 晏立农编著:《图说古罗马文明》,吉林人民出版社2009年版,第85页。
[3] 晏立农编著:《图说古罗马文明》,吉林人民出版社2009年版,第85页。

社会公众更多的支持。

　　随着经济社会的发展以及价值观多元化，被害人权益保护等现代文明法治理念的深入人心，刑事和解制度又从完全消解的状态回到相对的刑事和解位置。刑事和解制度就是在这样的绝对与相对之间徘徊。俄罗斯联邦刑法以及俄罗斯联邦刑事诉讼法，都鼓励行为人与被害人达成和解，从而修复双方的关系和得到司法机关的从宽处理。俄罗斯还规定了和解法官，赋予了和解法官在自诉刑事案件中的和解权限及和解不成开庭审理权限。

CHAPTER3 第三章
侦查阶段的刑事和解

我国刑事和解的司法实践发展是以自下而上的方式进行的。从发展的起因来讲既有功利主义哲学因素在起作用，但更多的是对于当前刑事司法制度所具有的行动迟缓、代价昂贵、效能低下以及被害人利益被忽视等弊端[1]进行反思和寻找出路的结果。对于在公安机关侦查阶段适用刑事和解的妥当性，在刑事和解立法出台之前，曾经有过相当激烈的争论。[2]

随着新修订的刑事诉讼法当中规定刑事和解可以适用于刑事诉讼的公安侦查、公诉机关的审查起诉和法院的审判阶段之后，公安侦查阶段是否可以适用刑事和解的论争终于可以有了一个定论。尽管如此，当前在公安侦查阶段的刑事和解司法实践还存在部分不足的地方，尚亟需加以完善。

第一节 侦查阶段刑事和解的实践概况

当前公安侦查阶段实施的刑事和解案件类型主要是故意伤害案件和交通肇事类案件。在公安侦查阶段，公安机关的主要职能是对

---

[1] 参见［澳］约翰·布雷思韦特（John Braithwaite）：《犯罪、羞耻与重整》，王平、林乐鸣译，中国人民公安大学出版社2014年版，总序第12~14页。

[2] 参见邹娅：《析侦查阶段不宜刑事和解》，载《公安学刊（浙江警察学院学报）》2010年第3期。

于被害人报案或者其他人报案以及自己发现的刑事犯罪进行立案、收集和固定证据,以查明犯罪事实,打击犯罪活动,保障人民群众的人身、生命和财产安全,并达到维护社会稳定的目的。由于公安机关是最先介入刑事案件处理的机关,因此对于案件的来源、案发背景和案发地点等情况最为清楚和最为熟悉。公安机关也是最先接触到被害人和犯罪嫌疑人,对于被害人与犯罪嫌疑人的关系、处境也是最为了解,对于被害人所受损害和需求外界的帮助等方面的信息也是掌握得最为充分和最为深入。

因此,对于一些案件尤其是因邻里纠纷引起的故意伤害犯罪、婚姻家庭类犯罪等案件是否具有适用刑事和解的条件和可能等方面的信息也是能被公安办案人员敏锐地捕捉到的。对于一些未成年人犯罪,在对未成年人进行侦查过程中,对于周边群众以及学校的走访让公安办案人员对于未成年犯罪嫌疑人在校读书情况、平时表现和是否有前科等情况更是"了如指掌",因此对于未成年犯罪嫌疑人是否可以适用刑事和解也把握得更准确。

公安民警特别是基层的公安派出所民警和城市片区民警经常和乡村父老以及社区居民打交道,他们更清楚和更善于把握如何才能使双方当事人成功达成和解的途径与方法,比如有的办案人员可能还会邀请一些诸如村主任、族老一辈的人出来参与刑事和解,可以提高刑事和解的成功率。如果对于轻微刑事案件能及时通过刑事和解的方式解决(这里主要指不立案和撤销案件),不仅可以及时地弥补对被害人造成的精神损害和经济损失,还可以在某种程度上减轻被害人及其家庭面临的经济困难,更为重要的是,这能够使犯罪嫌疑人避免陷入被司法机关进一步侦查、起诉、审判及执行刑罚而造成"罪犯标签"和难以再社会化的困境。[1]

即便是对于较为严重的刑事案件,如果在侦查阶段双方当事人自愿调解或者自愿参加公安机关主持和解,这也能及时地通过犯罪

---

〔1〕 参见江苏省苏州市公安局课题组:《论公安机关刑事和解体系的构建》,载《公安研究》2011年第7期。

嫌疑人的真诚悔罪、赔礼道歉和赔偿损失及时地补偿和修复被害人受到的经济损失和精神创伤，从而及时地修复双方当事人之间以及当事人与社区之间的关系。即使侦查阶段和解不成功，也有可能为审查起诉阶段甚至刑事审判阶段双方进一步达成刑事和解打下良好的基础。总而言之，在公安侦查阶段，对于一些案件事实清楚，证据确实充分，双方当事人自愿参与刑事和解的案件，公安机关完全可以允许或者主持双方当事人进行和解。

当前，各地公安机关在实施刑事和解司法实务中操作程序不一：有的是当事人双方自行和解，公安机关审查认可的模式；有的是公安机关提议并组织和解模式；有的是公安机关委托人民调解委员会调解员组织调解的模式。不管是采用哪一种模式，一般都会经历刑事和解程序启动、刑事和解程序运作以及刑事和解法律后果等阶段。

一、侦查阶段刑事和解概述

当前，在侦查阶段适用刑事和解的启动程序主要有三种方式：一是由被害人（或其亲属）提出申请，犯罪嫌疑人同意，之后提交公安机关审查同意，或者由犯罪嫌疑人（或其亲属）提出申请，被害人同意，之后提交公安机关审查同意，或者双方当事人同时提出适用和解的建议，刑事和解程序启动。一般而言，在公安侦查阶段，适用这种刑事和解程序启动方式的案件，主要是发生在熟人朋友之间或者亲属之间犯罪的刑事案件。因为在刑事案件发生之后，被害人对于犯罪嫌疑人的报复惩罚情感通常比较激烈，一般不太会主动提议或者接受适用刑事和解方式解决。但也有的被害人因经济异常困难急需得到犯罪嫌疑人的赔偿、担心陷入冗长的诉讼程序而急需赔偿款、急需修复精神损害而向犯罪嫌疑人提议或同意适用刑事和解方式解决。

二是由公安办案人员向双方当事人提议适用刑事和解，双方当事人同意适用刑事和解方式解决，刑事和解程序启动。这种程序启动方式是当前公安侦查阶段刑事和解程序启动方式的"主流"。因为公安机关办案人员对于案情熟悉，而且深得当事人信赖，因此由公安机关办案人员提出适用刑事和解非常容易得到当事人的响应。在新的刑事诉讼法出台之后，法律明确规定在侦查阶段可以适用刑事和解，公安办案人员再也不需像以前那样担心因主动提议当事人适用刑事和解会给自己带来外界批评"打击不力"等舆论压力，对于符合条件的案件则依法向当事人提议适用刑事和解。在这种刑事和解启动方式中，公安机关办案人员需向双方当事人说明适用刑事和解应当遵循自愿、合法等原则以及双方当事人权利、义务以及产生的法律后果，从而使双方当事人在刑事和解程序启动之后结合自己利益需求及相关权利义务等方面进行刑事和解。

三是由当事人申请或者公安机关提议，经公安机关审查同意之后将案件相关材料移送人民调解委员会委托调解员进行调解。这种刑事和解启动方式需要在移送人民调解委员会调解之前告知双方当事人移送委托调解应当注意的事项和双方当事人在调解过程中的权利、义务及可能产生的法律后果，从而使双方当事人经过仔细权衡后再作出决定。如果当事人同意通过委托调解的方式进行和解的，则由公安机关将案件相关材料移送受委托的人民调解委员会进行调解。人民调解委员会经审查认为案件符合刑事和解条件的，告知双方当事人可以调解，刑事和解程序启动。需要提出的是，在刑事和解程序启动前，公安机关务必审查双方当事人申请或者同意进行刑事和解是否出于自愿和不违反法律规定以及社会公序良俗等，为刑事和解程序的启动把好关，并为刑事和解程序启动之后的运行顺利提供良好条件。

在公安侦查阶段的刑事和解程序成功启动之后，将进入刑事和解的运作程序。鉴于笔者曾经对广西壮族自治区南宁市公安侦查阶段刑事和解进行过实证调查，因此，对于侦查阶段刑事和解的运作，以下将以南宁市公安侦查机关刑事和解的运作模式为视角。

二、侦查阶段刑事和解的五种运作模式

(一) 公安机关办案人员主持和解模式

在公安侦查阶段,对于故意伤害罪尤其是造成轻微伤的案件以及交通肇事类犯罪的案件,公安机关通过刑事和解方式解决,可以及时修复双方当事人之间的矛盾,为被害人提供及时的经济和精神方面的赔偿和修复,同时还给予犯罪嫌疑人提供一个悔罪和得到被害人谅解以及公安机关从宽处理(撤销案件或者向公诉机关提出从宽处理的建议)的机会。对于轻微刑事案件,应尽量避免过度适用监禁刑[1]而给犯罪嫌疑人的工作、生活和家庭带来灾难性影响。对于整个刑事司法系统而言,通过刑事和解的方式解决刑事纠纷,提高了诉讼效率并节省了大量的刑事司法资源,[2]同时保障了刑事纠纷解纠效果。当前,在公安侦查阶段的刑事和解,主要是由公安机关建议并且由公安机关办案人员组织双方当事人进行刑事和解。

关于刑事和解具体程序的运作,现以广西南宁市公安局某派出所处理故意轻伤害案件适用刑事和解程序运作为例:当公安派出所接到报警或者当事人来到派出所报警之后,公安派出所民警在公安内部电脑系统上对案件进行输入登记,把双方当事人的个人基本信息和案情输入其中。然后对被害人的伤情进行鉴定。[3]这个过程大概需要三个月左右的时间。在受理案件之后经审查认为案件符合刑事和解条件的,告知双方当事人可以适用调解。如果双方当事人同

---

〔1〕 根据《刑法》第13条的规定,如果轻微刑事案件达成和解协议之后符合"情节显著轻微危害不大不认为是犯罪的",公安机关可以依照《刑事诉讼法》第15条规定作出撤销案件决定。

〔2〕 有学者对某县公安侦查阶段刑事和解进行实证研究发现,平均每年为公诉、审判机关分流了百余起案件(人)的审查、审理工作量,节约了大量司法资源。参见黄洪等:《侦查阶段刑事和解问题的实证分析——以湖北省J县交通肇事案件为样本》,载《中国法学会刑事诉讼法学研究会2008年年会论文集》,第296页。

〔3〕 进行伤情鉴定的目的主要是鉴别案件是否达到轻伤从而对案件作出是刑事案件还是行政治安案件的结论。如果被害人达到轻伤害以上的则为刑事案件,否则为治安案件。

意调解且伤情鉴定意见尚未形成的，宜先把案件当作治安行政案件进行调解。[1]如果案件顺利调解成功，则由双方当事人在调解协议书上签字（公安机关办案人员一般还会在协议上注明有异议向法院提起民事诉讼），则整个案件处理结束，将诉讼程序终止于侦查阶段。如果在伤情鉴定期间，双方当事人未能达成和解协议，在伤情鉴定之后，若被害人的伤情鉴定意见为轻伤以上的则认定为刑事案件，否则认定为治安行政案件。

不管案件被认定为刑事案件还是行政治安案件，如果调解还不成功，只要尚存调解成功的希望，公安办案人员还可以再次向双方当事人做调解工作，力促调解成功。对于故意伤害案件，一般大多是打架斗殴造成的故意伤害案件且相当多的案件中双方当事人都有过错。为了尽快化解矛盾，办案人员通常都会通过耐心[2]地做双方当事人的调解工作，在办案人员充分利用原来拥有非常丰富的治安调解经验的前提下，大多数刑事案件的调解都取得了成功。以及在伤情鉴定意见出来之前双方当事人达成刑事和解协议的案件，在伤情鉴定出来之后不管是刑事案件还是治安案件，公安机关一般都不会立案，至此整个案件处理过程全部结束。若出现调解成功之后双方都反悔的情况，公安办案民警告知当事人可以去法院提起自诉。这是在公安机关侦查阶段双方当事人达成和解之后不予立案的情形。

由此可见，南宁市公安局某派出所在侦查阶段适用刑事和解成功之后用得最多的处理方式就是不予立案。当然，除了广西南宁市公安局某派出所以不立案作为刑事和解成功之后的处理方法之外，

---

[1] 当然，在实施和解之前，公安办案民警会首先积极地收集、固定证据和查明事实的，为之后和解程序作充分的准备，更为和解不成功走正常的诉讼程序做准备。

[2] 为了说明办案人员的耐心性和"苦口婆心"，我们以办案人员在组织调解中对加害人和被害人双方分别说得最多的话予以"揭露"：办案人员一般会对加害人说，如果不积极进行赔偿被害人损失和达成和解协议，到后面只会导致负刑事责任或者治安拘留；而对被害人则会说如果按照诉讼程序进行，不仅耗时长，而且法院判决也不一定比现在赔偿高。有一个故意伤害案件的被害人花了2万元钱的医药费，但加害人经济条件非常差，最终只筹到款项1万元，但在调解人员耐心调解下，被害人也接受加害人赔偿1万元钱而且原谅了被害人，双方最终达成和解协议和得到公安派出所不立案处理。

有的公安机关也会作出撤销案件或者向公诉机关移送审查起诉时提出从宽处理建议。

大体而言，越是对于轻微刑事案件达成刑事和解，公安机关就越倾向于作出不予立案或者撤销案件的处理方式，越是罪行严重的刑事案件在达成和解协议之后倾向于向公诉机关提出从宽处理的建议。下面这起案件是一起故意伤害案，经公安机关主持双方达成和解之后向公诉机关提出从宽处理的建议并最终得到法院从宽处理：[1]

案例 3-1-1：韦某曾在广西横州市莲塘镇一田地处挖一口水井，被害人潘某认为该水井所在土地属其所有，二人由此产生矛盾。2013 年 8 月 12 日，韦某在水井附近见到潘某，双方又为此事发生争执并互相扭打，其间二人一起滚落至路边水渠里，致潘某左侧胸第九、十、十一肋骨骨折。经法医鉴定，潘某的损伤程度属轻伤。案发后，韦某到公安机关投案。经公安办案人员主持双方和解，韦某与潘某达成和解协议，韦某赔偿潘某经济损失 11 000 元，潘某对韦某表示谅解。公安机关向公诉机关提出对韦某从宽处理的建议。公诉机关在提起公诉时向法院提出对韦某从宽处理建议。最终，法院以被告人韦某犯故意伤害罪，判处韦某有期徒刑十个月，缓刑一年。

（二）公安机关委托人民调解委员会调解模式

在侦查阶段由公安机关主持和解模式，确实因办案人员对于案情比较熟悉以及具有较高的司法权威性而相对容易获得成功。事实上，我国公安派出所当前普遍存在警力不足的情况。若所有的案件都适用公安办案人员主持和解的模式，也许刑事和解效果较好，但这对于本已非常紧张的警力资源无异于"雪上加霜"。长此以往也会导致公安办案人员对于主持刑事和解时失去耐心，从而导致刑事和

---

[1] 资料来自广西南宁市西乡塘区人民法院：《刑事和解司法联动机制试点工作新闻发布会材料之刑事和解典型案例》2014 年。

解效果变差而使刑事和解制度发展陷入恶性循环之中。为了缓解和改善这种状况，充分借助社会力量来分担解决纠纷的压力，有的地方公安机关在实行刑事和解过程中开始适用委托人民调解委员会调解员组织调解模式，并且制定了委托调解的相关文件。比如上海市杨浦区公安分局和杨浦区司法局于2002年1月选择延吉、定海两个街道开展了轻伤害案件委托人民调解试点工作。

司法操作主要做法是公安机关接警后，立即就地开展调查和固定证据，如果当事人愿意调解，公安机关则将案件移交街道（镇）人民调解委员会调处。[1]经过半年的试点，上海市杨浦区公安分局和杨浦区司法局在对试点工作进行调研和总结的基础上，制定了规范性操作文件，即《关于对民间纠纷引发伤害案件联合进行调处的实施意见（试行）》。根据该文件规定，对于因琐事、邻里纠纷引发的轻伤害案件，双方愿意调处解决的，受理案件的公安机关通过委托人民调解委员会的方式进行调解。调处成功后，由人民调解委员会制作调解协议书，公安民警协助调委会监督协议的执行，把履行完毕的调解协议书留存归档。对于调解成功的案件，公安机关受理之后未立案的，作出不予立案的决定，对于已经立案的则作出撤销案件的决定。[2]上海市杨浦区"警民联调"取得了积极成效，从2002年至2006年，杨浦区人民调解委员会受公安委托和解的轻伤害案件达1022件。其中调解成功952件，履行948件，调处成功率和履行率分别达到了93.2%和99.6%。[3]

（三）公检法司联合调解模式

当前，有的地方公安机关联合法院、检察院和司法行政机关联

---

[1] 参见宋英辉、袁金彪主编：《我国刑事和解的理论与实践》，北京大学出版社2009年版，第76页。

[2] 参见宋英辉、袁金彪主编：《我国刑事和解的理论与实践》，北京大学出版社2009年版，第76~77页。

[3] 参见宋英辉、袁金彪主编：《我国刑事和解的理论与实践》，北京大学出版社2009年版，第77页。

合调解的刑事和解模式。比如广西南宁市西乡塘区公安分局联合南宁市西乡塘区法院、检察院和司法局进行和解。广西南宁市尤其是南宁市西乡塘区辖区内人口密度相当大，公安派出所警力一直非常紧张。公安办案人员为了维持社会治安和侦破辖区内发生的刑事案件而经常加班加点。此外，公安民警还要花费大量时间和精力对大量的轻微刑事案件组织调解，公安办案民警的精神与体力均明显透支，长此以往民警的工作压力和心理压力相当大，造成了相当一部分的公安办案民警的身体经常处于亚健康状态。

为此，广西南宁市西乡塘区公检法司四机关在 2012 年刑事诉讼法修正之后的第二年即 2013 年作为南宁市刑事和解试点单位，该区公检法司四机关共同研究并出台了《关于办理当事人和解的公诉案件实施细则（试行）》，该细则规定公安机关在办案期间，对于符合刑事和解且事实清楚、证据确实充分的案件，除了公安机关办案部门积极主持和解之外，必要时可以提请法、检介入解释法律、配合开展和解，还可以邀请调解委员会等参与促成和解。[1]这种模式既有别于由侦查机关办案人员独自组织和主持的刑事和解模式，也有别于委托调解模式，因而可以称为"联合和解模式"。这种和解模式最大的特点是充分利用各机关的优势和力量联合起来进行调解，从而形成调解合力，促进和解高效优质地化解社会矛盾。以下这个案例就是公检法司联合调解的案例：[2]

案例 3-1-2：2011 年 10 月 25 日，加害人谢某在广西横县某小巷与被害人戴某发生争执，对戴某拳打脚踢并持皮鞋击打致使戴某右三踝骨折。经法医鉴定为轻伤。案发后，广西横州市公安局根据广西横州市公检法司四机关共同会签的《关于办理当事人和解的公

---

〔1〕参见南宁市西乡塘区人民法院、南宁市西乡塘区人民检察院、南宁市公安局西乡塘分局、南宁市西乡塘区司法局《关于办理当事人和解的公诉案件实施细则（试行）》。

〔2〕参见《横县公检法接力 促成一起故意伤害案和解》，载南宁新闻网：http://www.nnnews.net/zhengfa/201403/t20140325_644504.html，最后访问日期：2015 年 3 月 23 日。

诉案件实施细则》[1]的规定，积极组织双方调解。但双方怨气过大，对立情绪严重，被害人表示加害人欺人太甚，宁可不要钱也要严惩加害人，加害人则表示宁可坐牢也不愿赔偿。

虽然双方最终没能达成和解，但已经为审查起诉阶段适用刑事和解打下了良好的基础。案件移交公诉机关后，公诉机关在公安局调解的基础上说服加害人谢某积极赔偿被害人经济损失，以争取得到被害人谅解和司法机关从宽处理。被害人戴某愿意接受赔偿，但提出了较高的赔偿要求，双方未能达成和解。

案子到了刑事审判阶段，法院再继续组织双方进行调解，过了一段时间之后，双方当事人也逐渐变得冷静了，而且由于先经过侦查阶段和审查起诉阶段的调解之后，再经过法院耐心调解，最终促成双方当事人达成和解协议，被害人请求法院对加害人从宽处罚，法院也根据双方达成和解协议等情况，对加害人作出免予刑事处罚的决定。

该案就是一个由公检法机关联合和解成功的案例。广西横州市公安局自2013年9月试行刑事和解联合机制一年以来，共和解了20件刑事案件，其中交通肇事类案件14件14人，故意伤害案件5件5人，盗窃案件1件1人。对于达成和解协议取得被害人谅解的犯罪嫌疑人，公安机关未采取任何强制措施达23人，取得双方当事人满意的效果。[2]

(四) 当事人自行和解模式

在公安侦查阶段，除了公安机关办案人员主持和解、委托人民调解委员会调解以及公检法司联合调解之外，还存在双方当事人自

---

[1] 据了解，横州市公检法司四机关为了实施联动和解而制定该文件经历了一个四机关共同商定和形成的过程：2013年10月11日，为了扎实推进刑事和解试点工作，横州市公检法司召开刑事和解司法联动机制协调会，并对《关于建立公检法司司法联动机制推动刑事和解制度正确实施的若干意见》进行充分探讨和研究，于同日拟定《关于建立公、检、法、司联动刑事和解制度正确实施的若干意见》，同年12月2日，公检法司联合会签《关于加强办理当事人和解的公诉案件实施细则（试行）》。

[2] 参见广西横州市人民法院《横县（现横州市）人民法院开展刑事和解司法联动机制试点工作做法》。

行和解的情形。加害人与被害人双方自行和解的案件主要是发生在亲戚朋友或者亲人之间的犯罪。在司法实践中，当事人自行和解的案件，通常而言加被害双方当事人之间的对抗情绪不是那么的激烈，还有的是发生在熟人之间比如亲朋好友或者亲人之间的刑事案件，比较常见的比如父亲把小孩打成轻伤或者重伤了，或者行为人偷盗亲戚朋友或者同事的钱财，还有的是老年人、聋哑人或者盲人实施侵害行为而发生的犯罪案件等。

对于这类刑事案件，由于有着亲情或者友情之间等关系的维系，或者是中国对于老弱病残者的体谅，加之中国传统的"和文化"以及儒家"父子相隐"和"矜老恤幼"等原则的刑法文化一直得到提倡，因此，对于这类案件可以通过双方当事人之间的和解来解决，而非仅仅通过严惩加害人的方式来解决。这种传统法文化对于当今中国司法实践仍然有着深远的影响，而且对于刑事和解制度的发展是非常有利的。

如果司法办案人员不遵循这种传统法文化而一味地对加害人适用重刑，非但不能收到良好的法律效果和社会效果，反而有可能"弄巧成拙"遭到被害人的不理解和抵制。因此，在这种案件当中，则会经常遇到在司法机关介入之后，没过多长时间，被害方声称已经与加害人达成了和解协议，并请求司法机关对加害人从宽处理的情形。下面这个案例就是发生在夫妻之间争吵而引发的故意伤害案，在双方达成和解协议之后得到司法机关从宽处理的案例：[1]

案例 3-1-3：某天某县彭某与妻子吴某因琐事发生争吵，吴某出走。彭某为了寻妻而请求岳母杨某帮看小孩，杨某不答应并与彭某扭打。彭某遂拿缝纫机板盖打杨某头部致杨某重伤。某县公安局以彭某涉嫌故意伤害罪立案侦查。其间杨某与女儿吴某均请求司法机关从轻处罚彭某。村委也写信要求司法机关对于彭某从轻处罚。

---

[1] 参见丁亚秋：《亲属间重伤害刑事和解之适用》，载《法治论丛（上海政法学院学报）》2007年第6期。

后彭某真诚悔罪并向杨某赔偿医疗费 1 万元,得到杨某的谅解,最终得到司法机关认可和从宽处理。

在交通肇事类犯罪案件的刑事和解中,加害人和被害人也比较容易自行达成和解协议。交通肇事类犯罪案件是由于现代科技快速发展给现代人带来便利的同时,往往伴生着高科技具有不可控风险的弊端而使普通人因此被侵害的潜在风险加大。交通肇事类犯罪的主观方面一般为过失,加害人的主观恶性不是很大,被害人也急需得到加害人赔偿的医疗费或者丧葬费等经济赔偿,以减轻或者消除被害人因此而陷入生活困境之中。

从而,被害人还是希望通过刑事和解的方式快速得到加害方的经济赔偿,以解决因此导致生活陷入困境的燃眉之急。根据《刑法》第 13 条、第 37 条和《刑事诉讼法》第 289 条、第 290 条以及第 163 条的规定,如果加害人积极悔罪、赔礼道歉和赔偿损失得到被害人谅解的,公安机关可以依法作出不立案、撤销案件的决定。根据最高人民法院《关于适用〈中华人民共和国刑事诉讼法〉的解释》第 590 条的规定,对于公安机关、人民检察院主持制作的和解协议书,当事人提出异议的,人民法院应当审查。经审查,和解自愿、合法的,予以确认,无需重新制作和解协议书;和解违反自愿、合法原则的,应当认定无效。和解协议被认定无效后,双方当事人重新达成和解的,人民法院应当主持制作新的和解协议书。以下这个案例就是在发生交通肇事犯罪后,加害人和被害人在侦查阶段自行进行刑事和解后得到法院从宽处理的案例:[1]

案例 3-1-4:2013 年 12 月 4 日 19 时许,李某驾驶二轮摩托车行驶至南宁市世通水泥制品公司门前时,与在摩托车右侧行人卢某发生碰撞,致卢某颅脑损伤死亡。经交警部门认定,李某负事故的

---

〔1〕 参见广西南宁市西乡塘区人民法院:《刑事和解司法联动机制试点工作新闻发布会材料之刑事和解典型案例》2014 年。

全部责任。李某在事发后及时抢救伤者，经传唤后主动到交警部门接受调查。案发后，李某垫付了 36 000 元给被害人家属，双方当事人经协商自行达成和解协议，李某家属代其向被害人家属赔偿经济损失 40 000 元，被害人家属对李某表示谅解。法院经审理认为，李某违反交规导致一人死亡事故且负全责，其行为已构成交通肇事罪。鉴于双方当事人达成和解协议，法院对李某从轻处罚：以李某犯交通肇事罪判处有期徒刑九个月。

（五）律师主持和解模式

根据《刑事诉讼法》第 34 条的规定，犯罪嫌疑人自被侦查机关第一次讯问或者采取强制措施之日起，有权委托辩护人；在侦查期间，只能委托律师作为辩护人。被告人有权随时委托辩护人。侦查机关在第一次讯问犯罪嫌疑人或者对犯罪嫌疑人采取强制措施的时候，应当告知犯罪嫌疑人有权委托辩护人。由此可见，在公安机关侦查期间，犯罪嫌疑人及其家属只能聘请律师作为犯罪嫌疑人的辩护人，在公安机关侦查阶段，律师对于犯罪嫌疑人的重要性不言而喻。既然在公安侦查阶段，犯罪嫌疑人及其家属只能聘请律师为犯罪嫌疑人辩护（包括会见犯罪嫌疑人、向公安机关了解案情以及为犯罪嫌疑人申请取保候审等辩护法律服务），那么律师必然会取得犯罪嫌疑人及其家属的极度信任。那么在这一阶段，律师在掌握犯罪嫌疑人的行为已经构成犯罪以及给被害人造成伤害的情况下，律师在征得犯罪嫌疑人的同意之下（当然一般也会先征求犯罪嫌疑人亲属的意见），由律师代替犯罪嫌疑人与被害人进行刑事和解。以下这起案例就是由律师代为主持，与被害人达成刑事和解协议之后，取得司法机关从宽处理的案例：

案例 3-1-5：2018 年 9 月至 12 月期间，犯罪嫌疑人陈某某哄骗"合伙人公司"信用卡贷款客户朱某 1、韦某 1，告诉被害人朱某 1、韦某 1 现"合伙人公司"有信用卡还款等优惠政策，然后骗朱某 1、韦某1把钱转给其帮还款，二人信以为真，朱某1分两次将人民币21 790元转给陈某某，韦某1将人民币13 350元转给陈某某。陈某某收到上述人民币35 140元钱后并没有帮朱某1、韦某1还款而是用于自己消费。

笔者接受犯罪嫌疑人陈某某家属的聘请和委托之后，[1]到看守所会见陈某某，陈某某承认其行为已经构成诈骗罪。笔者告知犯罪嫌疑人陈某某，其诈骗金额总计高达35 140元，诈骗金额巨大，根据《刑法》第266条之规定，诈骗金额数额巨大的，处三年以上十年以下有期徒刑并处罚金，并告知犯罪嫌疑人陈某某，如果想得到司法机关从宽或者想最终得到法院判处缓刑，必须真诚向被害人赔礼道歉、赔偿损失和得到被害人谅解。犯罪嫌疑人得知这一情形之后，告知律师其要通过律师向被害人赔礼道歉和赔偿经济损失，以取得被害人的谅解。律师得到了犯罪嫌疑人陈某某的同意和授权之后，分别联系了被害人朱某1和韦某1，与两被害人进行协商，决定赔偿被害人并且最终达成了刑事和解协议，得到了两被害人的谅解。

律师在主持（包括参与）与两被害人进行刑事和解的过程中，还是存在一定的复杂性。因为被害人家庭本身就不富裕，两被害人在协商过程中，一定要犯罪嫌疑人家属一次性赔偿经济损失。当时犯罪嫌疑人家属表示一次性履行确实有点难度。而被害人（尤其是被害人丈夫语气更硬）表示，犯罪嫌疑人家属一定要一次性赔偿所有的经济损失，而且还有犯罪嫌疑人赔偿相应利息，否则，被害人宁愿不要赔偿金也不愿意达成和解。这时，律师动之以情晓之以理，说服了双方当事人，表示愿意赔偿被害人所有经济损失和利息，被害人接受了律师的建议，终于达成了刑事和解协议，并在收到所有的经济赔偿之后，被害人并向犯罪嫌疑人出具了收条和谅解书。谅解书的内容为："我叫朱某1，因业务贷款认识陈某某差不多两年的

---

[1] 笔者目前系兼职律师，在教研工作之余从事兼职律师执业工作，主要从事刑事辩护业务。

时间也是朋友了，陈某某可能是因为资金紧张问我拿了21 790元帮我操作还款，我打电话给陈某某叫他还钱给我，他说会把钱还给我的，现通过陈某某父母把欠我的钱还完了，态度很好，我愿意谅解陈某某，认为他本质不错，也不坏，我希望公安司法机关不要追究陈某某的刑事责任或者对陈某某从宽处理。"[1]该案经检察机关审查起诉后，陈某某认罪认罚。在法院审判阶段，法院认可辩护人提出的陈某某与两被害人达成的刑事和解协议，并且认罪认罚，认罪悔罪态度好，建议法院判处陈某某缓刑的辩护意见，最终，法院以陈某某犯诈骗罪，判处陈某某有期徒刑三年，缓刑三年六个月，并处罚金人民币4万元。[2]

下面这起案例，也是由律师主持，公安机关确认的一起刑事和解真实案例：

案例3-1-6：公诉机关指控：被告人王五、李四、张三共同通过以骗取持有注册工程师资格人员的注册这个证书，冒充持证人并以持证人名义骗取主要招募注册资格人员的公司信任，再以持证人名义与被骗公司签订协议的方法诈骗他人财物。三人商定后，由王五通过互联网购买银行卡、电话卡、微信号、QQ及空壳公司营业执照、公章等准备作案工具，购买作案工具后将以上工具寄给李四保管，用于实施诈骗犯罪，李四还负责收寄诈骗证书，转移诈骗赃款等参与共同犯罪。张三按照王五的指使，负责在网络搜集具有注册资格证书的对象，冒充中介与持证人协商、冒充持证人签订协议等方式参与共

---

[1] 通常认为，加被害双方在刑事和解协议中，不能就定罪与具体的量刑发表意见，但辩护人认为，只要根据事实和法律可以认定陈某某犯诈骗罪，并且陈某某认罪认罚，这份刑事和解协议中，尽管被害人认为陈某某不构成犯罪，并且提出希望公安机关不追究陈某某的刑事责任，但笔者认为，这样的涉及定罪量刑的刑事和解协议不应该影响其效力，司法机关仍然应当依照《关于常见犯罪的量刑指导意见（试行）》的相关规定给予犯罪嫌疑人（或者被告人）从宽处理。因为，绝大多数的被害人得到加害人的赔礼道歉和赔偿经济损失之后，其确实已经谅解了加害人，在加害人请求其予以追究刑事责任等要求时，被害人通常予以答应，但这不应该是司法机关否定刑事和解协议生效的理由。

[2] 参见桂林市临桂区人民法院刑事判决书（2019）桂0312刑初242号。

同犯罪。2019年10月，被告人王五指使张三在78、360、58挂靠网等网站搜寻有建筑类资格证书的持证人，找到有注册共用设备工程师（给水排水专业）资格证书的冯某后，再由张三冒充中介公司的名义与持证人冯某联系协商聘用挂靠事宜，在骗取持证人冯某信任后，王五以沈阳某设计公司名义与持证人冯某签订合同。2019年11月1日，王五用购买的刘某中国银行卡转账5万元给冯某，冯某将自己的给水排水证及毕业证书等资料寄至沈阳市，由李四负责接收。收到冯某的资格证书材料后，王五冒充冯某联系桂林市某设计公司协商资格证书挂靠使用事宜，双方约定三年工资为38万元，桂林某公司收到冯某的资格证书等材料后先支付人民币19万元。其间王五指使张三至上海接收桂林某设计公司合同，并由张某以冯某名义签订合同，将冯某资格证书及合同在上海邮寄给桂林某设计公司。2019年11月28日，桂林某设计公司收到冯某资格证书材料后，安排该公司王某转账19万元人民币，至王五控制使用的刘某的中国银行账户。骗取财物后，王五、李四等人通过转账、取现的方式将骗取的19万元占为己有。之后，王五、李四和张三被桂林警方刑事拘留。

王五家属聘请笔者作为辩护律师之后，律师会见了王五，并对该案的定性问题与王五进行了沟通。律师认为王五的行为应当属于民事纠纷行为[1]，而不是属于刑事纠纷行为，并向王五阐明，不管

---

[1] 笔者认为，王五的行为不属于犯罪行为，而只是一个民事纠纷行为，主要理由如下：①王五没有非法占有为目的。王五在案发事件中仅仅是充当一个中介身份，在中介中赚取差价是合情合理的商业行为。而王五等人之所以没有用自己的身份与桂林某设计公司签订合同，是因为《建筑法》第26条明确规定禁止公司通过"挂证"方式取得相关建筑设计资质。公司为了自身的安全，避免被国家相关部门查处，一般相关的建筑设计公司（包括本案中的桂林某设计公司）不会与第三方中介直接明确签订证书挂靠《劳务合同》。故，王五等人为了揽下这个挂靠业务，遂以冯某的名义与桂林某设计公司签订合同。②王五等人并没有实施刑法意义上的虚构事实或者隐瞒真相的行为。因为王五提供给桂林某设计公司真实有效的证书，持证人冯某向王五等人提供证书后，得到了约定的酬金。尽管之后公诉机关认为王五等人的行为已经构成了诈骗罪，但由于王五已经退出19万元给桂林某设计公司王某，双方达成了刑事和解协议，得到了王某的谅解，王五也认罪认罚，最终法院采纳了辩护人认为王五符合判处缓刑的条件，法院最终以王五犯诈骗罪，判处有期徒刑三年，缓刑三年六个月，并处罚金人民币2.5万元。

是刑事纠纷还是民事纠纷，如果王五主动且及时赔偿被害人经济损失，这将会对之后的案件处理带来帮助。王五通过与律师沟通，表示同意律师的意见，王五表示不管其行为是否构成犯罪，愿意通过其家属退出19万元给桂林某设计公司的王某。律师通过与被害人桂林某设计公司的王某进行沟通，对方同意与律师见面就经济赔偿事项进行协商，双方约好面谈时间并约在办案派出所面谈。刚开始会谈之时，被害人王某对律师具有很重的防备心，并且质问律师为什么要给"坏人"讲话。对此，律师给被害人王某进行了法律政策的教育，指出每个被追诉的公民都有权获得律师辩护权，这也是我国《刑事诉讼法》第2条明确规定的，刑事诉讼的目的既要打击犯罪，也要保障人权。王五的亲属也愿意一次性赔偿19万元人民币给被害人王某，王某也谅解了王五，并出具了谅解书。[1]达成刑事和解协议之后，王五向律师表达了他对该案处理的一个期望，也就是希望在完全赔偿被害人经济损失和得到被害人谅解之后，希望司法机关能够给他一个改过自新、回归社会的机会，同时判处其缓刑。最终王五认罪认罚，并且在与王某达成刑事和解协议，法院采纳了辩护人请求判处王五缓刑的辩护意见，以王五犯诈骗罪，判处有期徒刑三年，缓刑三年六个月，并处罚金2.5万元。

由此可见，在刑事和解司法实践中，由律师主持刑事和解已经逐渐成为主流。

当前，在一些经济较为发达地区，在侦查阶段适用刑事和解取得了突破性进展。江苏省苏州市公安机关在2012年修正的《刑事诉讼法》施行以来至2014年1月1日期间，共办理刑事和解案件1327起，办结882起，并且通过成立刑事和解救助协会的方式，为受害人先行赔偿，并为经济困难的加害人提供"以工代偿"的机会，[2]

---

〔1〕 该谅解书的内容为："我是受害人王某，在我被王五诈骗一案中，王五已向我赔礼道歉，赔偿经济损失19万元，我愿意一定程度谅解王五，请求司法机关对他从宽处罚。"

〔2〕 参见尤莉：《苏州警方"刑事和解救助"模式领先全国》，载《江苏法制报》2014年1月7日，第1版。

解决加害人和被害人刑事和解的"燃眉之急",为刑事和解成功达成和解协议提供了良好的外部条件。

除了上述五种刑事和解模式之外,在公安侦查阶段还存在和解检察机关不批捕的情形。即在公安侦查阶段达成和解而移送检察院审查批捕时,检察机关可以作出不批捕的决定。以下这个案例就是在公安侦查阶段达成和解之后,检察机关作出不予批准逮捕的决定的案例:[1]

案例3-1-7:2021年2月22日,唐某伙同王某[2]、罗某、谭某从湖南某市跨省到广西桂林市某县某镇,他们利用钢管撬开超市卷砸门实施盗窃犯罪行为。唐某等四人一共盗窃现金2600元。2021年3月28日,王某等人被公安机关刑事拘留。2021年3月29日,王某等四人亲属将所有的经济损失赔偿给了被害人,真诚向被害人赔礼道歉,得到了被害人的谅解,加被害双方达成了刑事和解协议,被害方愿意谅解加害方王某等人的行为,并出具谅解书给加害方。

2021年4月10日,王某律师向公安机关提出取保候审申请[3],公安机关不予批准取保候审。2021年4月20日,公安机关以王某涉嫌盗窃罪向检察院报请逮捕。王某律师以王某属于未成年人且系初犯偶犯和从犯、王某即将参加高考、王某母亲已经全部被赔偿被害人经济损失且已经得到被害人的谅解,请求检察院不予批准逮捕。

检察机关认为,王某亲属替王某向被害方真诚道歉,赔礼道歉,积极赔偿被害方的经济损失,已经得到被害方的谅解,且属于初犯、偶犯和即将高考的未成年人,最终作出不予批准逮捕的决定。

---

[1] 该案例来自笔者作为犯罪嫌疑人辩护人的真实案例。
[2] 笔者作为王某辩护人。
[3] 当时取保的理由主要为王某系从犯、未成年人、即将参加高考的高三学生、认罪悔罪态度好、愿意积极赔偿被害人经济损失等。

三、侦查阶段刑事和解的法律后果

侦查阶段的刑事和解法律后果就是双方当事人进行刑事和解之后对双方当事人具有法律意义的某种处理结果，包括和解成功的法律后果，还包括和解失败或者当事人反悔的法律后果。

（一）达成和解协议且履行完毕的法律后果

对于双方当事人达成和解协议并已履行完毕的刑事案件，说明双方当事人经过和解后所达成和解协议的内容已经完全得到实现。根据《刑事诉讼法》第 290 条的规定，对于达成和解协议且已履行完毕的，可以得到司法机关的从宽处理。其中在侦查阶段达成和解协议的，公安机关可以向人民检察院提出从宽处理的建议。根据《刑事诉讼法》第 112 条的规定，公安机关对于犯罪事实显著轻微，不需要追究刑事责任的时候，不予立案。

在公安侦查阶段对于达成和解协议且已履行完毕的案件，公安机关认为犯罪情节显著轻微，危害不大，不认为是犯罪的，可以根据《刑事诉讼法》第 16 条的规定，作出撤销案件的处理决定。对于有犯罪事实需要追究刑事责任的案件，应当进行立案。对于已经立案的案件，根据《刑事诉讼法》第 162 条的规定，如犯罪事实清楚，证据确实充分，犯罪性质和罪名认定正确，法律手续完备，依法应当追究刑事责任的案件，侦查机关应当将起诉意见书、案卷材料、证据一并移送检察机关审查决定；同时将案件移送情况告知犯罪嫌疑人及其辩护律师。在侦查过程中，如果双方已经达成刑事和解，公安机关发现不应对犯罪嫌疑人追究刑事责任的，应当撤销案件。

当然，根据《刑事诉讼法》第 290 条的规定，对于已达成和解协议的案件，公安机关可以向人民检察院提出从宽处理的建议。在刑事侦查阶段达成和解协议的案件，根据最高人民法院《关于适用〈中华人民共和国刑事诉讼法〉的解释》第 590 条和第 592 条的规定，对于由公安机关主持达成和解协议的，经检察院或者法院审查和解协议，如果和解协议确系双方当事人自愿且合法达成的，由司法机关予以确认并依法对加害人予以从宽处理。

在有的地方公安机关所制定的刑事和解相关文件中，也对侦查阶段刑事和解的处理作出相关规定。比如2004年浙江省省级公检法三机关联合发布的《关于当前办理轻伤犯罪案件适用法律若干问题的意见》规定，在侦查过程中，对于轻伤犯罪案件，如果双方当事人自愿就民事赔偿问题达成一致的刑事和解协议的，犯罪嫌疑人得到被害人谅解且犯罪嫌疑人确有悔罪表现的，如果认为犯罪嫌疑人社会危险性已经大为减轻甚至已经消除，对于犯罪情节轻微而不需对犯罪嫌疑人判刑的，公安机关可以撤销案件。

2005年安徽省省级公检法三机关联合下发的《关于办理故意伤害案（轻伤）若干问题的意见》规定，在侦查过程中对于造成轻伤的故意伤害案件，若案件系民间纠纷引起，双方当事人已达成和解协议的，公安机关可以作出撤案处理。

因此，公安侦查阶段加害人和被害人达成和解并已履行完毕的法律后果有三种类型：①不立案；②撤销案件；③向人民检察院提出从宽处理的建议。

（二）和解失败或者当事人反悔的法律后果

在侦查阶段适用刑事和解程序中，对于不能达成和解协议即刑事和解失败的，应当恢复适用普通程序来处理。对于达成和解协议后，当事人一方或者双方反悔的，应区别情形处理：如果是被害人反悔，经查实双方当事人和解协议是在遵循自愿、合法等原则下达成，且和解协议已经按照规定履行完毕的情形下，公安机关对于被害人的反悔不予支持[1]；如果查实当事人达成和解协议是在违反自

---

[1] 这种情形包括被害人表面上谅解了加害人，其目的并不是真正原谅加害人的行为，而仅仅是尽快得到加害人的经济赔偿，待经济赔偿到手后则以种种借口向司法机关提出反悔，要求继续追究加害人的刑事责任。参见冯仁强、谢梅英：《刑事和解"反悔"行为的认定与处理——兼议刑事和解协议的审查标准》，载《西南政法大学学报》2008年第2期。

愿性和合法性原则下达成的，应认定和解协议无效，重新组织双方当事人进行调解。如果双方当事人没能达成新的和解协议的，按照普通程序处理；如果是加害人反悔的，要求被害人退回赔偿款的，经查实双方当事人和解协议是在遵循自愿、合法且不侵害国家、集体和社会公共利益的情况下达成，且和解协议已经履行完毕之情形下，公安机关对于加害人的反悔请求可不予支持，并且根据《刑事诉讼法》第290条的规定，公安机关可以向人民检察院提出从宽处理的建议。

如果查实加害人不是在自愿情形下达成和解协议的，而是在受被害方的胁迫等情形下达成的，且严重损害了加害人的合法权益，加害人被迫签订该刑事和解协议的，则应认定刑事和解协议无效，在双方自愿同意的情况下，重新组织双方当事人进行和解，如果不能达成新的刑事和解协议的，则按照普通程序处理。如果和解协议是分期履行，加害人在得到公安机关作出从宽处理决定的情形下，加害人只是履行了和解协议的部分内容，比如承担了部分的履行款，则应当由加害人提供担保财物或者要求保证人继续履行。如果执行担保财物尚不足以完全履行的或者保证人不履行，公安机关办案人员应当协助执行尚未履行完毕的协议内容，告知被害人可依刑事和解协议向法院提起民事诉讼。[1]

第二节 侦查阶段刑事和解存在的问题

一、侦查阶段刑事和解适用范围与法律规定相冲突

刑事侦查阶段，刑事和解的适用范围该如何划定？根据《刑事诉讼法》第288条的规定，刑事和解的适用范围为：①从案件轻重

---

〔1〕 在分期履行刑事和解协议中，在尚未履行的刑事和解协议部分，被害人可以要求加害方出具欠条，以利于被害人在加害人不能完全履行刑事和解协议的时候，向法院提起民事诉讼和提出申请强制执行，以保障被害人的合法权益。

来说，刑事和解的适用范围是可能判处三年有期徒刑以下刑罚或者可能判处七年有期徒刑以下刑罚的过失犯罪；②从案件类型来说，刑事和解适用范围主要是因民间纠纷引起涉嫌《刑法》分则第四章、第五章规定的犯罪，以及渎职犯罪除外的过失犯罪；③从排除条件方面来说，在五年以内曾经故意犯罪的案件不适用刑事和解。

当前在刑事侦查阶段的刑事和解实践中，有的已经超出法律规定的适用范围。从案件轻重而言，在刑事和解司法实践中，对于故意伤害罪或者故意杀人罪的适用范围并非只是对于可能拟判处三年有期徒刑以下的案件适用刑事和解，事实上有的对于可能拟判三年以上有期徒刑甚至拟判死刑的案件，双方当事人只要就赔礼道歉和赔偿经济损失等事项达成合意，加被害双方就有可能达成和解协议，最终案件的主办法官可能会根据案件的具体情况对被告人作出予以从宽处理的结果。包括对于上述案例3-1-5，尽管拟判陈某某三年至十年有期徒刑，但这并不影响陈某某与被害人达成的刑事和解协议，并且最终达到法院从宽判处缓刑的处理结果。还有案例3-1-6，尽管王五诈骗数额巨大，拟判刑罚为三年以上十年以下有期徒刑，然而这并不影响当事人达成刑事和解并得到司法机关的确认和从宽处理。更为重要的是，这些电信网络诈骗犯罪也并非因邻里纠纷引起的，但这也不影响加被害双方当事人适用刑事和解来解决刑事矛盾纠纷。当然，对于一些恶性杀人（比如杀死多人）的行为人，即使其本人或者家属替其与被害方达成刑事和解协议，由于这种恶性杀人的被告人的罪行极其严重，即使与被害方达成刑事和解也不足以抵罪，最终判处死刑立即执行的案例也不少。当然，也有一些案件，一审被判处死刑，二审由于加害人通过真诚悔罪、赔礼道歉和积极赔偿被害方的经济损失，双方达成刑事和解，上诉人得到被害方的谅解，最终二审不核准死刑。这样的案例也不少。另外，还有一些共同故意杀人或者共同故意伤害致死的案件，在一审中，有的被告人通过其亲属与被害方达成了刑事和解，得到被害方的谅解，最终得到法院轻判；有的被告人没有赔礼道歉和赔偿被害人的经济损失，得不到被害方的谅解，没有得到法院从宽处理。[1]以下这起诈骗案件也是拟判十年以上有期徒刑，但这并不妨害犯罪嫌疑人与被害人进行刑事和解，并且达成刑事和解协议，最终得到司法机关从宽处理：

案例 3-2-1：公诉机关起诉书指控：被告人蒋某从 2015 年开始在网上为新开淘宝店店主（以下简称"店主"）提供店铺装修、刷单（提升店铺信誉度）、增加浏览量等服务，并按一定金额收取套餐费，2016 年 7 月招收被告人刘某作为业务员。从 2018 年 1 月开始，蒋某在明知淘宝已严禁刷单等操作、其实际上并不能向店主提供所承诺套餐内容的情况下，为获取非法利益，仍向店主发送含有承诺能提供刷单、打造爆款、点亮金牌卖家图标、保证销售额等虚构事实的套餐内容，诱骗店主缴纳虚假套餐的费用，对店主实施诈骗。蒋某还将含有虚构事实的套餐内容发送给刘某，让刘某一同向店主推荐虚假套餐，二人分工如下：蒋某先从网上购买了 QQ、微信、阿里旺旺等账号，并准备了电脑、手机等设备，后其利用专门软件在网上搜索获取不特定店主的阿里旺旺账号，再与刘某利用专门软件分别向店主发送包含有虚构事实套餐内容的广告，诱导店主添加广告内的 QQ 号，在店主添加 QQ 号后，二人各自通过 QQ、微信以业务员身份（蒋某编号为 159 客服、刘某编号为 169 客服）根据蒋某提供的谈单资料、话术模板与店主聊天，向店主推荐 1088 元、1588 元、2088 元不等的虚假服务套餐，谎称能提供套餐内服务，实际上二人并无能力做到套餐中承诺的"打造爆款、交易记录、图片好评、淘宝首页轮播、点亮金牌卖家图标、保证 2 个月一万以上销售额、

---

[1] 被告人杨某某等人故意伤害（致死）一案，在本案中，被告人杨某某与被害人亲属在侦查阶段与被害人亲属达成了刑事和解协议，被告人杨某某亲属通过替杨某某向被害人亲属真诚悔罪、积极赔偿被害方的经济损失，最终得到法院从宽处理，以杨某某犯故意伤害罪，判处有期徒刑十五年。而同案犯吕某、杨某 1 等人却因没有向被害人真诚悔罪和赔偿经济损失，最终没有得到被害人谅解，法院最终以吕某、杨某 1 犯故意伤害罪，判处无期徒刑，剥夺政治权利终身。参见广西壮族自治区贵港市中级人民法院刑事附带民事判决书（2019）桂 08 刑初 40 号。

皇冠+、双皇冠+"等服务。为取信店主,二人在聊天过程中还将蒋某在网上购买的他人身份证、营业执照以及蒋某自行制作的成功交易截图、合同样本、套餐内容等资料发送给店主,并引诱店主先交纳一部分套餐定金(一般为 358 元),在店主缴纳定金后,蒋某即在淘宝上请他人为店主的淘宝店进行价值约几十元的店面装修,并使用软件为淘宝店刷一些虚假客流量。店主看到店面装修效果后,二人即引诱店主继续缴纳套餐尾款,待店主缴纳尾款后,二人即不再继续提供承诺的服务内容,也不会兑现其在套餐中承诺的垫付消保金或返现内容。店主发现被骗后,便向业务员或者售后(由蒋某担任)投诉或要求退还款项,但二人对店主的投诉均不再理会或者直接拉黑店主的 QQ 或微信。2018 年 1 月至 2020 年 4 月间,蒋某通过上述手段先后骗取了葛某、罗某、李某等 300 余名被害人人民币共计 440 260 元,2018 年 7 月至 2020 年 4 月间,刘某通过上述手段先后骗取了被害人葛某、罗某等 190 余名被害人人民币共计 296 580 元。被害人被骗欠款均是用蒋某提供的本人或他人微信、QQ、支付宝账号等收取,这些犯罪所得除用于对店主的淘宝店装修开支外,其余部分均由蒋某与刘某按照约定比例予以瓜分。

笔者在会见蒋某之后,蒋某对于其骗取部分被害人的犯罪事实供认不讳,但提出其没有骗取所有账号流水上对应的客户[1],其只

---

[1] 检察机关指控蒋某诈骗了所有的客户的依据是最高人民法院、最高人民检察院和公安部共同颁布的《关于办理电信网络诈骗等刑事案件适用法律若干问题的意见》(法发〔2016〕32 号)第 6 条第 1 项,即办理电信网络诈骗案件,确因被害人人数众多等客观条件的限制,无法逐一收集被害人陈述的,可以结合已收集的被害人陈述,以及经查证属实的银行账户交易记录、第三方支付结算账户交易记录、通话记录、电子数据等证据,综合认定被害人人数及诈骗资金数额等犯罪事实。这一司法解释。但事实上,该司法解释应用到本案笔者认为不太妥。首先,根据蒋某供述,有的客户对于其服务给予好评,但公安机关并没有去提取这一部分证据。这也从侧面证实,蒋某是曾对有的客户做完过所有的服务,而并非系蒋某骗了所有客户。其次,公安办案人员联系了 70 个客户,但最终愿意配合公安机关报案的只有 30 人。这就证实了,有的客户只是因为对蒋某提供的服务不是很满意,所以口头上说蒋某是"骗子",而并非蒋某没有做完所有的项目,所以有的客户就不配合公安机关报案。从这也可以看出蒋某不是骗取了所有的客户。故,综合这些情形,司法机关不能机械适用上述意见,而是应当根据案件的实际情况以及"有利于

是骗取了一部分客户。另外，律师告知蒋某，认为其收取客户的定金不应当计入诈骗金额范围，因为其在收取了客户定金之后，其也付出了成本、时间以及人力物力，客户确实也从蒋某的装修中受益。律师最终征求蒋某是否愿意与被害人进行刑事和解，蒋某表示愿意与被害人进行刑事和解。最终，通过蒋某妻子与部分被害人联系，通过悔罪和赔偿经济损失，取得被害人谅解，被害人向蒋某出具了谅解书，谅解了蒋某，请求司法机关从宽处罚，最终这些刑事和解协议在法庭上也得到了公诉人和法庭的认可，蒋某因此也得到了法院的从宽判处。当然，该案法院最终采纳了辩护人所提出的定金不计入诈骗金额的辩护意见，并且认为蒋某诈骗金额不是 44 万多元，在扣减了 300 名客户的定金后，法院最终认定被告人蒋某的诈骗金额为 332 860 元，结合蒋某与被害人达成刑事和解协议，最终以蒋某犯诈骗罪，判处有期徒刑六年，并处罚金人民币 3 万元。[1]

以上说明，司法实践中适用刑事和解范围已经"悄然"地突破了《刑事诉讼法》第 288 条所规定的适用范围。

（接上页）被害人"的原则，按照有多少个人报案就以多少人计算，而不是按照被告人账户流水来计算被告人的诈骗人数，这是很容易"出入人罪"而酿成"冤假错案"的。当然，骗取人数不是本书讨论的重点，本书讨论的重点是，根据 2014 年广西壮族自治区高级人民法院《关于常见犯罪的量刑指导意见（实施细则）》中"四、常见犯罪的量刑（七）诈骗罪"第 3 条第 2 项规定，诈骗公私财物数额满 40 万元不满 50 万元，并且具有下列情形之一的，应当认定为"其他特别严重情节"，除了依法判处无期徒刑的以外，在十年至十二年有期徒刑幅度内确定量刑起点：通过发送短信、拨打电话或者利用互联网、广播电视、报刊等发布虚假信息，对不特定的人实施诈骗。故，检察院认为，由于该案蒋某系通过互联网对不特定的人发送信息骗取不特定的人，诈骗数额达到 40 万元以上，故认为蒋某的行为构成了诈骗罪，且属于情节严重，应当判处十年以上有期徒刑。但在诉讼过程中，律师与被害人联系，并且通过蒋某妻子向分布于全国各地的被害人真诚道歉、赔礼道歉和赔偿数名被害人经济损失，最终得到被害人谅解，被害人也向蒋某出具了刑事和解协议书，请求司法机关对蒋某从宽处罚。检察院和法院也认可了这些刑事和解协议，由此可见，即便对于拟判十年以上有期徒刑，检察院和法院对于加被害双方达成的刑事和解协议仍然予以认可，而且加被害双方的刑事矛盾纠纷并非因邻里纠纷而引起，由此可见刑事和解的司法实践确实超出了《刑事诉讼法》第 288 条所规定的刑事和解适用范围。这一现象确实应当引起立法相关部分重视，以期将来修法时予以重视和采纳。

〔1〕参见广西壮族自治区桂林市雁山区人民法院刑事判决书（2020）桂 0311 刑初 51 号。

首先，在司法实践当中，不仅轻罪案件的被害人需要通过加害人真诚悔罪、赔礼道歉、赔偿损失的刑事和解方式得到精神、经济方面的治疗与弥补，而且有的重罪案件的被害人更需通过刑事和解的方式来达到治愈精神创伤和赔偿物质经济损失，以求度过因被害而陷入生活的困境。正如上述所言，当前刑事司法实践中，除了对轻微刑事案件可以适用刑事和解外，对于重刑案件的加害人通过真诚悔罪、赔礼道歉和赔偿损失达成和解协议之后得到被害人谅解和司法从宽处理的案件也不在少数。

正因为如此，最高人民法院《关于印发对依法可不判处死刑案件全力做好附带民事调解工作典型案例的通知》[1]中还列举了八个可依法不判处死刑案件的附带民事调解工作的典型案例，对于被告人通过悔罪、赔礼道歉和赔偿损失，得到被害人[2]谅解后，最高人民法院依法不核准死刑。

其次，对于案件类型而言，当前适用刑事和解的案件类型是因民间纠纷引起，涉嫌《刑法》分则第四章、第五章规定的犯罪案件和过失犯罪案件（渎职犯罪除外）。但在刑事司法实践中，即使不在刑事诉讼法规定刑事和解案件类型当中，有的案件还是通过加害人与被害人双方达成和解协议进行处理。下面这个案例就是如此：[3]

案例 3-2-2：刘某因信用卡恶意透支 8 万元人民币，发卡行报案，公安机关受理立案并刑拘刘某。

在公安机关侦查期间，刘某通过其亲属向银行赔礼道歉和积极

---

〔1〕 该通知指出，做好附带民事调解工作，一方面可以最大限度地维护被害人的合法权益，使被害方因犯罪遭受的物质损失得到赔偿、精神创伤得到抚慰，在一定程度上弥补、减轻犯罪造成的社会危害；另一方面可以有效缓和、化解社会矛盾，最大限度地增加和谐因素，减少不和谐因素。

〔2〕 这里指的是被害人亲属，取被害人广义说。如果不做特别说明，本书的被害人不仅仅指被害人本人，还指（主要是被害人本人死亡的情形）被害人的近亲属，在本书统称为被害人。

〔3〕 该案例是笔者参加桂林市政法委一年一度的案件评查了解到的，该案由桂林永福县法院审理。

筹钱，把恶意透支银行的本金及利息（包括滞纳金）全部还给银行，得到银行的谅解。之后，银行向刘某出具了刑事和解谅解书，银行表示鉴于刘某已经通过其亲属向银行真诚悔罪和积极赔偿经济损失，愿意谅解刘某，并向司法机关表示不再追究刘某刑事责任，或者请求司法机关对刘某从轻判处并判处缓刑。最终，法院以刘某犯信用卡诈骗罪从轻判处并判处缓刑。

上述案例的信用卡诈骗罪属于《刑法》分则第三章破坏社会主义市场经济秩序罪的罪名，不属于《刑法》分则第四章、第五章规定的罪名，而且信用卡诈骗罪也并非因邻里纠纷引起的，根据法律规定应当不属于刑事和解适用范围，但在刑事和解司法实践中对于这类案件适用刑事和解并非个案，因此与法律规定的刑事和解的适用范围相冲突。此外，在司法实践中，对于《刑法》分则第三章、第六章的一些罪名比如合同诈骗罪、寻衅滋事罪等也适用刑事和解，这也与法律规定刑事和解适用范围相冲突。

最后，刑事和解司法实践对于累犯适用刑事和解与法律规定适用刑事和解的除外规定不相符。下面这个案例就是司法机关对于累犯适用刑事和解：[1]

案例3-2-3：1996年，被告人吴某因犯抢劫罪被判处死刑，缓期二年执行，剥夺政治权利终身，2012年8月刑满释放。2014年1月28日，吴某因琐事与被害人赵某发生口角，遂邀李某一起帮忙，之后对赵某拳打脚踢达成轻伤。法庭审理阶段，被告人吴某、李某与被害人赵某达成和解协议，赔偿被害人经济损失人民币13.8万元，被害人谅解被告人并出具谅解书请求法院对两被告人从轻处罚。

从以上这个案例可以看出，对于累犯，在被害人与被告人达成和解协议之后，有的司法机关适用刑事和解来解决当事人之间的矛

---

[1] 参见《累犯能否适用刑事和解程序》，载中国法院网：http://www.chinacourt.org/article/detail/2014/06/id/1312769.shtml，最后访问日期：2015年3月15日。

盾，也收到了良好的法律效果与社会效果。但对于累犯适用刑事和解，这与《刑事诉讼法》第 288 条关于刑事和解适用范围的除外规定相冲突。

二、刑事和解履行方式单一

在刑事侦查阶段，刑事和解的履行方式基本就是即时履行方式。这种单一的履行方式，使得很多经济条件比较好的加害人由于履行和解协议赔偿款的能力较强，从而更容易得到被害人谅解和司法机关从宽处理，而经济条件不好的加害人则因履行刑事和解协议赔偿款的能力较差而相对较难得到被害人谅解和司法机关从宽处理。根据《刑事诉讼法》第 290 条的规定，对于达成和解协议的案件，公安机关可以向人民检察院提出从宽处理的建议。而根据《人民检察院刑事诉讼规则》第 503 条的规定，人民检察院拟对当事人达成和解的公诉案件作出不起诉决定的，应当听取双方当事人对和解的意见，并且查明犯罪嫌疑人是否已经切实履行和解协议、不能即时履行的是否已经提供有效担保，将其作为是否决定不起诉的因素予以考虑。换而言之，检察机关对于达成刑事和解的，一般均需要加害方即时履行。由于不同经济条件的加害人履行和解协议能力不一，从而导致刑事和解成功率以及因此造成对被告人量刑上的巨大差别，这向来为人们所诟病。

在社会主义市场经济快速发展和分配体制尚不完善的今天，人们之间的贫富差距加大。如果按照国际标准，基尼系数达到 0.450 则为警戒线，而我国 2012 年的基尼系数已达 0.474，[1]居民之间的贫富差距已超越警戒线，公民之间的贫富差距较大，社会上已经开始出现"仇富"心理。正因如此，在当下的社会经济环境下，被害人尤其是贫穷的被害人为了摆脱因受犯罪行为侵害而遭受的经济损

---

[1] 参见蒋志华等：《基于基尼系数分析的中国居民收入分配差距研究》，载《中国统计》2014 年第 7 期。

失,他们更加急于得到加害方的经济赔偿,从而根据赔偿数额和履行情况来决定是否对加害人予以谅解。由于富人的经济条件好,其赔偿被害人经济损失能力强,自然而然地更容易得到被害人谅解和司法机关的从宽处理。

相反,那些经济条件较差的加害人,由于赔偿被害人经济损失能力差而难以得到被害人谅解和司法机关的从宽处理。长此以往,如果这种情况得不到改观,将会导致数量庞大、经济条件较差的加害人很难得到被害人的谅解和司法机关的从宽,而一部分经济条件较好的加害人则很容易得到被害人谅解和司法机关的从宽处理,这似乎已经使刑事和解制度偏离了公平正义。根据罗尔斯正义论当中对最少受惠者偏爱和公平机会优先于差别原则,[1]这并不符合罗尔斯的正义论原则。从本质上看,这固然与当前我国人与人之间的贫富差距较大有关,但也与我国当前刑事和解司法实践中刑事和解协议履行方式过于单一即一般为即时履行方式有关。

三、主持刑事和解干警力量不足

刑事和解虽然能节约刑事司法资源尤其是整体刑事司法资源,但是对于单独办案部门特别是刑事和解承办人而言并非总是如此,有的还可能因需要耐心组织双方当事人进行和解反而需要投入更多的时间精力和人力物力。当前,我国正处于社会转型期,犯罪高发势头依然严峻,公安侦查部门需要投入大量的人力物力和财力去打击犯罪和维持社会治安。目前,我国公安机关特别是基层公安派出所的警力资源还相当紧缺。分布在全国乡镇和街道办的基层派出所很多是1个至2个民警的派出所,3个至5个民警的派出所也不在少数。[2]相对于辖区内动辄十万甚至数十万的人口而言,基层派出所

---

〔1〕 参见[美]约翰·罗尔斯:《正义论》,何怀宏等译,中国社会科学出版社2005年版,译者前言第8~9页。

〔2〕 参见郑震:《犯罪压力下的警力资源不足之探讨》,载《中国人民公安大学学报(社会科学版)》2008年第1期。

的警力资源确实显得非常的"单薄"。对于数量庞大的轻微伤案件进行刑事和解，势必需要投入大量的人力、物力和精力组织双方进行和解。这样对于本来已相当匮乏的警力资源而言更是显得捉襟见肘。

正因为如此，东部发达地区的公安机关比如广东省的公安机关大多不情愿充当和解的促进者角色，而更希望充当刑事和解的确认者和监督者。[1]刑事和解需要公安办案人员花费相当多的人力物力和时间资源，在当前公安机关警力资源相对匮乏的情形下，若这两者之间的矛盾不能得到很好的解决，则会造成刑事和解制度在公安侦查阶段的发展遇到巨大瓶颈，从而使当事人在最好时机失去解决双方刑事矛盾纠纷的机会，从而限制刑事和解在侦查阶段发挥案件分流和节约刑事司法资源的作用。下面这起案例[2]，公安机关办案人员明显不愿意适用刑事和解，除了警力紧张之外，公安机关固有的"重打击、轻化解"的传统观念有关：

案例3-2-4：浙江的李某某向银行贷款购买了一辆奔驰车。李某某因经济紧张，又以该车作为抵押向刘某某借款20万元。双方还签订了借款合同和抵押合同。按照预定，李某某按照月息2分向刘某某返还利息（实际上刘某某要求李某某向其还款每月7500元），期限半年，车辆放在刘某某处（相当于质押）。在这期间，刘某某不能擅自开李某某车辆。双方还约定，如果李某某无法返还或者超期返还借款，刘某某可以拍卖或者变卖该车辆优先受偿。后李某某无法按时返还借款，刘某某也未告知李某某，将该车转抵押给桂林王某某。后李某某通过奔驰车某软件，发现其车辆在桂林。于是，李某某从浙江到桂林将该车开回浙江。后王某某向桂林警方报案。桂林警方以李某某涉嫌盗窃罪进行刑拘并押回桂林，将李某某关押于

---

〔1〕 比如广东省珠江三角某县公安局在刑事和解中所充当的角色，作为组织者占所有刑事和解案件的百分比为14.40%，其余大部分的是作为刑事和解案件的确认者和监督者的角色，占所有刑事和解案件百分比为85.60%。参见黄泽等：《关于广东省公安机关刑事和解实践的实证研究》，载《广州市公安管理干部学院学报》2013年第4期。

〔2〕 该案例系由笔者给李某某进行刑事辩护。

看守所。

李某某亲属聘请律师后,律师到看守所会见了犯罪嫌疑人李某某。李某某在外面包有工程,李某某向律师表示,其愿意先尽自己的能力赔偿被害人王某某的部分经济损失,不足部分恳请公安机关先采取取保候审措施,出去筹款,把所有的经济损失赔偿给被害人王某某,并当场书写了还款计划书。之后,律师到办案机关,向办案人员说明李某某想与被害人赔礼道歉和赔偿经济损失,表示犯罪嫌疑人李某某愿意先赔偿部分经济损失,恳请公安机关对李某某采取取保候审措施,让李某某有机会出来筹款赔偿所有的经济损失给被害人王某某,以取得被害人王某某的谅解。公安机关办案人员一听律师陈述完犯罪嫌疑人李某某想与被害人王某某进行刑事和解的意愿后,当场表示,公安机关只是负责进行刑事追责,公安机关也不愿意把被害人信息告诉律师,让律师自行与被害人联系进行刑事和解。由此看出,除了该公安办案人员的司法理念还停留在公安办案人员垄断一切刑事司法权之外,可能还有公安人员警力紧张的原因,不肯在侦查阶段进行刑事和解,以免耗费过多的时间与警力。[1]

四、刑事和解监督效果不佳

当前公安机关对于大量的轻微刑事案件的刑事和解解决的方式主要采取的是第一种和第二种处理方式,即和解成功之后不立案或者撤销案件。正如上面所提到,大部分公安机关为了减少工作量以及考虑到破案率等公安考核指标,一般都不会先立案,而是先行调解。由于大部分案件是故意伤害案,因此在调解的同时将对被害人

---

[1] 通过别的途径得知,该案的受害人其实很急于挽回经济损失,得到犯罪嫌疑人及其家属的经济赔偿,但由于公安机关的警力紧张和传统司法理念的束缚,导致被害人没有得到加害方的真诚赔礼道歉和赔偿经济损失,被害人的受害状况一直处于"受害状态",这其实是不利于彻底解决加害方双方之间的刑事矛盾纠纷,被害人的合法权益也不得到及时的维护,使被害人处于"被忽视"的状态,这种公安司法机关垄断司法权的状况,有时甚至造成被害人无形中"二次被害"的困境。

的伤情进行伤情鉴定。在鉴定期间，征得双方当事人的同意之后，就直接进行和解程序直至和解成功。

公安侦查部门如果认为当事人达成和解协议之后综合案情，案件符合《刑事诉讼法》第112条规定即犯罪事实显著轻微，不需要追究刑事责任的，不予立案。同样，对于刑事和解成功之后，如果侦查机关认为案件符合《刑法》第13条及《刑事诉讼法》第15条的规定即案件情节显著轻微，危害不大，不认为是犯罪的，或者符合《刑事诉讼法》第163条的规定，即在侦查过程中，发现不应对犯罪嫌疑人追究刑事责任的，应当撤销案件。

不管是刑事和解成功之后作出不立案的决定还是撤销案件的决定均需经过县级以上公安机关负责人批准。从表面看这会起到一定的监督作用，但实质上，县级以上公安机关负责人对于刑事侦查过程中相关办案人员在加被害双方达成刑事和解而不予立案或者撤销案件的过程是否存在"钱权交易"等是不可能进行实质性审查的，况且即使存在"钱权交易"，但由于当事人在公安办案人员组织的刑事和解中"自愿"与公安办案人员进行"权钱交易"，当事人自己也就不可能去揭发公安机关办案人员在刑事和解过程中实施了"权钱交易"。

此外，公安机关作出不予立案或者撤销案件处理的决定，除了得到县级以上公安负责人"形式性"审查之外，实质上缺乏检察机关的有效监督，因此对于侦查阶段公安机关适用刑事和解过程中实施"权钱交易"就很难得到有效监督。

这种几乎没有得到任何有效监督的侦查阶段的刑事和解，自由裁量权过大，最令人担心的就是可能会导致司法腐败和司法不公，从而导致当事人和社会公众质疑侦查阶段刑事和解制度是否是在廉洁和公正的环境下进行的，进而有可能最终导致刑事和解制度在侦查阶段的适用和发展遇到难以克服的困难。

第三节 侦查阶段刑事和解制度完善

一、扩大规范刑事和解适用范围

2012年修正的刑事诉讼法将刑事和解规定其中,刑事和解司法实践终于得到了立法机关的认可。近二十年来,刑事和解司法实践的适用范围主要是轻微刑事案件。因为对于轻微刑事案件适用刑事和解后,司法机关作出罪轻或者免除刑罚等从宽的处理方式,这是比较容易令人接受的。但是对于严重刑事案件适用刑事和解,则有可能对于现行刑法和刑罚理念产生一定的冲击,公众对于刑事法作为强制法适用刑事和解也产生一定的困惑。

因此,学界与司法实务部门在刑事和解理论研究与司法实践中持比较谨慎的态度。立法部门在立法当中对于刑事和解适用范围的规定在一定程度上也反映出较为保守的倾向,对于刑事和解的适用范围主要适用于轻微刑事案件。在当前的刑事司法实践中,由于重刑案件的被害人更加急需得到加害人及时的赔礼道歉等方式的精神修复和经济赔偿,以利于尽快走出被害人的阴影,因此对于一些重刑案件也"本能"地适用刑事和解,并且大都取得了良好的法律效果与社会效果。

比如2009年最高人民法院《关于印发对依法可不判处死刑案件全力做好附带民事调解工作典型案例的通知》就列出了一些典型的通过刑事和解而不予核准的死刑案例。同理,不仅《刑法》分则第四、五章罪名的刑事案件的被害人需要通过和解方式来治愈受到的创伤,而且《刑法》分则其他章节罪名的刑事案件的被害人也需要通过和解方式来疗伤。

然而,笔者并非赞同对所有类型的案件和所有重罪都适用刑事和解,而是根据案件类型和刑事和解的特点来决定的。对于如何扩大和规范刑事和解的适用范围绝非易事。因此,扩大和规范刑事和解的适用范围，本书拟用排除法和列举法相结合方式进行探讨。

首先是排除法。对于刑事和解的适用范围，一般而言应当具有具体被害自然人、犯罪行为侵犯了被害人个人法益的要件。当然在刑事和解实践中也不排除根据案件实际情形由被害方为单位的案件，通过加害人与被害方即被害单位通过和解方式解决的案例。而对于一些纯粹危害国家安全、国防利益，贪污贿赂以及渎职，军人违反职责等犯罪行为不适用刑事和解。

具体言之就是《刑法》分则第一章、第七章、第八章、第九章和第十章的罪名均不适用刑事和解。否则会使国家安全、国防利益或者国家公务人员廉洁性、国家机关正常运转制度等受到影响或者被破坏，因此对于这些类型的案件绝对不可适用刑事和解。

对于《刑法》分则第二章的第 116 条破坏交通工具罪；第 117 条破坏交通设施罪；第 118 条破坏电力设备罪、破坏易燃易爆设备罪；第 119 条破坏交通工具罪、破坏交通设施罪、破坏电力设备罪、破坏易燃易爆设备罪、过失损坏交通工具罪、过失损坏交通设施罪、过失损坏电力设备罪、过失损坏易燃易爆设备罪；第 120 条组织、领导、参加恐怖组织罪；第 120 条之一帮助恐怖活动罪；第 120 条之二准备实施恐怖活动罪；第 120 条之三宣扬恐怖主义、极端主义、煽动实施恐怖活动罪；第 120 条之四利用极端主义破坏法律实施罪；第 120 条之五强制穿戴宣扬恐怖主义、极端主义服饰、标志罪；第 120 条之六非法持有宣扬恐怖主义、极端主义物品罪；第 121 条劫持航空器罪；第 122 条劫持船只、汽车罪；第 123 条暴力危及飞行安全罪；第 124 条破坏广播电视设施、公用电信设施罪，过失损坏广播电视设施、公用电信设施罪；第 125 条非法制造、买卖、运输、邮寄、储存枪支、弹药、爆炸物罪，非法制造、买卖、运输、储存危险物质罪；第 126 条违规制造、销售枪支罪；第 127 条盗窃、抢夺枪支、弹药、爆炸物、危险物质罪；第 128 条非法持有、私藏枪支、弹药罪，非法出租、出借枪支罪；第 129 条丢失枪支不报罪；第 130 条非法携带枪支、弹药、管制刀具、危险物品危及公共安全罪；第131条重大飞行事故罪；第132条铁路运营安全事故罪；第133条之一危险驾驶罪；第133条之二妨害安全驾驶罪；第134条重大责任事故罪，强令、组织他人违章冒险作业罪；第135条重大劳动安全事故罪；第135条之一大型群众性活动重大安全事故罪；第136条危险物品肇事罪；第137条工程重大安全事故罪；第138条教育设施重大安全事故罪；第139条消防责任事故罪；第139条之一不报、谎报安全事故罪等也不适用刑事和解，因为这些罪名没有直接被害人，大部分直接危及国家与社会公共利益，因此不具有可和解性。

《刑法》分则第三章第二节走私罪部分犯罪的案件，第三节妨害对公司、企业的管理秩序犯罪案件，第四节破坏金融管理秩序犯罪案件，第五节除第192条外所有金融诈骗犯罪的案件，第六节危害税收征管犯罪案件，第八节扰乱市场秩序犯罪案件；以及第六章第一节扰乱公共秩序犯罪的案件，第二节妨碍司法犯罪的案件，第三节妨碍国（边）境管理罪，第四节妨害文物管理犯罪的案件，第五节危害公共卫生犯罪的案件，第六节破坏环境资源保护犯罪的案件，第七节走私、贩卖、运输、制造毒品犯罪的案件，第八节组织、强迫、引诱、容留、介绍卖淫犯罪的案件，第九节制作、贩卖、传播淫秽物品犯罪案件等均不宜适用刑事和解。因为这些类型的犯罪案件危害了国家管理秩序、司法秩序、国（边）境管理秩序、文物管理秩序、公共卫生秩序、破坏环境资源保护秩序。走私、贩卖、运输、制作毒品犯罪的案件以及组织、强迫、引诱、容留、介绍卖淫犯罪的案件等纯粹的危害国家和公共利益，也不宜适用刑事和解。

其次是列举法。除了上面所列这些犯罪的案件不适用刑事和解之外，其他的案件类型都应该可以适用。当然，对于这些案件类型，有的是直接侵犯了个人的人身、财产和生命的安全；有的案件既侵害了个人人身、财产和生命安全，还侵犯了国家和社会公共利益。

因此，对于侵犯复杂客体的犯罪，被害人只能就直接侵害其个人权益的部分进行谅解，也只能就这部分的量刑方面向司法机关请求从宽，而对于侵犯或者危害国家和社会公共利益的部分，为了保护国家与社会公共利益以及一些潜在被害人的利益，被害人个人不能就这部分利益代表国家和社会以及潜在被害人进行和解和谅解被害人，而只能由国家司法机关依法定罪和量刑。

最后是关于累犯刑事和解的适用。对于累犯，由于行为人表现出较大的主观恶性和人身危险性，因此现行的《刑事诉讼法》规定在五年内曾经故意犯罪的不适用刑事和解，是可以理解的。但司法实践中，对于累犯案件中的受害者也很需要通过刑事和解方式来治愈其所受的精神创伤和弥补其遭受的经济损失。

另外，为了谨慎起见，对于累犯，应当根据被害人的申请来适用，如果被害人不申请适用，累犯案件的加害人不能提出申请适用刑事和解，国家司法机关对于累犯案件也不适宜主动提出适用刑事和解。当然，对于被害人提出通过刑事和解方式解决案件的，如果国家司法机关认为加害人主观恶性和人身危险性非常大的累犯也可以不允许适用刑事和解。

二、探索多种刑事和解履行方式

当下刑事和解履行方式主要是即时一次性履行方式。这样的履行方式，不仅可以满足了被害人得到经济赔偿的愿望，而且也省却了日后执行和解协议的累赘。但是刑事和解这种一次性履行方式，不仅考验了加害人的经济能力，还造成了因贫富差距而使刑事和解成功率和得到被害人谅解率以及得到司法机关从宽处理的机会等产生较大差距。

经济条件较好的加害人由于履行和解协议的能力较强，达成和解协议的成功率更高，也更容易得到被害人的谅解和司法机关的从宽处理；而经济条件较差的加害人由于经济赔偿能力较差，因而较难与被害人达成和解协议，也就更加难以得到被害人的谅解和司法机关的从宽处理。因此有人就会质疑刑事和解的性质以及是否会产生司法腐败和导致司法不公。

造成这方面的原因很多，比如有收入分配不完善的原因，还有公民个人能力不一而导致收入差距较大等原因，但主要是刑事和解履行方式过于单一，当前刑事和解履行方式基本为清一色的即时履行方式。而导致当前贫富差距的原因和状态不可能一下子可以得到完善和解决。

为了使刑事和解制度得到更好的发展和所具有的功能得到进一步的发挥，必须进一步改善目前刑事和解履行方式过于单一的状况，从而使经济条件比较差的加害人也有公平的机会与被害人达成和解协议，进而得到被害人的谅解以及司法机关的从宽处理。为此，刑事和解履行方式的改革和完善必须向刑事和解履行方式的多样化方向发展。

（一）增加分期履行、劳务履行及到社区企业劳动履行等履行方式

当前，刑事和解的一次性即时履行方式之所以成为主要履行方式，这是与我国当前整体经济发展水平偏低和居民人均收入偏低有关，也许还与当前我国诚信体系不完善有关。

因此，为了免得加害人日后反悔或者不履行和解协议而造成被害人经济损失得不到完全弥补，被害人一般都要求加害人一次性即时履行刑事和解协议。而刑事和解的组织者也为了避免刑事和解协议达成之后，加害人不能按期履行刑事和解协议而避免被害人纠缠的情形发生，也希望加害人能一次性即时履行刑事和解协议。为此，如果要实施分期履行刑事和解协议，就必须有相应的担保来保证加害人以后都能履行。当前，债务的履行担保方式一般采取不动产等财产抵押和人保方式。如果实施分期履行方式必须厘清履行的担保制度和手续。而保证人也需要办好相关保证手续，形成书面文书以及双方当事人盖章或按指印等。这样的目的是在加害人不能履行时可以采取变卖担保物，或者要求保证人提供担保等方式履行。

此外，在刑事和解中适用提供劳务履行，在西方国家的刑事和解实践中是一种很好的履行方式。随着我国进入老龄化社会，如果

被害人因犯罪行为而遭到身体伤害或者造成残疾等情形发生，加害人可以通过为被害人提供劳务的方式履行，比如帮被害人打扫、赡养和收割庄稼等方式履行。此外，加害人可以用到社区所创办的企业提供劳动所得薪酬来履行刑事和解协议。但是这种履行方式需要加害人与被害人、监督者以及企业四方达成和解履行协议，从而监督加害人通过劳动所得来赔偿被害人的经济损失以履行刑事和解协议。

（二）进一步完善被害人补偿等制度

从国家与个人的关系理论而言，国家是由个人组成的，国家有权力通过强制力去管理那些违反法律的人，也有职责为那些因违法行为而使生命、人身和财产遭受侵害的人提供必要救助或者资助。"如果不是为了保护他们的生命、权利和财产起见，如果没有关于权利和财产的经常有效的规定来保护他们的和平与安宁，人们就不会舍弃自然状态的自由而加入社会和甘受它的约束。"[1]具体到犯罪当中，一个公民对另一个公民实施了故意杀人、故意伤害等行为，国家有责任来处理好这些刑事纠纷，同时对于被害人因犯罪行为而陷入极端的困境，国家有责任去为这些被害人提供必要的生活和生存保障。而被害人补偿制度是为因犯罪而受害的人在陷入生活困境之后提供资助的有效途径。

此外，还可以由国家出资筹建犯罪被害人补偿保险公司制度，在被害人遇到异常困难时也可以为被害人提供必要的帮助。对于保险公司参与被害人救助的制度，以保险公司取得代位求偿权的方式来参与为犯罪被害人提供资助。但是这种履行方式还需要大量的相关制度以及相应的国家财政等方面的支持，因此这种履行方式的付诸实施需要一定的时日。

---

[1] [英]洛克：《政府论》（下篇），叶启芳、瞿菊农译，商务印书馆1964年版，第85页。

（三）创造条件提高加害人履行和解协议的能力

在我国权力集中的情形之下，"国家—个人"二元结构的社会已经不能完全满足公民的需要。因为在国家不能有效或者充分实现公民个人利益而公民个人力量太弱也不能仅靠自己力量来实现自己利益时，介于国家与公民个人之间的中立社会组织可以部分有效地替代国家，实施部分管理职能和实现公民个人利益的最大化。这就是市民社会比仅依靠国家治理的优势所在。

市民社会是在社会主义经济社会得到迅速发展、法治得到不断提高以及公民自由得到不断扩大的情形下出现的。社民社会的出现实现了由"国家—个人"二元结构的社会向"国家—市民社会—个人"三元社会机构的转变。因此，社民社会成为介于国家与个人之间的缓冲地带。因为有的事情国家没办法实施，而公民个人又无法实现的时候，市民社会就会在其中起到非常重要的作用。因此，为了提高加害人履行和解协议的能力，可以由非官方机构创造条件比如由中立机构建立刑事和解协会来提高个人履行刑事和解协议的能力。

在苏州市，已经建立的刑事和解协会是一个非营利性社团法人，由一些企业、个人自愿组成，主要是为经济困难的加害人先提供救助，后再由加害人在社区企业实施"以工代偿"的方式，提高加害人履行刑事和解协议能力，切实保障加害人与被害人成功达成刑事和解的机会，从而使被害人的合法权益得到保护。[1]

三、吸纳社会力量参与刑事和解

在刑事侦查阶段，适用刑事和解给办案机关带来一个比较大的负担就是需要投入相当多的人力物力与财力。虽然对于司法系统的整体而言，在侦查阶段适用刑事和解解决刑事纠纷可以起到节约刑事司法资源的目的。比如在刑事侦查阶段，一旦达成刑事和解协议

---

〔1〕参见《苏州发放首批刑事和解救助金》，载江苏法制报网站：http://jsfzb.xhby.net/html/2014-07/17/content_1065402.htm，最后访问日期：2015年3月15日。

而作出不予立案或者撤销案件决定之后,其后的审查起诉、刑事审判和刑罚执行等环节全部被省掉,进而在整体上,起到节省司法资源和提高司法效率的目的。

此外,一旦适用刑事和解成功解决刑事案件,当事人的服判息诉率会非常高,节省了上级司法机关司法资源的支出。但是具体到个别刑事侦查办案机关适用刑事和解,由于需要办案人员投入大量的人力物力财力去组织调解,从而使司法机关具体办案人员的压力陡升,这与当前公安派出机关所普遍存在警力短缺的问题形成了尖锐的矛盾。[1]在主持刑事和解警力普遍不足的情形下,为了解决刑事和解警力不足的问题而在短时间内大量增加公务人员是不太现实的。

目前,解决这一问题比较可行的途径只能是吸收司法机关之外的社会力量来参与刑事和解。我国目前具有相当丰富的可供适用于实施刑事和解所需的调解资源。比如我国每年都招录大量的社工专业大学生,每年社工专业毕业大学生的数量也相当可观,但却因为没有建立相关的调解机构等"对口"岗位让他们发挥自己的专业优势,大部分的社工专业毕业生只能改行做其他行业。比如内蒙古有1500名社工专业毕业生,而仅仅有2%的大学生从事相关工作,而目前内蒙古社工专业在校大学生约1800人,如果这些社工专业大学生将来很少从事社工方面的工作,将会使大量的教育资源浪费掉。[2]现在我国招收社工专业硕士生每年也在不断增加,这些都是可以充分利用的优质的调解资源。

由于我国目前不太注重建立与他们专业相关的中立调解机构,为他们提供专业对口的岗位,因此很多本来可以作为优质调解资源

---

[1] 当前中国民警比例是万分之十三左右,大大低于西方国家万分之三十左右的水平。全国不足3个人的派出所还有3723个,3~5个人的还有16 533个,占派出所总数的一半。参见郑震:《犯罪压力下的警力资源不足之探讨》,载《中国人民公安大学(社会科学版)》2008年第1期。

[2] 参见《内蒙古1500名社工专业毕业生仅2%干本行》,载腾讯教育网:http://edu.qq.com/a/20150219/007350.htm,最后访问日期:2015年3月15日。

的社工专业人才无奈改为从事其他行业而造成巨大的教育资源浪费。为了应对这一问题，可以通过政府购买他们调解服务等方式，充分发挥他们所具有的掌握专业的心理学、法学、哲学甚至医学等综合专业知识的优势，把这些优秀的社工专业调解人才吸纳到主持刑事和解工作当中来。这样不仅使刑事和解的委托调解工作更加规范，为当事人提供更加优质的调解服务，从而有效地发挥刑事和解制度的功能和优势，还可以使刑事和解制度更加容易得到当事人的信赖，进而促进刑事和解制度的发展。

此外，我国目前有大量的公检法退休人员以及一些退休的法律工作者，他们都是非常优质的调解资源，将他们吸纳到调解工作队伍中，可以充分发挥他们所具有的专业的法律专业知识、丰富的司法实践经验和较高司法威信等优势，进行高效优质的调解。

最后，对于一些德高望重的村委干部以及边远少数民族村寨的寨老和族老们，由于他们具有较为崇高的威望，因此他们对于当事人具有较为独特的影响力，将他们吸纳到刑事和解调解工作中来，可以促进刑事和解制度发挥更大的效用，有效解决少数民族地区以及乡村地区的村民之间的刑事矛盾纠纷。

总而言之，通过吸纳社会力量参与到刑事和解当中来，既可以减少公安司法机关的办案压力，也可以充分利用丰富的社会调解资源参与到刑事和解工作当中来。这既可以发挥这些人员的专业等优势，还可以发挥一些退休人员的"余热"。对于一些边远少数民族地区，还可以发挥族老、寨老以及村委干部等人员的威信，从而为刑事和解的调解工作的有效展开提供良好的人员组织保障。

此外，日本在发挥社区纠正和帮助加害人回归等方面做得非常好，值得我国借鉴。其中，日本社区矫正的"中途之家"，在训诫、安置、教育社区矫正人员中，起到了非常大作用，在社区矫正人员与被害人之间进行刑事和解起到积极的促进作用。[1]

---

[1] 参见张荆：《日本社区矫正"中途之家"建设及对我们的启示》，载《青少年犯罪问题》2011年第1期。

四、完善刑事和解监督机制

正如上面所述，公安机关办案人员在主持当事人刑事和解过程中，由于缺乏有效监督，因此较容易产生司法腐败和导致司法不公，从而危及刑事和解的制度威信。为此，必须对公安侦查阶段适用刑事和解进行有效监督，同时完善侦查阶段刑事和解的监督机制。

首先，加强检察机关对于侦查阶段刑事和解的监督。检察机关作为国家法律监督机关，必须加强包括在侦查阶段适用刑事和解的法律监督。鉴于侦查阶段公安机关对于轻微刑事案件达成和解之后可以作出不立案或者撤销案件的处理，因此对于侦查阶段达成刑事和解拟作出不立案或者撤销案件的决定来处理案件，应当在检察机关与公安机关之间建立起有效的监督与被监督机制，即在侦查阶段达成刑事和解协议之后，公安机关作出不立案或者撤销案件的决定之前必须先报检察机关进行审查。检察机关经审查认为符合不立案或者撤销案件条件的，公安机关方可作出不立案或者撤销案件的决定。经过检察机关审查和批准这一道关口之后，刑事侦查人员利用刑事和解实施"钱权交易"的机会就会大大地减少，从而真正使检察机关对侦查阶段刑事和解的廉洁性起到有效监督作用。

其次，对于侦查阶段实施刑事和解作出不立案或者撤销案件的决定实施公示制度。众所周知，司法公开是反腐一大利器。对于侦查阶段适用刑事和解拟作出不立案或者撤销案件之前可以实行书面或者网上公示制度，以有效自觉接受人民群众的监督。[1]经过公示，确实没有异议的，可以对达成和解协议的案件根据法律规定作出不

---

[1] 当前，最高人民法院已经在全国法院减刑、假释、暂予监外执行信息网对服刑罪犯实行"五个一律制度"，包括凡是减刑、假释、暂予监外执行案件一律在立案后将减刑、假释建议书或者暂予监外执行申请书等材料依法向社会公示等"五个一律制度"，比如对于减刑案件实行"立案公示"和"文书公布"，从而使社会公众可以对拟减刑案件实行广泛监督。同样，对于公安侦查阶段适用刑事和解达成和解协议后，对于拟作不立案或者撤销案件决定的也可以在公安机关官方网站上发布相关材料，以接受广泛的社会公众的监督。

立案或者撤销案件的决定。如果有异议的，经查明异议有正当理由的，公安机关可不作出不立案或者撤销案件的决定；如果异议无事实依据与法律依据的，应当依法作出不立案或者撤销案件的决定。这是否会增加公安办案人员工作量和加重公安办案人员的心理负担而影响到刑事和解在侦查阶段的适用？答案是否定的。因为对侦查阶段刑事和解拟作出不立案或者撤销案件的决定之后，将相关决定放到网上公示并没有增加多少工作量，只要侦查人员在实施刑事和解过程中不实行"钱权交易"，也不会产生太大的心理负担。

最后，加强公安机关纪检监察部门的监督以及社会媒体的监督。公安机关纪检监察部门作为公安机关的内部执法监督部门，承担着对于公安机关执法部门的执法工作是否违法违纪进行监督的职责。因此，公安机关纪检部门应加强对办案部门在侦查过程中适用刑事和解作出不立案或者撤销案件是否存在"钱权交易"的执法监督，同时接受刑事和解双方当事人或者群众的投诉监督。此外，在侦查阶段适用刑事和解过程中，双方当事人达成刑事和解之后，公安机关作出不立案或者撤销案件决定的，媒体认为刑事和解过程可能存在"权钱交易"的腐败现象，公安机关办案部门和办案人员应当自觉接受媒体的监督，必要时作出适当的回应，以消除公众对于侦查阶段刑事和解过程可能产生腐败的质疑。

通过对以上侦查阶段刑事和解实施的监督对策和监督机制的完善，侦查阶段刑事和解将得到有效监督，从而保证刑事和解在侦查阶段得到公平公正的适用，最终实现法律的公平与正义。

第四章 审查起诉阶段的刑事和解

我国当代刑事和解制度是司法机关为了应对传统刑事司法弊端而"自下而上"在司法实践中摸索产生的。在审查起诉阶段，公诉机关对于摸索适用刑事和解的热情相当高，理论研究力度也相当大，理论界对于刑事和解在审查起诉阶段的研究也颇为投入。[1]

随着审查起诉阶段刑事和解司法实践的不断探索和实践经验的凝练总结，各地各级检察机关根据本地刑事和解司法实践经验单独或者联合公安法院制定刑事和解相关规范性文件。刑事和解经过司法实务部门尤其是检察机关和学界不断深入的探讨研究，在司法实践应用中达到了良好的法律效果和社会效果，得到了社会各界的肯定。

为了规范和统一适用刑事和解制度，社会各界也呼吁将刑事和解写进法律制度中。立法机关经过调研和论证，最终于2012年修正的《刑事诉讼法》中规定了刑事和解制度，为刑事和解制度在刑事司法实践中更广泛的应用扫清了理论障碍。

---

[1] 比如中国政法大学恢复性司法研究中心于2006年9月22日与北京市丰台区人民检察院建立了合作协议，通过双方努力，对于一些轻伤害案件进行和解探索，检察官通过不起诉和建议公安撤案方式处理案件，使得矛盾得到有效化解。参见王平主编：《恢复性司法论坛》（2007年卷），中国检察官出版社2007年版，第509页。此外，还有一些审查起诉阶段刑事和解著作出版，比如宋英辉主编的《刑事和解实证研究》（北京大学出版社）、《我国刑事和解的理论与实践》（北京大学出版社），卞建林、王立主编的《刑事和解与程序分流》（中国人民公安大学出版社），等等，均是对审查起诉阶段刑事和解机制进行深入研究的力作。

第一节 审查起诉阶段刑事和解实务

审查起诉阶段的刑事和解实践，处于刑事诉讼各个阶段适用刑事和解的一个承上启下的关键环节。由于在侦查阶段适用刑事和解距离案发时间比较短，有些刑事案件的当事人对立情绪比较大，有的本可能达成和解协议的刑事案件也因此而未能达成刑事和解协议。到了审查起诉阶段，经过了侦查阶段之后，双方当事人对于自己的未来和利益有了更为全面的权衡和思虑，比如有的被害人可能因受犯罪侵犯生活陷入困难之中而急需得到加害人的赔偿，经过一段时间之后（主要是侦查阶段），被害人经济等方面面临极度困难而急需救济（包括加害人的救济），加害人也可能因自己的侵害行为而面临司法机关的严惩，因而也想通过向被害人真诚悔罪、赔礼道歉和赔偿损失的方式来得到被害人的谅解和司法机关的从宽处理。双方当事人思考和权衡的路径正好不约而同地指向了以刑事和解方式解决刑事纠纷，如果适时在审查起诉阶段适用刑事和解，那么成功率有可能会比侦查阶段的比率高。

其中，对于轻微刑事案件达成和解协议之后，检察机关如果认为案件犯罪情节显著轻微、社会危害不大，不认为是犯罪，符合《刑法》第13条和《刑事诉讼法》第177条第2款、第16条规定的情形的，人民检察院应当作出不起诉决定；根据《刑法》第37条和《刑事诉讼法》第177条第2款规定，对于犯罪情节轻微不需要判处刑罚或者免除刑罚的，人民检察院可以作出不起诉决定。对于罪行较为严重的犯罪，根据《刑事诉讼法》第290条的规定人民检察院在提起公诉时可以向人民法院提出从宽处理的建议。

此外，根据《刑事诉讼法》第282条第1款规定，对于未成年人涉嫌《刑法》分则第四章、第五章和第六章规定的犯罪，可能判处一年有期徒刑以下刑罚，尽管案件符合起诉条件，如果未成年人有悔罪表现，比如与被害人达成和解协议，人民检察院可以作出不起诉的决定。检察机关可以决定刑事和解后起诉与否,是法定的不起诉、酌定的不起诉还是附条件的不起诉,尽管这些决定都不具有终局性,但对检察机关和侦查机关都具有相应的确定力和约束力,不可以任意推翻。[1]

即使在审查起诉阶段经过调解后双方没能达成和解协议,也可为刑事审判阶段进行刑事和解和成功达成和解协议打下良好基础。在审查起诉阶段刑事和解的司法实践中,刑事和解程序有不同模式,不同刑事和解程序模式具有不同的刑事和解启动模式和不同的刑事和解程序运行模式。

一、刑事和解程序的启动方式

审查起诉阶段,刑事和解启动方式主要有以下五种:一是公诉机关办案人员认为案件符合刑事和解条件的,告知当事人可以适用刑事和解,当事人同意适用刑事和解;二是双方当事人自愿提出和解,公诉机关办案人员认为符合条件的,同意适用刑事和解;三是双方当事人的法定代理人、近亲属或者代理人、辩护人提出刑事和解请求,公诉机关办案人员经审查认为符合条件的,同意适用刑事和解;四是公诉机关审查认为符合刑事和解条件,告知当事人之后当事人同意适用刑事和解,由公诉机关将刑事和解相关材料移交人民调解委员会调解,或者是当事人申请适用刑事和解,公诉机关审查认为符合刑事和解条件的,同意适用刑事和解,由公诉机关将案件相关材料移送人民调解委员会;五是辩护律师通过会见当事人和查阅案卷,认为可以通过刑事和解方式解决的,律师与受害方联系,受害方同意适用刑事和解,刑事和解程序启动。五种刑事和解程序启动程序基本操作流程如下:

第一种方式,公诉机关办案人员启动和解程序模式。对于经审查符合刑事和解条件的案件,公诉机关办案人员向双方当事人告知案件符合和解条件,可以进行刑事和解,并且告知双方当事人在刑事和

---

[1] 参见陈海锋:《刑事审查起诉程序功能的重构》,载《政治与法律》2015年第5期。

解中的权利、义务和可能产生的法律后果，同时说明刑事和解应当遵循自愿与合法原则等。如果当事人同意，则刑事和解程序启动。

第二种方式，当事人提出申请适用刑事和解模式。在这种方式下，公诉机关办案人员对于当事人提出适用刑事和解申请，经审查认为符合刑事和解条件的，同意适用刑事和解，刑事和解程序启动。办案人员对于适用刑事和解应侧重审查被告人是否认罪、悔罪和双方当事人申请刑事和解是否出于自愿。

第三种方式，由当事人的亲属、辩护人或者诉讼代理人提出模式。在加害人被关押或者被害人系未成年、限制行为能力人的情形下，由加害人亲属或者辩护律师，或者由被害人法定代理人、被害人亲属或者被害人诉讼代理人提出申请适用刑事和解。对于加害人亲属或者辩护人、被害人法定代理人、亲属或者诉讼代理人提出申请的情形下，公诉机关办案人员经审查认为符合刑事和解条件的，同意适用刑事和解程序，刑事和解程序启动。在这种启动方式下，公诉机关办案人员需要审查辩护人、诉讼代理人提出适用刑事和解申请是否已经得到受委托人的同意。

第四种方式，委托人民调解委员会调解模式。该种模式由公诉机关提出，当事人同意，或者由当事人及其法定代理人、近亲属、辩护人、诉讼代理人等提出，公诉机关经审查认为符合刑事和解适用条件并同意适用，然后由公诉机关将委托刑事和解相关材料提交人民调解委员会，人民调解委员会经审查认为符合刑事和解适用条件并同意适用刑事和解的，告知双方当事人实施刑事和解的时间与地点，刑事和解程序启动。

第五种方式，律师主持调解模式。该模式由律师在看守所会见犯罪嫌疑人，告知犯罪嫌疑人案件可以适用刑事和解，征求犯罪嫌疑人是否同意适用刑事和解解决与被害人（被害方）的刑事矛盾的意见，犯罪嫌疑人同意的，律师联系被害人并征求或者说服被害人适用刑事和解，并告知被害人进行刑事和解的时间、地点，加被害双方同意的，刑事和解程序启动。

二、刑事和解程序的运行

在审查起诉阶段,在刑事和解成功启动之后,接着进入刑事和解程序运行阶段。

第一种刑事和解启动模式的和解程序实务操作方面,首先由办案人员告知双方当事人进行和解的时间和地点。通知调解的时间时要给双方当事人进行必要准备和来回路途花费的时间等预留出一定合理的时间,使双方当事人可以合理安排时间,从而确保当事人按时出席和参与刑事和解。刑事和解地点要安排在比较安全、温馨和可控的环境之下。比如可以安排在专门的调解办公室,还可以安排在中小型会议室等,在必要时可以安排法警在场外维持调解秩序以防不测。其次在当事人到达和解地点之后,由办案人员向双方当事人说明刑事和解过程双方的权利和义务,并再次确认双方当事人参与刑事和解是否自愿。

在双方当事人确认自愿参与刑事和解之后,接着进行下一个环节。一般是由办案人员询问加害人是否认罪。如果加害人认罪,就由加害人陈述案件的由来、案件发生的原因和案件发生的过程。接着由办案人员请被害人陈述其因受害所受到的影响,包括精神痛苦和经济损失甚至是名声等方面的损失,并说出自己的要求,可以是要求加害人赔礼道歉,还可以同时要求加害人赔偿经济损失。

办案人员接着询问加害人是否接受被害人提出的要求,如果接受,则可以先向被害人真诚地认罪、悔罪和赔礼道歉。然后就被害人提出的经济赔偿要求发表自己的看法。如果完全同意,且得到被害人接受和谅解的,刑事和解成功,由办案人员主持双方当事人制作刑事和解协议书,并由双方当事人在刑事和解协议书上签名。如果加害人认为被害人提出的赔偿请求过高不同意被害人提出的赔偿请求,办案人员可以接着引导双方当事人就赔偿数额方面再次进行协商和沟通。如果双方最终达成一致意见,且加害人得到被害人谅解的,由办案人员组织双方制作和解协议书。如果不能达成一致意见,但尚有可能达成和解的,办案人员可以经过一段时间再次组织双方进行和解。如果能达成和解的,主持双方制作和解协议书。如果不能达成和解,且认为和解不可能取得成功的,按照普通程序向法院提起公诉。

当然,对于这种模式,也不一定全部是按照"面对面"的刑事和解模式进行,还可以是实行"背对背"的刑事和解模式,尤其是在性侵犯等类型犯罪的案件中,为了避免被害人再次面对加害人而陷入"二次受害",在被害人不愿意实施"面对面"调解模式时,可以使用"穿梭"式的调解方式,通过办案人员转达一方和解意见给另一方的方式进行调解。最后,应向加害人说明,在刑事和解中作出不利于自己的陈述不作为法庭上加重其刑罚的证据。

第二种刑事和解启动模式的和解程序操作与第一种有所不同。在这种模式下,既可以由双方当事人自行和解,达成和解协议之后由办案人员对和解协议进行审查,比如对于双方当事人在刑事和解过程中是否为双方自愿达成和解协议,加害人是否认罪,达成和解协议是否合法等方面进行全方位的审查。因为这种和解模式很容易出现一方胁迫一方,或者一方受到欺诈而违心达成刑事和解的情形,或者双方达成的刑事和解违反了法律或者破坏了公序良俗或者侵犯了社会公共利益,或者和解协议不太合理等,比如和解协议规定加害人的赔偿数额过高而很有可能导致加害人根本不能履行等。

对于这些情况,应当不认定和解协议合法合理和有效,应建议双方当事人再次进行协商和达成新的和解协议。此外,对于这种模式达成的和解协议,还需要审查和解协议的履行方式是否可行等,并向双方当事人提出履行和解协议应当注意的问题。比如若是分期履行的,提醒加害人应当提供保证金或者保证人,还可以联系刑事和解协会所创办的企业,由加害人通过在刑事和解协会[1]所创办的企业打工所得偿还被害人等形式进行。以上这些都是未雨绸缪,为

---

[1] 我国有的地方已经建立刑事和解协会,苏州市于2013年12月31日成立了苏州市刑事和解救助协会,该协会属于由企业、个人自愿组成的全市性、专业性、非营利性的社会团体法人组织。

了防止日后所达成的刑事和解协议得不到履行或者当事人反悔而导致案件处理陷入被动而事先所做的准备。

对于这种和解模式，当事人之间大多是亲朋好友关系，或者是同事等熟人之间的关系，还有的是交通肇事类的刑事案件，当事人之间的对抗性不是很激烈。因此对于他们达成和解协议及履行方式等进行全面详细审查并作出说明，这也是为了防止日后发生新的纠纷而导致双方陷入新的矛盾当中。此外，还需对双方当事人说明不能就量刑问题进行协商，只能是被害人对加害人表示谅解和向司法机关提出从宽处理的请求。

第三种刑事和解启动模式相对应的和解程序运行与前两种和解程序又不相同。第三种模式主要是因为加害人被羁押、被害人为未成年人或者因残疾或者精神不太健全，为无行为能力人或者限制行为能力人而需要由法定代理人、亲属、辩护人或者诉讼代理人代为和解。但这里需要提出的是，对于这种和解模式，必须确认被羁押的加害人已经委托了其亲属或者辩护人。被害人如果不属于限制行为能力人或者无行为能力人的也必须委托其辩护人或者亲属代替其进行刑事和解。

强调这一点是为了防止加被害双方达成和解协议之后得不到加害人或者被害人的认可而浪费进行和解所需的人力物力财力等司法资源。对于这种模式，最重要的是发挥好律师的作用。因为当事人既然委托了律师进行诉讼并且替其进行刑事和解，说明律师深得当事人的信任，律师在刑事和解过程中所作出的和解建议和决定一般都会得到当事人的接受。

因此，应当充分发挥律师在刑事和解过程中的作用。另外，充分发挥律师在刑事和解中的作用还有一个好处，就是充分利用律师对于法律的精准把握，从而防止被害人"漫天要价"和打消加害人对刑事和解抱有的不切实际的幻想，从而使刑事和解能更加平稳合理地进行。因为在当前刑事和解过程中，有的被害人为了使自己利益最大化甚至利用刑事和解牟利而"漫天要价"，这不仅无助于当事人之间矛盾纠纷的解决，而且也不利于当事人成功达成和解协议。

加害人这一边，加害人通常认为自己赔偿了被害人的经济损失就可以得到司法机关大幅度的从宽处理，有的甚至认为自己赔偿了被害人那么多经济损失，不应当再受到刑罚制裁。若通过其辩护律师向其分析刑法相关规定，加害人就不会再抱有不切实际的幻想了，从而更利于双方当事人达成刑事和解协议，也有利于刑法得到统一和正确的执行。当然，当事人家属的工作也需要做好，应当向他们说明在刑事和解过程中，他们享有的权利和义务，同时向他们说明刑事和解过程中应当履行的义务。办案人员组织他们进行协商的时候要表现出真诚、同情和理解他们，想帮助他们的意愿，以取得当事人的信任和促进和解取得成功。

第四种刑事和解启动模式是检调对接模式。为了减少公诉机关的办案压力，充分利用调解委员会调解员调解实践经验丰富等优势，有的地方检察机关与人民调解委员会开始试行"检调对接"刑事和解模式。比如广西南宁市西乡塘区人民检察院、上海杨浦区人民检察院以及江苏南通市人民检察院等地方各级检察机关已经开始试行"检调对接"的刑事和解模式。比如广西南宁市西乡塘区人民检察院试行的"检调对接"模式就已经相当成熟，而且得到了广泛应用。南宁市西乡塘区人民检察院为了使"检调对接"顺畅进行，于2012年制作了"检调对接"的相关文件即《关于建立检调对接工作机制促进适用刑事和解办理轻微刑事案件的实施细则》。该细则对于"检调对接"定义[1]、适用刑事和解办理不起诉案件的条件范围、调解程序与工作制度、刑事和解协议书主要内容以及达成和解处理方式等方面进行了规范。其实，早在2002年7月，上海杨浦区司法局和公安分局就共同制定了《关于民间纠纷引发伤害案件联合进行调处的实施意见（试行）》，该实施意见指出，对于因琐事纠葛、邻里纠

---

[1] 该实施细则所指的"检调对接"机制，是指检察机关公诉部门在审查起诉过程中，对于可适用刑事和解的轻微刑事犯罪案件，应当告知当事人刑事和解内容和双方权利义务，告知人民调解制度的主要内容，在双方当事人自愿并接受人民调解的前提下，委托指定的人民调解组织在一定期限和规定范围内，依照人民调解的原则和程序，促成双方当事人达成刑事和解，从而为检察机关处理该刑事案件提供相关依据的工作机制。

纷引发的伤害案件，公安机关受理后，当事人双方愿意调处解决的，可以由派出所委托街道（镇）人民调解委员会进行调解。调处成功后，公安机关不再作为刑事案件或者治安案件处理。[1]

不管是当事人申请公诉机关同意还是公诉机关提出当事人同意适用刑事和解，在当事人填写了《人民调解申请书》以及公诉机关填写了《人民检察院移送调解函》并得到主管领导审批同意之后，都需要将案件有关材料移送指定的人民调解员负责调解。人民调解员接到检察院移送的材料之后，立即进行登记，对于符合人民调解的轻微刑事案件，在受理后次日组织各方当事人进行调解。关于调解的时间，犯罪嫌疑人在押的，刑事和解的时间为十五日内；犯罪嫌疑人不在押的，可以延长至三十日。但是刑事和解时间计入检察机关办案期限。

南宁市西乡塘区人民检察院的"检调对接"模式大概需要经过六个步骤：①人民调解组织于受理后次日确定专门的人民调解员开展调解工作，并负责将调解的时间、地点通知双方当事人及其委托人。②人民调解组织对于犯罪嫌疑人在押的案件，原则上应当在受理之日起十五日内完成调解；犯罪嫌疑人不在押的，可以延长至三十日内完成调解。③调解成功的，应当根据双方和解的内容制作《人民调解协议书》，并于次日将《人民调解协议书》和相关材料移送人民检察院审查；调解不成功或逾期未达成协议的，人民调解组织应当次日函告人民检察院，并将案件材料退回，调解程序终止，案件继续适用原程序处理。④审查通过调解协议的，人民检察院应当在五日内对案件作出处理决定；审查不通过的，人民检察院应当在五日内通知双方当事人，并书面说明未通过的理由。⑤人民检察院决定对犯罪嫌疑人作出不起诉决定的，可以召集双方当事人和人民调解员、其他有关人员公开宣布人民检察院不起诉的决定；对于情节较重或者协议事项尚未完全履行，人民检察院决定向人民法院起诉的，可以向人民法院提出在法定量刑幅度内从宽处理的建议。

---

[1] 参见王新清：《合意式刑事诉讼论》，载《法学研究》2020年第6期。

⑥犯罪嫌疑人或者其亲友、辩护人以暴力、威胁、欺骗或者其他非法方法强迫、引诱被害人和解的，或者在鉴定完毕之后威胁、报复被害方的，不适用不起诉的规定，已经作出不起诉决定的，人民检察院应当撤销原决定，依法逮捕犯罪嫌疑人或者提起公诉。南宁市西乡塘区人民检察院的"检调对接"流程图如下所示：[1]

```
┌─────────────────────────────────────────────────────────────────────┐
│ 人民检察院应当于收到案件的三日内告知双方当事人有申请人民调解组织调解的权利和需履行的义务。 │
└─────────────────────────────────────────────────────────────────────┘
                                    ↓
┌─────────────────────────────────────────────────────────────────────┐
│ 双方当事人自愿接受人民调解组织调解的，应当于收到告知的五日内由本人或者委托代理人向人民检察院提交《人民调解申请书》一式三份。 │
└─────────────────────────────────────────────────────────────────────┘
                                    ↓
┌─────────────────────────────────────────────────────────────────────┐
│ 人民检察院将双方当事人出具的人民调解书、起诉意见书、主要证据材料复印件等材料移送人民调解组织。 │
└─────────────────────────────────────────────────────────────────────┘
                                    ↓
┌─────────────────────────────────────────────────────────────────────┐
│ 人民调解组织应当于受理后次日确定专门的人民调解员开展调解工作，并负责将调解的时间、地点通知双方当事人及其委托人。 │
└─────────────────────────────────────────────────────────────────────┘
                                    ↓
┌─────────────────────────────────────────────────────────────────────┐
│ 人民调解组织对于犯罪嫌疑人在押的案件，原则上应当在案件受理之日起十五日内完成调解；犯罪嫌疑人不在押的，可以延长至三十日内完成调解。 │
└─────────────────────────────────────────────────────────────────────┘
                      ↓                                      ↓
┌──────────────────────────────────┐  ┌──────────────────────────────────────┐
│ 调解成功的，应当根据当事双方和解的内容制作 │  │ 调解不成功或逾期未达成协议的，人民调解组 │
│ 《人民调解协议书》，并于次日将《人民调解协议 │  │ 织应当次日函告人民检察院，并将案件材料退 │
│ 书》和相关材料移送人民检察院审查。           │  │ 回，调解程序终止，案件适用原程序处理。     │
└──────────────────────────────────┘  └──────────────────────────────────────┘
                      ↓                                      ↓
┌──────────────────────────────────┐  ┌──────────────────────────────────────┐
│ 审查通过调解协议的，人民检察院应当在收到《人 │  │ 审查不通过，人民检察院应当在五日内通知人 │
│ 民调解协议书》五日内对案件作出处理决定。     │  │ 民调解组织及双方当事人，并书面说明未通过 │
│                                    │  │ 的理由。                                │
└──────────────────────────────────┘  └──────────────────────────────────────┘
                      ↓                                      ↓
┌──────────────────────────────────┐  ┌──────────────────────────────────────┐
│ 人民检察院决定对犯罪嫌疑人作出不起诉决定的， │  │ 对于情节较重或者协议事项尚未完全履行，人民 │
│ 可以召集当事人双方和人民调解员、其他有关人 │  │ 检察院决定向人民法院提起公诉的，可向人民法 │
│ 员公开宣布人民检察院的不起诉决定。           │  │ 院提出在法定刑幅度内从宽处理的建议。       │
└──────────────────────────────────┘  └──────────────────────────────────────┘
                      ↓
┌─────────────────────────────────────────────────────────────────────┐
│ 犯罪嫌疑人或其亲友、辩护人以暴力、威胁、欺骗或者其他非法方法强迫、引诱被害方和解，或者在协议签订完毕后威胁、报复被害方的，不适用不起诉的规定，已经作出不起诉决定的，人民检察院应当撤销原决定，依法逮捕犯罪嫌疑人或者提起公诉。 │
└─────────────────────────────────────────────────────────────────────┘
```

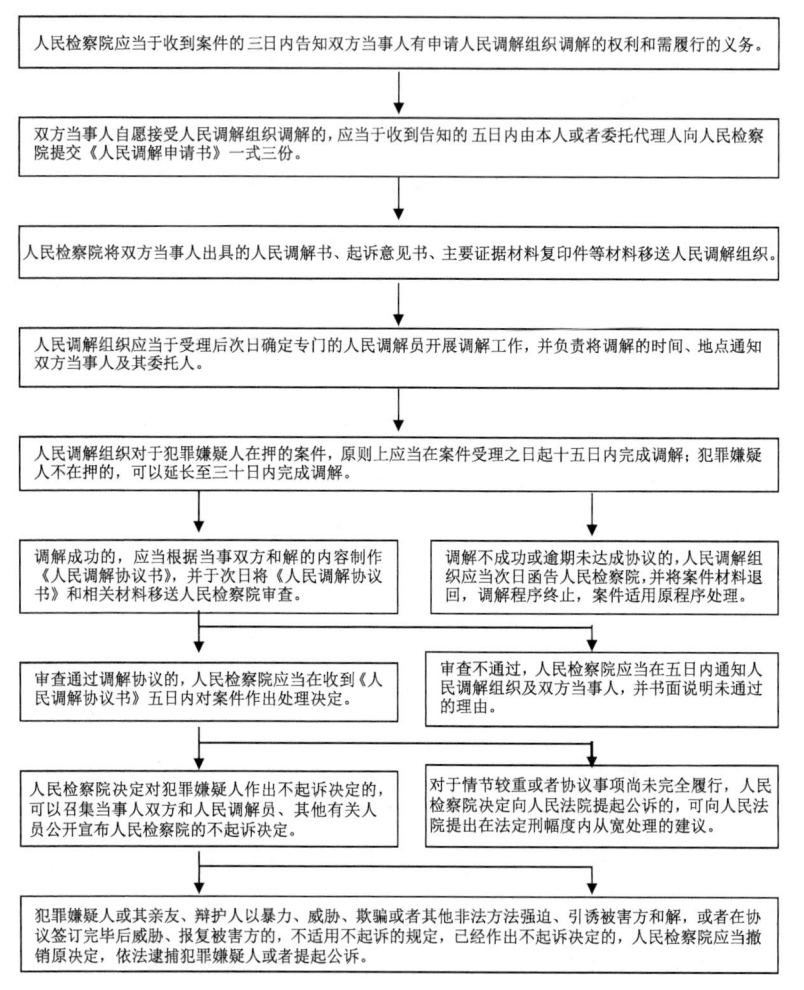

图 4-1-1　刑事和解案件流程图

---

〔1〕 材料来自南宁市西乡塘区人民检察院（2013 年）。

第四章 审查起诉阶段的刑事和解

南宁市西乡塘区人民检察院试行"检调对接"[1]以来取得了良好的法律效果与社会效果。下面这是通过"检调对接"方式解决的案例：[2]

案例 4-1-1：2012 年 4 月 24 日 0 时 30 分许，犯罪嫌疑人江某、黄某等人在南宁市西乡塘区南铁六街"严记"烧烤摊处吃烧烤时，因琐事与被害人苏某、曾某、冯某等人发生争执，后江某、黄某利用菜刀、电棍砍伤苏某、曾某、冯某，造成三被害人轻伤。公诉机关承办人听取了双方当事人的意见并核实了当事人参加刑事和解的自愿性和合法性之后，将该案移送南宁市西乡塘区人民调解委员会调解，双方经调解自愿达成和解协议：江某、黄某真诚悔过和向被害人赔礼道歉，并向被害人苏某、曾某、冯某赔偿经济损失人民币 22 万元，赔偿款已履行完毕，获得了被害人的谅解，请求公诉机关从宽处理。公诉机关对江某和黄某作出不起诉处理。

上述这个案例即是检察机关通过"检调对接"的方式进行刑事和解处理，在双方当事人达成刑事和解之后，检察机关对被告人作出不起诉的从宽处理。

另外，有一种新的"检调对接"的处理方式是犯罪主体为外国人的刑事案件，检察机关委托专业涉外调解机构进行调解。比如浙江省义乌市人民检察院对于涉及外籍人员犯罪的案件，如果符合刑事和解条件的，交由专门的涉外纠纷人民调解委员会进行调解。下面以一起外籍人员盗窃案适用刑事和解处理为例：[3]

---

[1] 南宁市西乡塘区人民检察院在 2013 年 9 月至 2014 年 9 月的刑事和解试点工作一年时间里，适用"检调对接"机制处理的刑事和解案件 14 件，赔偿金额 28.6 万元。检察机关因达成和解对被告人免予起诉 9 件 11 人。这些案件服判息诉率达 100%，实现了零上诉、零抗诉和零上访，有效地化解社会矛盾。参见南宁市西乡塘区人民法院：《南宁市西乡塘区人民法院探索构建刑事和解联动机制的主要做法》2014 年。

[2] 案例材料来自南宁市西乡塘区人民检察院（2013 年）。

[3] 参见张帅：《委托专业机构调处涉外刑事和解案件：义乌创立刑事和解"国际范本"》，载《金华日报》2013 年 11 月 7 日，第 A02 版。

案例 4-1-2：瓦某（也门籍）在义乌市某酒吧内偷走了热某（乌兹别克斯坦籍）一台 iphone5 手机，经鉴定价值手机 3800 元。该案送义乌市人民检察院审查起诉。该院征得受害人同意决定进行调解。该院委托义乌市涉外纠纷人民调解委员会进行调解。最终，双方当事人达成和解协议，热某对瓦某表示谅解。义乌市人民检察院对瓦某作出相对不起诉决定。

该案充分发挥了专门涉外纠纷人民调解委员会的专业性作用。随着中国国际化进程不断加快，在中国工作、学习和生活的外国友人越来越多。因此，有必要在一些影响力较大的市建立涉外纠纷人民调解委员会，以实现刑事和解的适用人群全覆盖，从而使外籍人员在中国犯罪或者受到犯罪行为侵害之后，也有平等地适用刑事和解的机会。

最后一种是律师主持调解模式。该模式由律师会见犯罪嫌疑人，犯罪嫌疑人自己表示愿意通过刑事和解方式解决与被害方刑事矛盾纠纷，或者犯罪嫌疑人同意律师提出的适用刑事和解方式解决与被害方的刑事矛盾纠纷。下面这起案件就是由律师提出适用刑事和解方式解决的案例：

案例 4-1-3：2020 年 2 月某日凌晨 1 时许，张某在桂林市火车站跟踪一女子，待该女子走到一阴暗巷子时，张某快步上前，从该女子后面用右手搂住该女子脖子，女子用手用力反抗，张某随即从身上拿出小刀，让该女子不要反抗并配合其实施强奸行为，由于该女子过度紧张，尽管尝试多次，但张某的阴茎无法硬起并插入该女子的阴道。后张某害怕有人过来，于是穿起衣服回家，该女子报警。公安人员通过街道的摄像头找到张某。张某对于其强奸该女子的犯罪行为供认不讳。

律师会见张某时，张某对于其强奸该女子的犯罪行为供认不讳，而且提出愿意赔偿该女子的经济损失，以取得该女子的谅解和司法机关的从宽处理。律师把犯罪嫌疑人张某想与被害人刑事和解的想法告诉主办检察官，检察官表示，同意由律师自己联系该女子，由律师代替犯罪嫌疑人张某与该女子进行刑事和解。律师尝试联系该女子，并约到一家饭店（包括犯罪嫌疑人张某的父母），双方边吃饭边和解，最终犯罪嫌疑人张某的父母向该女子表示道歉，并替张某向该女子赔偿4万元的经济损失。由于张某与该女子达成刑事和解协议，张某也认罪认罚，张某最终得到检察机关认罪认罚从宽处理的量刑建议。法院也对于张某与受害人达成刑事和解协议予以认可，并综合考虑张某的犯罪性质、情节以及赔偿被害人的损失取得被害人谅解的情况，判处张某有期徒刑二年十个月。[1]该案例就是典型的由律师主持刑事和解的模式。尽管律师在主持刑事和解的过程中，花费了很多时间[2]，但由于这种模式消除了双方的隔阂，刑事矛盾纠纷得到化解，犯罪嫌疑人张某最终也得到了司法机关的从宽处理，双方对于该模式均表示满意。

三、刑事和解的法律效果

在审查起诉阶段，对于达成刑事和解协议即和解成功后的法律后果主要有三种：一是作出不起诉决定；二是作出撤销案件决定；三是建议法院从宽处理。

对于第一种处理方式即不起诉处理的方式，根据《刑法》第13条、第37条以及《刑事诉讼法》第16条、第177条的规定，对于轻微刑事案件双方当事人达成和解之后，认为情节显著轻微、危害不大不认为是犯罪的，人民检察院应当作出不起诉决定。对于犯罪

---

[1] 参见广西壮族自治区桂林市象山区人民法院刑事判决书（2020）桂0304刑初140号。

[2] 与该女子同行的朋友认为赔偿不应少于10万元，而张某父母认为其儿子属于强奸罪未遂，只愿意赔偿3万元，这就给该刑事和解造成很大压力。眼见刑事和解即将失败，律师不断地对双方做思想和法律工作，并说明利弊，经过将近一天时间，最后双方同意犯罪嫌疑人张某的父母一次性赔偿被害人经济损失4万元，最终双方达成刑事和解协议。

情节轻微,依照法律规定不需要判处刑罚或者免除刑罚的,人民检察院可以作出不起诉决定。下面就是双方当事人刑事和解成功后公诉机关作出不起诉决定的案例:

案例4-1-4:2006年3月,刘某在某酒馆吃饭时与同在看电视的被害人黎某发生争执,刘某用木制椅猛击黎某头部,造成黎某轻伤。[1]

该案侦查终结后,公诉机关办案人员认为该案符合刑事和解适用条件并告知当事人。双方当事人均表示愿意适用刑事和解。双方就民事赔偿达成了和解,刘某一次性赔偿被害人各种损失4500元,并向被害人诚恳道歉。被害人对刘某表示谅解,并建议司法机关对刘某免于刑事责任。后公诉机关对刘某作出不起诉决定。

此外,根据《刑事诉讼法》第282条和《人民检察院刑事诉讼规则》第469条第1款规定,对于涉嫌《刑法》分则第四、五、六章规定可能判处一年有期徒刑以下刑罚,有悔罪表现,人民检察院可以通过附带要求未成年犯罪嫌疑人向被害人赔礼道歉、赔偿损失的刑事和解方式而作出不起诉决定。

第二种处理方式是撤回起诉或者撤销案件。在审查起诉阶段的刑事和解司法实践中,对于一些轻微刑事案件,双方当事人经和解达成和解协议之后,加害人真诚悔罪、赔礼道歉和赔偿损失,得到被害人谅解后,在法院作出判决前,公诉机关根据案件达成刑事和解的情况,认为行为人犯罪情节显著轻微,危害不大,不认为是犯罪的,可以通知公安机关撤销案件。而有的则是以退回公安机关撤案的方式处理。以下面这个案件为例:

案例4-1-5:2006年6月,犯罪嫌疑人向某某因怀疑妻子与同事李某有不正当男女关系,遂携带铁钳等候在石门一路附近,当看

---

[1] 参见龚佳禾主编:《刑事和解制度研究》,中国检察出版社2007年版,第314页。

到妻子和李某共撑一把伞后,顿起怒火,用随身携带的工具朝李某左肩打去,造成其左锁骨骨折,经司法鉴定部门鉴定构成轻伤。[1]

该案经公诉机关移送调解组织调解后,犯罪嫌疑人向某某对自己实施的犯罪行为后悔不已,并向被害人赔偿经济损失,被害人也表示放弃追究向某某的刑事责任。公诉机关办案人员经审查后认为,鉴于该案的双方当事人已经达成刑事和解协议,且经查明,犯罪嫌疑人怀疑妻子与同事李某有不正当男女关系那是一场误会,于是犯罪嫌疑人向某某真诚地向被害人李某悔罪、赔礼道歉和积极赔偿经济损失,被害人对于犯罪嫌疑人的真诚悔罪也予以谅解,该案双方当事人之间业已被破坏的社会关系已经得到迅速的修补,最终检察机关将该案退回公安机关建议另处。公安机关采纳了这一意见,并作出撤销案件的处理决定。这样的处理方式,既可以使犯罪嫌疑人得到非犯罪化的处理,从而避免犯罪嫌疑人因被入罪化处理而更加仇恨被害人及其妻子,进而造成回归社会难的困境出现,而且可以及时解开犯罪嫌疑人与被害人、犯罪嫌疑人与其妻子之间的误解和仇恨,[2]从而快速有效化解加害人与被害人之间的矛盾。但由于这样的处理方式没有法律的明确规定,因此饱受诟病。

第三种处理方式是建议法院从宽处理。根据《刑事诉讼法》第290条的规定,对于达成和解协议的案件,公诉机关可以向人民法院提出从宽处罚的建议。这种处理方式主要是由于案件和解之后既没有达到不起诉的标准,也没有达到撤销案件的标准,因此只能在双方当事人和解成功之后向法院提出从宽处罚的建议。这类案件一般是较为严重的刑事案件。下面这个案例就是如此:[3]

---

[1] 参见宋英辉、袁金彪主编:《我国刑事和解的理论与实践》,北京大学出版社2009年版,第193页。
[2] 参见张勇等:《刑事和解中检察机关能动司法的制度选择——基于上海经验的实证研究》,载《政治与法律》2010年第11期。
[3] 资料来源:广西贵港市港北区人民法院刑事判决书(2013)港北刑初字第170号。

案例 4-1-6：2012 年 12 月 3 日，黄某在某市港北区建设中路凤凰二街"大兄云吞"店门口烧烤摊消费时，因其开去的一辆小货车的电瓶被盗，便与烧烤摊摊主张某及周某发生口角。正当黄某同意与张某协商解决时，周某等人拿起啤酒瓶等殴打黄某。在互相斗殴的过程中，黄某用一把尖刀将周某捅成重伤。

在审查起诉期间，黄某与周某达成刑事和解协议，由黄某向周某真诚赔礼道歉并积极赔偿周某经济损失人民币 20 597.8 元，周某对黄某表示谅解。公诉机关向法院建议对黄某从宽处罚。法院最终以被害人有一定过错且双方已达成和解协议，黄某悔罪态度好，没有再犯危险，宣告缓刑对所居住社区没有重大不良影响为由，认定被告人黄某犯故意伤害罪，判处有期徒刑三年，缓期五年。

第二节　审查起诉阶段刑事和解存在的问题

在审查起诉阶段，同样存在侦查起诉阶段的刑事和解适用范围过窄、履行方式过于单一以及监督不足等问题。由于适用范围过窄和履行方式过于单一等弊端在侦查起诉阶段已有详述，在此不再赘述。

审查起诉阶段还存在刑事和解不起诉适用率偏低、过于注重金钱赔偿导致一些不利后果的问题。而在审查起诉阶段的刑事和解监督不足又有不同于侦查阶段刑事和解监督缺失的新情形出现，这些问题将在该节予以详细探讨。

一、刑事和解不起诉适用率偏低

对于达成和解协议刑事案件，根据《刑法》第 13 条、第 37 条以及《刑事诉讼法》第 16 条、第 177 条第 2 款的规定，公诉机关认为情节显著轻微、危害不大，不认为是犯罪的，人民检察院应当作出不起诉决定。因此，从法律上讲，酌定不起诉是法律明确赋予检察机关的权力，对于当事人达成刑事和解的案件，符合酌定不起诉条件的适用不起诉处理,这是有明确的法律依据的。

但由于受到考核指标和不起诉率的限制,而且与起诉到法院相比,不起诉程序繁琐、工作量大。且将来把不起诉案件作为案件质量检查的重点,这些都在无形中给办案人员带来了一系列的工作负担和心理压力,因此对于刑事和解之后符合酌定不起诉条件的案件适用酌定不起诉的处理方式受限。[1]这导致双方当事人通过刑事和解达成和解协议之后,适用不起诉处理方式的比例偏低。

有学者对北京市七城区(东城、西城、朝阳、海淀、丰台、大兴、昌平)检察机关于2003年7月1日至2005年12月31日期间的和解案件进行了统计,对于所有和解成功的轻伤害案件作相对不起诉处理的共129件,计142人,占和解案件总数和人数的比例分别为19.3%和18.7%。[2]

南宁市西乡塘区人民检察院2014年受理的案件为1000多件,适用刑事和解并作出不起诉处理的案件也不过十多件,委托人民调解组织和解的案件不过两三件。还比如根据学者对某市某区当事人和解的轻伤害案件数量及处理情况进行调研发现,该区2002年至2005年当事人和解轻伤害案件数量分别为:122件、103件、118件、85件。而同期通过酌定不起诉方式处理的案件数量分别为:1件、0件、1件、0件。

以酌定不起诉方式处理的案件数量占当事人和解轻伤害案件的比例均不超过1%。同期退回公安机关处理的轻伤害刑事和解案件的数量分别为:121件、102件、115件、83件;占当年轻伤害和解案件数的比例分别为:99.2%、99.0%、97.5%和97.6%。[3]此外,全

---

[1] 参见宋英辉主编:《刑事和解实证研究》,北京大学出版社2010年版,第42页。

[2] 参见北京市东城区人民检察院课题组:《北京市检察机关刑事和解实证研究——以轻伤害案件的处理为切入点》,载《和谐语境下的刑事和解学术研讨论文集》2006年。

[3] 参见黄京平:《刑事和解的政策性运行到法制化运行——以当事人和解的轻伤害案件为样本的分析》,载《中国法学》2013年第3期。

国所有公诉案件的不起诉率也偏低[1]，这从侧面也可以反映出适用刑事和解后，检察机关作出不起诉决定的比率偏低。

此外，有的基层检察机关适用刑事和解方式解决刑事纠纷的案件也不多。下面我们以广西河池市环江县人民检察院和桂林市雁山区人民检察院为例进行说明。据调研了解到的广西河池市环江县人民检察院公诉科检察人员关于办理刑事和解案件的相关情况，2016年至2018年通过刑事和解方式办理的刑事案件比较少，平均每年只有十来起案件启动了刑事和解程序，刑事和解案件的案由集中于交通肇事或者是由邻里纠纷引起的故意伤害案件，盗窃案偶尔有一两起案件会进行刑事和解。根据桂林市雁山区人民检察院2016年相关的数据显示，该检察院办理的刑事和解案件共8起，也多集中于邻里纠纷引起的故意伤害案件，其中有六人通过"面对面"协商平台达成刑事和解。[2]

因此，在审查起诉阶段，由于刑事和解需要耗费检察官大量的办案时间，承办检察官对于适用刑事和解办理刑事案件的积极性不高，从而使总体上适用刑事和解后作出不起诉处理的总案件量所占比例也偏低，大多数的轻伤害案件本应通过酌定不起诉的方式处理，但由于检察机关考虑到作出酌定不起诉决定的程序和手续繁琐，最终大部分案件都以退回公安机关的方式处理，这既违反了法律规定，也不利于公诉机关对于轻微刑事案件进行和解成功之后作出不起诉决定的案件分流功能的正常发挥。

---

〔1〕 全国检察机关：2007年审结732 878件，提起公诉711 144件，不起诉率为2.97%；2008年审结774 080件，提起公诉750 934件，不起诉率为2.99%；2010年审结794 939件，提起公诉766 394件，不起诉率为3.6%；2011年审结853 581件，提起公诉824 052件，不起诉率为3.5%；其中2009年数据无法查实。分别参见《中国法律年鉴》，中国法律年鉴社2008年版，第219页；《中国法律年鉴》，中国法律年鉴社2009年版，第197页；《中国法律年鉴》，中国法律年鉴社2011年版，第202页；《中国法律年鉴》，中国法律年鉴社2012年版，第208页。

〔2〕 以上数据来自广西河池市环江县人民检察院公诉科和桂林市雁山区人民检察院公诉科。

二、重刑事和解结果轻社会秩序恢复

在审查起诉阶段,无论是当事人自行和解模式还是由公诉机关办案人员主持刑事和解模式,或者是实施"检调对接"刑事和解模式,均存在过于注重对被害人物质方面的赔偿,忽视犯罪人与被害人之间的情感沟通与交流的问题。检察机关为了快速结案也几乎都是从犯罪人赔偿被害人经济损失入手,在刑事和解过程中也是以犯罪人与被害人之间的讨价还价为重点,从而忽视了被害人精神方面的治疗和遭受破坏的社会关系的恢复,从而使刑事和解显得过于功利,使刑事和解制度的发展偏离了初衷。[1]尤其是在"远离"司法机关监督的调解组织(主要指检调对接模式)调解过程中更是如此,把刑事和解的调解当成了双方当事人"讨价还价"的调解,至于加害人是否真诚悔罪、当事人之间的矛盾是否得到有效化解则易被忽略。

刑事和解之所以受到司法机关和当事人甚至社会大众的青睐和支持,很大程度上在于刑事和解具有有效修复当事人之间的矛盾和裂痕的功效,尤其是有效维护被害人利益的功效。刑事和解若欲发挥有效保护被害人利益以及修复当事人之间的矛盾的功效,则必须充分注重当事人之间的情感沟通,也就是要注重刑事和解的情感沟通过程。在有的刑事和解案件中,当事人之间已经完成了情感方面的修复,而对于物质方面的赔偿则不再计较了。

但当前在刑事和解实践中过于注重金钱赔偿和达成和解协议的结果,不太注重被害人精神方面的损失以及社会关系的恢复,这不利于化解当事人之间矛盾以及社会秩序的恢复。

三、刑事和解缺乏有效监督

公诉机关作为国家的法律监督机关,在刑事诉讼运作过程中起

---

[1] 刑事和解的初衷就是通过双方当事人的会面、沟通等方式,来剖析犯罪人的犯罪成因和双方当事人的过错,促使犯罪人悔罪改过,使双方关系以及社会关系得到快速修复。

着重大的法律监督作用。但是在审查起诉阶段适用刑事和解的过程中，谁来监督公诉机关？在当前的诉讼制度和法律框架下，侦查阶段适用刑事和解制度时由谁来监督检察机关主持的刑事和解程序？这确实是一个难题。因为在公诉机关前后存在着公安机关和审判机关。对于后者，当前很难对公诉机关刑事和解不起诉进行监督；而对于前者，虽然公诉机关适用刑事和解作出不起诉决定之后公安机关可以要求复议等，但实际上公安机关很少行使这一权力。因为在侦查过程中，公安机关是处于被检察机关监督的地位，公安机关也不太可能因为公诉机关在刑事和解达成之后不起诉提出复议而"得罪"公诉机关。

此外，即使公诉机关在主持刑事和解促成当事人达成和解协议的过程中与当事人存在"钱权交易"而作出酌定不起诉处理，行为人也不太可能因此而对公诉办案人员进行"举报"。目前检委会虽然能起到一定的监督作用，但是对于轻微刑事案件进行刑事和解而作出不起诉处理的情形，检委会一般认为通过刑事和解方式处理这些轻微刑事案件有助于化解社会矛盾和发挥刑事和解的案件分流功能等，从而不会也不太可能对于公诉机关对轻微刑事案件适用刑事和解作出不起诉决定当中存在的"钱权交易"进行有效的监督。

第三节 审查起诉阶段刑事和解制度的完善

一、简化刑事和解不起诉相关程序和完善考核机制

在审查起诉阶段，对于犯罪情节轻微的案件，在双方当事人达成和解协议之后，公诉机关认为依照刑法规定不需要判处刑罚和免除刑罚的，人民检察院可以作出不起诉决定。这是相对不起诉，属于法律赋予检察机关自由裁量权。但公诉机关在适用自由裁量权和作出相对不起诉决定之前，需要经过复杂的程序，履行比较繁琐的手续，同时作出不起诉决定还要受检察机关的考核指标等因素制约。比如公诉机关办案人员对一起达成和解的轻微刑事案件拟作出不起

诉决定的，需要先提出不起诉意见，再由公诉部门讨论，如果大多数人认为可以不起诉，再经部门领导同意报分管副检察长，经分管副检察长同意后报检委会讨论，经检委会讨论同意方可作出不起诉决定。在考核指标方面，检察机关还对不起诉率作出了非常严格的规定，如果违反了这个规定，在考核评比中就要被扣分，轻的要受到批评，重的会影响个人业绩与晋升。

因此，很多公诉部门的办案人员将不起诉视为"畏途"，作出不起诉决定不仅需要办理和履行一系列繁琐手续，而且在考核方面很"吃亏"，有一种"吃力不讨好"的感觉。如果完全按照正常的起诉程序将案件向法院提起公诉，然后在法庭上对于当事人在审查起诉阶段已经达成和解的案件向法庭提出对加害人从轻处理的建议，既省事又不会影响个人业绩和晋升。因此，在审查起诉阶段对于达成和解且符合相对不起诉条件的案件原本可以不起诉，但公诉机关办案人员为了私人利益或部门利益却诉了，由此导致大量不该流向法院的轻微刑事案件却流向法院，使法院承受了本不应该承受的压力。为此，必须简化审查起诉阶段达成刑事和解案件作出不起诉决定的审批手续，同时进一步完善公诉机关的考核机制。

首先，简化刑事和解不起诉审批手续。随着我国司法制度改革的进一步深入，检察官与法官的专业化和精英化进程进一步加快，尤其是在员额检察官制度改革背景下，赋予员额检察官更大的决定权。尤其是对于双方当事人达成和解协议符合酌定不起诉条件的案件，应当只需要员额检察官和检察院部门分管领导同意审批即可，而不必要再经过检委会讨论审批。

因为经过员额检察官和部门分管领导的审核批准同意，不仅专业把关方面已经足够，而且速度更快。据笔者从事司法实务经验的角度看，向检委会报批不仅时间拖得过长，而且专业把关方面并不比由员额检察官和部门分管领导审批同意具有更大优势。报检委会审批不仅要等检委会讨论，而且讨论过程需要耗时，如果讨论一次不通过或者需要承办人员重新核实案件某些事实和证据方面的材料留到下次开检委会再讨论,那需要花费更长的时间,因为检委会并非随时可以召开,两次检委会之间也有一定的时间间隔。这样当事人需要等待漫长的时间。因此对于达成刑事和解拟作出不起诉决定的案件,可以简化审批手续,加快不起诉决定作出的速度,节约办案人员的时间成本,从而促进轻微刑事案件和解不起诉的案件分流功能的正常发挥。

其次,完善考核机制。当前,由于检察机关对不起诉率实行严格的控制,造成了不符合司法规律现象的发生,导致一些可诉可不诉的案件全部向法院提起公诉。这样不仅违反了不起诉制度设立的初衷,[1]而且不利于保护被追诉人的合法权益。为此,必须完善考核机制,也就是不应该将不起诉率作为考核指标,而只应当将作出不起诉决定经核实为错案的,以及作出不起诉过程中出现"钱权交易"的腐败现象作为考核扣分,甚至违纪处分的指标和依据。

进而言之,对于公诉机关办案人员依法作出不起诉决定的案件,只要不是因错案和腐败而作出不起诉决定的,都不应当予以限制,而应当通过适当方式鼓励[2]对达成和解协议且符合不起诉条件的案件作出不起诉决定。

最后,适当提高办案人员适用刑事和解的工作补贴。办案人员适用刑事和解解决案件,虽然可以达到很好的法律效果和社会效果,但是通常而言需要投入相对于适用普通审查起诉程序更多的时间和精力。如果检察官适用刑事和解解决刑事纠纷,可以有效地解决加被害双方的刑事纠纷,从整个刑事司法系统来看,适用刑事和解确实可以起到节约司法资源的目的。但是对于具体的办案部门和具体的办案人员而言,却有可能增加了很多工作量。

因此,为了提高办案人员适用刑事和解的积极性,除了从考核

---

〔1〕 有学者认为不起诉制度符合现代刑法的"非刑事化政策",同时具有诉讼经济效益价值,符合刑罚个别化刑事理论,有利于保护当事人合法权益。参见樊崇义、冯中华主编:《刑事起诉与不起诉制度研究》,中国人民公安大学出版社 2007 年版,第 174~176 页。

〔2〕 广西南宁市检察机关对于达成和解案件作出不起诉处理等考核标准为一件当作普通案件的两件来处理。这样就有利于提高办案人员适用刑事和解不起诉处理的积极性。

机制等精神层面予以办案人员鼓励之外，还可以通过适当的物质层面给予办案人员鼓励。比如可以通过适当提高办案人员适用刑事和解的工作补贴，对以和解方式结束案件的承办人员的绩效考核适当倾斜等物质鼓励和精神鼓励方式来提高办案人员适用刑事和解的积极性。

二、将恢复作为刑事和解的前提条件

德国刑法学者罗克辛曾言，"恢复[1]作为一种我们惩罚制度中的'第三条道路'，提供了法律政策方面的合理习惯基础，就像在保安处分作为'第二条道路'代替或者补充刑罚时，保安处分从特殊预防的必要性方面考虑是不恰当或者仅仅具有有限的恰当性那样，在将恢复作为'第三条道路'来减轻刑罚或者代替刑罚时，恢复与未减轻的刑罚相比，却能够使刑罚目的和被害人的需求得到同样的或者更好的实现和满足。"[2]

当下，刑事和解当事人以及司法机关对于刑事和解的理解与实践逐渐异化为犯罪人赔偿被害人经济损失，得到被害人谅解之后，司法机关便对犯罪人从宽处罚。这样处理没有从根本上恢复被害人受到的损害，没有恢复已经被破坏的社会关系。因此，这就导致外界质疑刑事和解是否为"花钱买刑"，从而使刑事和解得不到有力支撑。因此，必须将恢复作为刑事和解的前提条件。

首先是被害人所受损害的恢复。在刑事和解中，被害人损害恢复包括精神方面的恢复与经济受损的恢复。刑事和解对于被害人的精神方面的恢复和经济方面的恢复应该是平衡的恢复。其中主要以被害人精神损害的恢复为主。而经济损害的恢复则是以精神损害的恢复为目标。换一个角度而言，犯罪人积极赔偿被害人经济损失，则是体现了犯罪人的悔罪态度和恢复被害人所受损失的意愿。但这

---

[1] "恢复"这一词也许翻译为"修复"或者"修正"更为妥当，因为已经被破坏的社会关系或者被害人所受伤害，已经受到破坏不可能再恢复回原状，因此只可以修复或者修正。但多数学者还是译为恢复，为了照顾语言翻译习惯而翻译为恢复。

[2] Claus Roxin, *Strafrecht Allgemeiner Teil*, 3 Aufl., Bd. I, C. H. Beck, 1997.

并非唯一,最终体现犯罪人悔罪态度的是通过自己的真诚悔罪、赔礼道歉和赔偿损失等形式,使被害人所受损失得到全面和真正的恢复,而不是仅仅通过物质损失赔偿方式来达到和解。因此,"伟人和富翁都不应有权用金钱赎买对弱者和穷人的侵犯。"[1]

其次是恢复犯罪人与被害人之间的关系。犯罪人与被害人之间关系的建立是基于犯罪人实施犯罪行为,实施的对象为被害人。但这种关系是不正常、不和谐和以被害人受到侵害为特征的关系。因此,要恢复正常的、和谐的关系以及被害人受到的侵害,必须恢复犯罪人与被害人之间的关系。因为社会的和谐是由一组组人与人之间和谐关系而构成的。因此,为了构建整个社会的和谐,必须恢复犯罪人与被害人之间的关系。而恢复犯罪人与被害人之间的关系主要是以犯罪人向被害人真诚悔罪和赔礼道歉为前提,同时以弥补被害人受到的经济损失为后盾来构筑的。

最后是恢复被破坏的社会关系。在刑事和解过程中,通过和解主持人或者在制定和解操作规程的时候注重强化刑事和解情感交流,从而治愈被害人所受的精神创伤。为此,必须强化刑事和解真诚悔罪的前提条件。在西方国家也是如此,有的实施故意杀人行为的被告人甚至在被判死刑且生效之后还实施刑事和解,这就体现了真诚悔罪或者说精神方面的沟通与交流在刑事和解中的极端重要性。

在美国,一个被害人母亲通过德克萨斯州刑事和解程序原谅了杀死自己女儿的死刑犯。在会面程序中,这个被害人的母亲了解到罪犯在童年时期就遭到暴力、性虐待,以及有摄入毒品的不良倾向,从而走上了犯罪道路。而令罪犯释然的是,他知道了被害人的母亲不止一个小孩且没有阻断她做奶奶的机会。罪犯同时意识到,他的犯罪行为不仅杀死了被害人还影响了一整个家庭。经过刑事和解,令被害人母亲惊讶的是她对于罪犯的看法改变了,她不再将罪犯仅仅看作是一个杀了她女儿的死刑犯,而是一个人。当她听到罪犯要

---

[1] [意]贝卡利亚:《论犯罪与刑罚》,黄风译,中国法制出版社2003年版,第84页。

负责的时候她沉重的心情得到了缓解，她消极的情感也消失了。[1]在某种程度上，这是因为被害人受到的精神损害以及被害人与犯罪人之间的关系均已经得到恢复。因此强调将恢复作为刑事和解的前提条件尤为重要。

当然，刑事和解理论与实践，其实就是因被害人学的勃兴而兴起的，刑事和解制度一改国家公权力仅仅关注被追诉人而忽略被害人的国家公权力垄断司法权的局面，转向更加关注被害人和更加注重社会关系修复的司法理念，当然在其中由于被害人对被追诉人的谅解以及司法机关对被追诉人的从宽处理，被追诉人无形中也得到了整个社会更多的"人文关怀"，当事人双方对于能够有更多机会参与司法而感到更加的满意，也体现了司法民主性。因此，可以说，刑事和解制度对于加被害人以及整个社会能够达到一种"多赢"的局面，包括司法机关本身。因为通过刑事和解制度解决刑事案件，当事人也更加服判息诉，往上走司法程序的冲动就大大减少，司法机关的资源耗费也因此减少，这样司法机关就能集中更多精力去应对一些疑难复杂的案件。因此，关注被害人所受的精神和经济损失的修复应当是整个刑事和解制度的核心。正如有的学者所言，"被害人运动兴起，恢复性司法理念深入人心，刑事和解、协商性司法等新的刑事诉讼制度和程序不断涌现。进入21世纪以来，刑事和解在我国开始实践并为2012年刑事诉讼法所肯定。"[2]

三、加强审查起诉阶段对刑事和解的监督

首先是加强法院和公安机关对审查起诉阶段刑事和解的监督。从理论而言，公诉机关对于被告人所作出的不起诉、撤诉等处理都会涉及对于被追诉人是否构成犯罪和是否需要承担刑事责任的判断

---

[1] See Rachel Alexandra Rossi, "Meet Me on Death Row: Post-Sentence Victim-Offender Mediation in Capital Case", *Pepperdine Dispute Resolution Law Journal*, Vol.9: 1, 2008, p.209.

[2] 王新清：《合意式刑事诉讼论》，载《法学研究》2020年第6期。

权，而这是理应属于法院的司法判断权。但在现代的司法制度构建中，为了让公诉机关在审查起诉阶段发挥好分流功能以及充当好法官裁判入口把关者的角色而赋予公诉机关一定的自由裁量权和判断权，这是符合司法分工与司法运作规律的。但不管是什么样的权力，都应该得到有效监督才不会被滥用。赋予法院对于公诉机关审查起诉阶段的刑事和解监督权则是符合刑事诉讼法规定公检法三机关在刑事诉讼中"分工负责，互相配合，互相制约"的关系的。具体的监督方式是可以要求公诉在达成和解之后拟作出不起诉决定之前与法院进行沟通，听取法院的意见后再作决定。

同理，公诉机关在案件达成和解协议之后，拟作出不起诉之前，也可以与公安侦查机关沟通，以示对于公安机关侦查行为和意见的尊重，也是符合刑事诉讼法规定的三机关在刑事诉讼中的分工负责，互相配合和互相制约的关系，这也有利于三机关之间在适用刑事和解时互相监督。

其次是发挥上级检察机关的监督作用。上下级检察机关之间是领导与被领导的关系。因此，对于审查起诉阶段刑事和解进行监督，应当充分发挥上级检察机关对下级检察机关的监督指导作用，从而使下级检察机关办案人员不敢利用刑事和解进行"钱权交易"。监督可以以定期抽查与汇报相结合的方式进行。通过上级检察机关对于达成刑事和解案件作出不起诉决定等相关材料进行定期抽查，或者由下级检察机关定期向上级检察机关汇报近期对于轻微案件达成和解后作出不起诉处理决定等公诉业务情况相结合的方式，以加强上级检察机关对于下级检察机关适用刑事和解作出不起诉处理决定的案件的监督。

再次是发挥人大的监督作用。检察机关作为法律的监督机关，具有广泛的法律监督权，但"谁来监督检察机关"？这是人们经常思考的问题。当前，根据检察机关由人民代表大会产生的机制，通过人大对检察机关进行监督是一种较为可行的监督方式。根据宪法，检察机关由人民代表大会产生，对人大负责，受人大监督。因此，发挥人大对检察工作的监督作用非常有必要和有效。人大对检察工作进行监督包括对于公诉机关达成刑事和解作出不起诉决定的监督，可以通过加强执法监督，组织人大代表到检察机关检查台账，深入一线听取群众对于包括刑事和解不起诉决定等检察相关执法工作的意见等方式进行，从而有效遏制公诉机关在实施刑事和解的过程中出现腐败现象。

最后是加强检察机关纪检部门的监督。检察机关的纪检部门对检察机关各部门具有监督职能，除了接受群众举报等消极型监督之外，还应当主动地对公诉部门等业务部门适用刑事和解等业务的展开进行广泛的和有效的监督。具体的监督方式包括加强对公诉机关执法办案活动包括审查起诉阶段实施刑事和解的活动进行监督，同时也可以适时对审查起诉过程中实施的刑事和解开展专项检查，尤其是对公诉部门适用刑事和解作出不起诉决定等检察业务进行监督。通过以上措施，可以提高对于审查起诉阶段适用刑事和解进行的监督的有效性。

CHAPTER5 第五章
审判阶段的刑事和解

在审判阶段适用刑事和解的案件，除了轻微刑事案件外，还包括较为严重的刑事案件，其中不排除对于死刑案件适用刑事和解。到了审判阶段，对于在侦查阶段和审查起诉阶段都没有达成刑事和解的案件，如果该阶段尚有达成刑事和解的可能，则案件主办人也可不失时机地促成当事人进行刑事和解，以有效地解决当事人之间的刑事纠纷，促进社会和谐。因此，在该阶段被害人所受的精神伤害和经济损失仍然需要得到治疗和补偿，加害人也急需在刑事审判阶段通过自己真诚悔罪、赔礼道歉和赔偿损失等方式取得被害人的谅解和司法机关的从宽处理。

在2012年《刑事诉讼法》出台和刑事和解制度入法之前，刑事审判机关在司法实践中就不断地动员被告人通过向被害人道歉和积极赔偿被害人经济损失的方式，取得被害人的谅解和对被告人从宽处理。被告人在认罪悔罪、赔礼道歉和赔偿损失后取得被害人的谅解和司法机关的从宽处理，从宽的幅度一般大于纯粹通过赔偿经济损失的从宽幅度。这其实就是"附带民事诉讼转刑事和解"的典型，这也说明了适用刑事和解解决刑事案件，加害人得到司法机关从宽处理的幅度要大于附带民事诉讼中得到司法机关酌定从宽处理的幅度。刑事审判人员这种动员被告人真诚悔罪、赔礼道歉[1]和积极赔

---

〔1〕 在某一故意杀人案的庭审上，某审判长曾经让一被告人下跪向被害人亲属道歉

偿经济损失的做法，其实就是刑事和解的雏形。

审判阶段刑事和解的模式有自行和解模式、审判机关主持和解模式和人民调解委员会调解模式等，每种模式又有不同的运行程序。当前审判阶段的刑事和解还存在一些问题，需要从立法等方面进行完善。

第一节 审判阶段刑事和解实务

当前，审判阶段刑事和解程序得到了广泛应用和长足进展，有的地方已经形成了一套比较成熟的刑事和解程序的运行流程和标准。在刑事审判阶段，中立的审判机关和审判人员赋予了双方当事人更多的参与和提出自己处理矛盾纠纷建议的机会，这就为在刑事和解过程中提倡双方当事人通过协商方式解决刑事纠纷提供了非常良好的外部环境。

一、刑事和解概况

在刑事审判阶段，刑事和解程序的启动有三种方式：一是当事人或者当事人的辩护人、诉讼代理人、法定代理人或者当事人的近亲属提出，经审判机关审查，对于符合刑事和解条件的案件同意适用刑事和解；二是经审判机关办案人员审查，对于符合刑事和解条件的案件，告知当事人可以适用刑事和解，当事人同意适用刑事和解；三是在前两种模式的基础上，还需由司法机关办案人员将刑事和解相关材料移送人民调解委员会，委托人民调解委员会调解员组织调解，人民调解委员会调解员经审查，符合刑事和解条件的，同意适用刑事和解。在当前，第一种、第二种方式较为常见，而第三

（接上页）和赔礼道歉，加之之前被告人亲属已经积极赔偿了被害人亲属的经济损失，该被告人最终得到被害人亲属的谅解，被告人最终得到法院从宽处罚，被告人最终以故意杀人罪被判处死刑，缓期二年执行。

种方式也有部分地方司法机关在使用。[1]下面分别对三种刑事和解模式的启动程序进行分析。

在第一种模式当中，一般是由被告人的近亲属、辩护律师向法官提出适用刑事和解处理的意见，经法官审查案件符合适用刑事和解条件的，由法官向被害人或者被害人的法定代理人、诉讼代理人或被害人近亲属转达被告人近亲属、辩护律师提出适用刑事和解的意见，如果被害方同意适用刑事和解，刑事和解程序启动。这种情形在当前审判阶段的刑事和解司法实践当中是非常普遍的。因为中华民族家庭观念非常深，一旦某一家庭成员有难，其余家庭成员一般都会竭尽全力予以帮助，可谓"亲情血浓，手足情深"。因此对于这种由家庭成员提出适用刑事和解的案件，法官等办案人员应向被告人的亲属或者辩护律师等说明在刑事和解过程中他们享有的权利和应承担的义务。同时法官对于加害方提出适用刑事和解的建议也应当予以鼓励。

笔者曾经办理过一起故意伤害致死的案件。这是一起共同故意伤害案：[2]有五个被告人与被害人发生口角之后共同对被害人实施故意伤害行为，致被害人抢救无效死亡。作案后，其他四个被告人被抓获并被判处刑罚和赔偿被害人的经济损失五万多元人民币，由于其他四个被告人家境贫穷，判决作出后没有赔偿被害人任何经济损失，被害人父亲为了讨回附带民事赔偿款成了老上访户。而本案的最后一名被告人一直在逃，过了将近七年才被抓获。在被公诉机关以故意伤害罪起诉到法院之后，由于姐弟情深，被告人的姐姐就迫不及待地向法院提出可以全额赔偿被害人的经济损失，被告人辩护律师也同意被告人姐姐的意见并力倡使用刑事和解解决纠纷，以取得被害方谅解和司法机关从宽处理。被害人父母经济条件也非常差，急需一笔经济赔偿款改善生活。经法院转达被告方的意见之后，

---

[1] 据了解，目前在上海杨浦区人民法院和广西南宁市西乡塘区人民法院等地方法院已经开始适用第三种方式即"审调对接"的刑事和解模式，以减轻审判机关办案压力。

[2] 也就是下面即将列举的案例5-1-1韦某故意伤害致死案。

被害方同意适用刑事和解,刑事和解启动。

第二种模式即主办法官主动告知的方式。这也是目前法院普遍适用的一种方式。因为在当前社会转型以及构建社会主义和谐社会大背景之下,为了及时化解社会矛盾以及减轻被害人上访压力,法官对于符合刑事和解的案件一般都会与被告人或者被告人家属联系,向被告人及其家属说明可以在法庭内外向被害人赔礼道歉和赔偿损失,力争取得被害人的谅解和司法机关的从宽处理。刑事法官当前办案不仅要求效率,更需要法律效果和社会效果的有机统一。正因为如此,在刑事审判阶段适用刑事和解似乎已经成为当下刑事法官办案过程中的一种"本能"。

因此刑事法官一接到刑事案件材料[1],如果被害人提起附带民事诉讼,主办法官一般都会电话通知和鼓励被告人或者被告人家属先向法院缴纳被害人的经济赔偿款,同时在适当的时机向被害人表示悔罪和赔礼道歉,力争得到被害方谅解和司法机关从宽处理。如果被告人或者被告人亲属同意,则向被害人征求意见,了解其是否愿意接受加害方的赔礼道歉和经济赔偿,如果被害人愿意,则刑事和解程序启动。这种方式也不排除法官发现案件可以适用刑事和解方式解决,先告知被害人,如果被害人同意则征求被告人意见,被告人也同意适用刑事和解程序解决的,则刑事和解程序启动。

第三种模式是刑事和解"审调对接"模式。在当事人提出且审判机关同意,或者审判机关提议且当事人同意适用刑事和解的前提下,审判机关根据相关规定,把刑事和解相关案件材料移送受委托的人民调解组织,由人民调解组织调解员审查案件是否符合适用刑事和解的条件。符合适用刑事和解条件的,由人民调解组织来通知双方当事人进行调解,刑事和解程序启动。

这种模式可以称为"审调对接",有的地方还形成了标准比较统一具体的刑事和解启动程序。比如南宁市西乡塘区人民法院与西乡

---

[1] 这里是指有受到人身损害的自然人被害人,主要包括交通肇事罪、故意伤害罪、故意杀人罪和故意毁坏财物罪等。

塘区司法局的"审调对接"就是如此：在刑事审判过程中，对于符合刑事和解适用条件的案件，及时告知当事人有申请人民调解的权利，双方当事人应向人民法院提交申请调解书，由刑事审判庭主办人填写《人民法院移送调解函》和《轻微刑事案件移交和解审批表》，报经庭负责人、分管副院长同意后，将案件有关材料移送人民调解组织调解员负责调解，同时将《人民法院移送调解函》抄送西乡塘区司法局。人民调解员在接到法院移送的材料后，应立即予以审查登记，对于符合和解条件的刑事案件，在受理后次日组织各方当事人进行调解。

二、刑事和解程序的运行模式

正如上面所述，刑事和解程序的启动方式大概有三种模式。在成功启动之后，接着就进入刑事和解的和谈、协商程序。

在第一种模式中，当事人提出申请得到审判机关办案人员审查同意之后，办案人员应当向当事人说明适用刑事和解应当遵循自愿、合法的原则，以及双方当事人所拥有权利与所应承担的义务。[1]在会谈中，可以采取面对面的沟通协商方式，也可以采取由法官转达一方的协商意见，然后把意见转达给另一方的"背靠背"和解方式。如果是面对面的会谈、协商方式，法官首先与双方约好时间和地点。约定的时间应当给双方当事人预留准备和解的时间以及路途来回的时间。关于调解的地点，应当选择一个能够确保环境安全性和具有可控制性的地点，比如可以安排在气氛温馨的调解办公室进行，必要时配备法警，以防止当事人双方产生新的暴力冲突而发生新的故意伤害事故。

---

〔1〕根据南宁市西乡塘区法院与南宁市西乡塘区司法局联合制定的"审调对接"相关文件规定，当事人在人民调解活动中享有下列权利：①选择或者接受人民调解员；②接受调解、拒绝调解或者不公开进行；③要求调解公开进行或不公开进行；④自主表达意愿、自愿达成调解协议。当事人在人民调解活动中履行下列义务：①如实陈述纠纷事实；②遵守现场调解秩序，尊重人民调解员；③尊重对方当事人行使权利。

如果是双方自行进行刑事和解的,法官应当告知双方当事人必须在自愿、合法以及不侵害国家、社会公共利益并且不违反社会公序良俗的原则下进行,并且说明刑事和解只能就被告人悔罪、赔礼道歉和赔偿损失以及被害人及其法定代理人或近亲属是否谅解被告人、是否接受被告人道歉及补偿方式、被害人及其法定代理人或近亲属是否同意或要求司法机关对被告人从宽处理或者不追究刑事责任等事项进行协商,是否构成犯罪、构成何罪以及罪轻罪重等内容不应成为刑事和解会谈的内容,但被害人可以作出谅解被告人的表示和向司法机关提出对被告人从宽处理的请求。在刑事和解的过程中,法官同时应告知双方当事人,在会谈过程中被告人的发言以及许诺等不会成为刑事和解不成功之后加重被告人刑罚的依据,提醒双方当事人对于刑事和解协议内容应注意保密,尤其是对于性侵犯等可能涉及个人隐私的刑事案件的刑事和解协议内容的保密。

双方自行和解成功后,承办法官还应当审查和解的自愿性、合法性以及和解协议内容的合法性、合理性等,同时审查和解协议双方当事人是否已经签名等。如果和解是由案件主办人主持的,除了需要注意上述的原则和事项之外,还应当引导双方当事人进入一种友好的氛围和安全的环境当中,必要时还可以引导被害人向被告人发问,使被害人知道为什么被告人对他实施侵害行为,同时向加害人叙说侵害行为给他带来的痛苦和影响。通过叙说受害经历体验,使其减轻和摆脱因受害造成的心理阴影。同时,加害人应说出其实施犯罪行为的真正原因,真诚地向被害人悔罪、赔礼道歉和赔偿损失。经过这样的会面商谈,受害人的愤怒情绪得以发泄,痛苦得以释放,他可以通过减轻内心深处的紧张和压力而得以解脱,从而回复到正常的生活轨道上来。因此,刑事和解的过程对于被害人而言也是受到创伤后的一次心灵治疗过程。[1]对于达成和解协议的,办案人员应主持双方制作和解协议书。

---

[1] 参见王平主编:《恢复性司法论坛》(2006年卷),群众出版社2006年版,第26页。

需要强调的是，在审判中进行刑事和解的前提条件是加害人的真诚悔罪。如果加害人不是以真诚悔罪为前提，而是自恃手中有钱有势而想仅仅通过赔钱的方式与被害人达成和解协议，从而得到被害人的谅解和审判机关的从宽处理，这是不允许的。因为如果加害人不真诚悔罪而只是企图通过赔钱的方式达成和解，从而得到司法机关的从宽处理，不仅难以得到被害人的谅解，而且双方当事人之间的矛盾也难以得到有效解决，有时甚至会激起新的矛盾，这与刑事和解有效化解当事人之间矛盾、有利于加害人重返社会以及有效预防犯罪的初衷不相符。虽然我们不赞同通过无节制的刑罚惩罚即通过"烙印化的羞耻"来达到预防犯罪的目的，但是我们也不能放弃通过"重整性的羞耻"来达到预防犯罪的目的。[1]

当前，双方当事人自愿达成和解协议的情形并不多，但在地方法院的司法实践中也有部分当事人在审判过程中自行达成刑事和解协议，而且案件类型主要为故意伤害罪和交通肇事类犯罪。比如在广西平南县人民法院，从 2010 年至 2014 年的五年时间里，经过和解结案的刑事案件数是 133 件，加害方与受害方自行和解的案件数是 48 件，占所有刑事和解案件数的 36.1%，其余的案件是由法官主持和解，没有委托人民调解委员会调解。所有达成刑事和解的 133 件案件中，故意伤害案为 34 件，交通肇事案为 15 件，分别占的比例为 25.6% 和 11.3%，两类案件数量占了所有刑事和解案件总数将近四成。由当事人或者当事人的诉讼代理人或者辩护人提出适用刑事和解，经法官审查同意适用刑事和解解决的案件，还是比不通过刑事和解解决案件的法律效果和社会效果更好。但是在这种模式的刑事和解中，当事人一般都会有自己的利益要求。法官在主持这类刑事和解案件过程中可能会遇到一些问题，这需要法官认真应对，下面以一起刑事和解案件为例：[2]

---

〔1〕 参见［澳］约翰·布雷思韦特（John Braithwaite）：《犯罪、羞耻与重整》，王平、林乐鸣译，中国人民公安大学出版社 2014 年版，第 41 页。

〔2〕 案件材料来源：广西贵港市中级人民法院（2011 年）。

案例 5-1-1：2004 年 7 月 6 日凌晨，戚某和叶某（二人已被判刑）与岑某发生口角，被岑某用雨伞打了一下后，遂跑回某出租房叫人来帮忙打架。同住在出租房内的林某、黄某、刘某（三人已被判刑）与被告人韦某听到戚某叫喊后，便一起冲出来，用街上支撑遮阳伞的竹棍打岑某，被害人邓某上前阻拦后被韦某等人用竹棍打头部致颅脑损伤当场死亡。被告人韦某作案后开车搭载其他同案人逃离现场。2011 年 4 月 15 日，公安民警接到群众电话报案后将韦某抓获归案。公诉机关以被告人韦某犯故意伤害罪提起公诉，被害人邓某的父母提起附带民事诉讼，请求法院判处被告人赔偿经济损失 10 万元人民币。

该案在开庭审理前，被告人的姐姐韦某丽向法院表示，其愿意替其弟弟韦某筹钱赔偿被害人父母的经济损失，以取得被害方的原谅和法院的轻判。被告人的辩护律师也同意被告人姐姐的意见，并且多次亲自向法院转达被告人愿意通过悔罪和赔偿的方式与被害方和解。法院把被告人、被告人姐姐及被告人辩护人愿意通过和解方式解决的意愿，向被害人父母转达。被害人父母表示愿意与被告人姐姐及辩护人谈一谈。在和解协商之初，被告人姐姐表示愿意赔偿被害方 3 万元人民币，被害人父母表示不同意，要求赔偿 10 万元人民币。后来被告人姐姐表示愿意赔偿之前法院判决书中要求已被判刑的几个共犯附带民事诉讼人民币共计 6 万元人民币，但需法院承诺对被告人的量刑在三年有期徒刑以内，否则就不赔偿被害方的经济损失。被告人父母同意被告人姐姐替被告人赔偿被害人 6 万元人民币，同时谅解了被告人。被害人父母同意被告方的意见，同时请求法院判处被告人一年至三年的有期徒刑，给被告人一个教训就可以了。

由于被害人父母经济条件非常差，被害人父亲靠卖豆腐为生，而被害人母亲还长期有病在身，由于儿子被杀死，这导致被害人母亲精神方面轻微失常，因而被害人父母也非常希望得到被告人姐姐代替被告人赔偿的 6 万元人民币。对于该案的处理，法院陷入了为难之中。根据《刑法》第 234 条的规定，故意伤害致人死亡的，处十年以上有期徒刑、无期徒刑或者死刑。如果被告人没有任何的法定从轻或者减轻情节，则需要在最低法定刑即十年以上有期徒刑幅度内量刑。对于加被害双方量刑方面的请求和法律规定之间的冲突如何权衡？这是不小的难题。

事实上，该案经过了将近七年时间之后，被害人父母遭受的精神伤痛已经大为减轻。因此被害人父母愿意通过谅解被告人，请求司法机关判处被告人一年至三年刑期的方式换取得到被告人亲属赔偿的 6 万元。合议庭经过合议认为，为了使罪责刑相适应，认定被告人为从犯，并且量刑时依法减轻处罚。最终以被告人犯故意伤害罪，判处被告人五年有期徒刑。并且请被告人的辩护律师向被告人说明该案本来应该在十年有期徒刑以上量刑，现在认定其为从犯，判处有期徒刑五年，这已经体现了司法机关对被告人的从轻处罚。之后被告人的辩护人做了被告人及其亲属的法律和思想工作，被告人及其家属同意合议庭拟判处被告人有期徒刑五年的决定。最终法院以被告人犯故意伤害罪，判处有期徒刑五年。该案作出判决后，被告方和被害方都非常满意，认为法院处理的结果很公正。被害人父亲也曾经因该案的赔偿问题没有得到解决而成为上级法院的老上访户。随着该案的审结，被害人父亲的赔偿问题得到解决，被害人父亲表示不再上访。但该案的处理却招致公诉机关的不满，认为法院认定被告人为从犯不妥，量刑过轻。

公诉机关了解到该案的被害方没有意见后，没有再提起抗诉。但这样处理确实存在一些后患，即容易引起公诉机关以及外界的误解，认为该案件的判决系承办人贪赃枉法作出的，更为可怕的是，如果该案在日后的案件抽查中被认定为错案，承办人及合议庭还需承担一定的责任和风险。在这种模式中，除了当事人起到一定的作用之外，当事人的辩护人或者诉讼代理人也起到非常大的促进作用，尤其是被告人的辩护律师。

因为当事人的诉讼代理人和辩护律师，他们得到当事人的信任而接受委托,在刑事和解过程中,当事人也会听从辩护律师的意见,而且辩护律师精通法律,他们也知道和解中法院量刑的边界在哪里,有他们参与刑事和解和做被告人的法律教育和思想工作,和解成功率会提高很多。比如上述这个案例,被告人的姐姐并不知道故意伤害致死需要判处十年以上有期徒刑,以为被告人认真悔罪以及缴纳了足额的赔偿款后被告人就可以得到法院判处缓刑。

被告人辩护律师通过向被告人姐姐解释法律规定和劝导后,被告人及其姐姐后来非常淡然地接受了法院提出的从宽量刑意见。事实上,辩护律师也非常乐意通过刑事和解方式解决纠纷,这样既为委托人解决了纠纷,维护了委托人的合法权益,达到了委托代理的目的,节省了律师的时间,而且案件的处理效果也好。

第二种模式是经法院审查,对符合条件的案件告知当事人可以适用刑事和解,当事人同意的进入和解程序,并由法官组织刑事和解。这种刑事和解模式,在会面之前,法官[1]应先单独约见当事人。这样可以事先摸清了解各方当事人对和解的意见和倾向,然后有针对性地从情、理、法等各方面进行调解。接下来就是定好时间与地点,约好双方进行协商。和解既可以通过面对面的协商方式进行,还可以是法官以"穿梭"的方式进行。

这主要是因为有的受害人受害之后没有做好再次与被告人会面的心理准备。为了避免被害人再次"受害"而使用"背对背"的协商方式进行。为了使"背对背"和解模式达到更好的"图音"效果,更能直观地体现被告人真诚悔罪的态度,有的被告人将悔罪内容录制成"声像"交给被害人,向被害人表达真诚悔罪和道歉。在法官主持刑事和解模式中,由于办案人员对于案情比较熟悉,容易取得当事人的信任,效率相比"审调对接"高,因此有的地方法院在适用刑事和解时,"清一色"地采取由审判机关办案人员主持和解的模式。

---

[1] 可以是案件主办人,也可以是专司刑事和解的法官。

据调研发现，广西桂平市人民法院在 2010 年至 2014 年的五年时间里，刑事和解案件全部采取由法官或者书记员主持和解的模式，而且案件的类型也主要是以故意伤害案和交通肇事案为主。在过去的五年中，该院适用刑事和解处理案件数达 223 件，其中故意伤害案为 65 件，交通肇事案为 94 件，两者分别占所有刑事和解案件量的 29% 和 42%，这两类案件占所有刑事和解案件数超过七成。该院的刑庭法官对于刑事和解均是持积极或者支持态度的。[1]

此外，有的案件在公安侦查或者审查起诉阶段都没能达成和解，而经过审判程序后方能达成和解。下面这个案例就是如此：[2]

案例 5-1-2：2011 年 10 月 25 日 9 时许，被告人谢某在横州市一小巷内因琐事将被害人戴某打成轻伤。案发后，横州市公安局组织双方当事人进行和解，因双方对立情绪激烈没能达成和解协议。在审查起诉阶段，检察人员虽然能说服谢某愿意赔偿被害人经济损失，但由于被害人提出了过高的赔偿要求，大大超出了被告人的赔偿能力，双方因而未能达成和解协议。到了审判阶段，法官在了解案情和之前的诉讼环节调解的基础上，一方面从亲情入手，积极联系被害人儿媳和侄子做其思想工作，另一方面向被告人说明量刑规范化当中赔偿与谅解对量刑的影响。经过法官的多次组织调解，最终双方达成了刑事和解协议，被告人赔偿被害人经济损失人民币 25 000 元，被害人对被告人的行为表示谅解并请求司法机关对被告人从宽处理。

上述的这个案例，在法院的审理当中还是较为常见的。通过联合调解的模式，既可以使前一阶段进行的调解为刑事审判阶段刑事和解协议的达成打下良好的基础，还可以使有达成刑事和解可能性的案件，尽量通过刑事和解的方式解决，从而达到化解社会矛盾和

---

[1] 资料来源：广西桂平市人民法院（2014 年）。
[2] 资料来源：广西横州市（原横县）人民法院（2014 年）。

提高当事人满意度及司法效益的目的。对于刑事和解的适用,不仅在经济比较落后的案件量不是很多的西部地区法院得到了重视和较为广泛的应用,而且在东部经济发达地区案件压力比较大的法院也得到了较为广泛的应用。

比如北京一些中心城区法院也很注重通过刑事和解方式解决刑事纠纷。因为通过刑事和解解决案件确实给被害人带来了实实在在的好处,也化解了当事人之间的矛盾,对于被告人适用的刑罚也逐渐趋向轻缓化,符合刑罚趋向轻缓化的时代潮流,有利于刑罚量的减少和司法资源的节约。现以北京市海淀区人民法院为例:北京市海淀区人民法院刑一庭自2010年至2013年四年间,每年的收案数量、附带民事案件数量、调解结案数量、调解成功率和实际支付赔偿数款额都因为注重适用刑事和解而向好的方向发展,如下表所示:[1]

表5-1-1 北京市海淀区人民法院2010—2013年刑事和解适用情况

	全年收案数(件)	附带民事案件数(件)	调解结案数(件)	调解成功率(%)	实际赔偿数(万元)
2010年	905	155	106	68	224
2011年	1596	221	191	86.40	592.60
2012年	1840	256	230	90	1051
2013年	1399	211	194	92	1034.57

由此可见,2012年《刑事诉讼法》出台之后,由于适用刑事和解变得"有法可依",2012年和2013年调解实际赔偿数额大幅度增加,案件调解成功率也呈明显上升趋势。这也充分说明该院非常重视通过刑事和解的方式结案。尽管在东部经济较发达地区的基层法院刑事案件量相当多,但是这些法院也是非常注重通过刑事和解解决刑事纠纷的方式结案的。比如山东省滨州市滨城区人民法院从

---

[1] 资料来源:北京市海淀区人民法院(2014年)。

2010年至2014年五年间,每年刑事收案量在五百件左右,通过刑事附带调解或者和解的方式结案的就有一百多件,占了总收案量的二至三成,其中刑事和解结案的案件类型主要是故意伤害案和交通肇事案两种。该院的刑事和解模式主要是第一种和第二种,目前没有第三种即委托调解模式。虽然该院刑庭法官办案压力相当大,但是他们对于适用刑事和解解决刑事纠纷还是持积极或者支持态度的。下表就是该院刑庭2010年至2014年五年间适用刑事和解(调解)方式解决刑事案件的基本情况:[1]

表5-1-2　五年来滨州市滨城区人民法院刑庭经过调解或和解结案统计表

年份	调解或和解案件数	经过调解或和解结案的案件类型数(件)						调解或和解案件的方式			刑庭法官对调解或和解的态度			本年度受理案件数(件)
		故意伤害	抢劫	交通肇事	盗窃	强奸	其他	加害方与受害方自行调(和)解(件)	法官或书记员主持调(和)解(件)	委托调(和)解(件)	积极	反对	中立	
2010	135	63	13	37		1	21	40	95	0	√			553
2011	127	62		45		1	19	35	92	0	√			493
2012	174	99		55		2	18	115	59	0	√			554
2013	152	68	1	55		4	24	53	99	0	√			572
2014	89	32	1	33		3	20	41	48	0	√			440

通过上表可以看出,该院每年通过调解或者和解方式结案的刑事案件中,故意伤害罪刑事案件大约占了50%,其次是交通肇事罪类的刑事案件,大约占了30%。调解或和解方式主要以法官或者书记员等司法人员主持调解为主,双方当事人自行调解或者和解为辅,但也有个别年份是加害方与被害方自行和解占了多数,比如2012年加害方与被害方双方自行和解的案件数达到了115件,而由司法人

---

〔1〕 资料来源:山东省滨州市中级人民法院(2014年)。

员组织和解的才 59 件，各占 66% 和 34%。根据该院刑庭法官介绍，这主要是由于 2012 年《刑事诉讼法》出台之后，该院大力提倡适用刑事和解，尤其是对于符合刑事和解条件案件应告知当事人双方可以自行和解。自 2012 年《刑事诉讼法》出台以来，刑事和解实践经过一年多的运行，发现自行和解模式还是存在很多问题，比如双方当事人在和解过程中对于法律以及政策的把握以及各自权利、义务等方面不是很清楚，因此自行和解模式的成功率不是很高。到了 2013 年，该庭对于一些较为复杂的刑事案件，通过刑事法官主动介入组织双方和解，从而使该年度自行和解案件数量大幅下降，由法官等办案人员组织和解的案件量又占了"上风"。

对于通过调解或者和解方式来解决刑事纠纷，最高人民法院是持肯定立场的，尤其是对因感情纠纷、婚姻矛盾纠纷以及邻里纠纷引起的故意伤害致死或者故意杀人等恶性案件，最高人民法院也通过在死刑复核案例中适用调解或和解方式解决纠纷的引导和示范，以使宽严相济的刑事政策在刑事案件处理过程中得到充分体现。

2009 年最高人民法院《关于印发对依法可不判处死刑案件全力做好附带民事调解工作典型案例的通知》，强调做好附带民事调解工作，一方面可以最大限度地维护被害人的合法权益，使被害方因犯罪遭受物质损失得到赔偿，精神创伤得到抚慰，从而在一定程度上弥补、减轻犯罪造成的社会危害；另一方面可以有效缓和、化解社会矛盾，最大限度地增加和谐因素，减少不和谐因素。同年，最高人民法院发布的《关于审理故意杀人、故意伤害案件正确适用死刑问题的指导意见》规定，"对于因婚姻家庭、邻里纠纷等民间矛盾激化引发、侵害对象特定的故意杀人、故意伤害案件，如果被告人积极履行赔偿义务，获得被害方的谅解或者没有强烈社会反响的，可以依法从宽判处。"下面这个案例就是被告人通过积极悔罪和赔偿被害人经济损失，从而在二审中得以改判死缓的案例：[1]

---

[1] 案件材料来源：广西贵港市中级人民法院（2012 年）。

案例 5-1-3：被告人陈某福因陈某玉坚持与其终止恋爱关系，于 2010 年 4 月 21 日 7 时许在某市汽车站女厕所内，用随身携带的小刀朝陈某玉颈部连捅数刀，致陈某玉当场死亡。案发后，陈某福逃至某市火车站广场西侧一旅社，被随后追赶的群众抓获扭送公安机关处理。案件经法院审理，一审法院认为，被告人陈某福故意非法剥夺他人生命，致人死亡，其行为已经构成故意杀人罪。被告人陈某福在公共场所杀人，手段残忍，后果极其严重，依法应严惩不贷。由于被告人陈某福犯罪行为致使附带民事诉讼原告人遭受的直接经济损失应予以赔偿。依照《刑法》第 232 条等相关法律规定，判决：一、被告人陈某福犯故意杀人罪，判处死刑，剥夺政治权利终身；二、被告人陈某福赔偿附带民事诉讼原告人经济损失人民币 14 151 元。被告人陈某福不服提起上诉。

一审期间，陈某福家属自愿代陈某福赔偿经济损失人民币 5 万元，已交一审法院暂存。在二审期间，陈某福家属与被害人家属就民事赔偿事项达成赔偿谅解协议。陈某福家属自愿代陈某福赔偿被害人家属人民币 10 万元，并再将赔偿款 1.8 万元交由一审法院暂存，余下 3.2 万元赔偿款由双方自行约定分期给付，被害人亲属接受赔偿并对陈某福予以谅解和出具谅解书。二审法院认为，陈某福杀人后果严重，依法应予严惩。鉴于陈某福归案后如实供述其罪行，可从轻处罚。陈某福因不能正确对待感情问题而实施杀人行为，属因恋爱纠纷民间矛盾引发的案件，且陈某福犯罪后有悔罪表现，并真诚向被害人家属真诚悔罪，积极赔偿被害人家属经济损失并取得被害人亲属谅解，可酌情从轻处罚，对其判处死刑可不立即执行。

该案是一起因婚恋引起的故意杀人案件。因婚恋而引起的故意杀人案件，一般是由"爱极"生恨，加害者实施犯罪的时候大都属于"激情"类型的故意杀人，在西方犯罪学中被认为是一种"挫折攻击型"犯罪，是当事人在婚恋纠纷刺激下因心理失衡和情绪失控而实施的杀人行为。根据最高人民法院《关于审理故意杀人、故意伤害案件正确适用死刑问题的指导意见》的相关规定，对于因婚姻恋爱等民间矛盾激化引发、侵害对象特定的故意杀人案件，如果被告人积极履行赔偿义务，获得被害方的谅解，可以依法从轻判处的规定，二审法院对被告人判处死刑，缓期二年执行的判决是正确的。

因此，与预谋故意杀人行为相比，激情实施的杀人行为主观恶性显然没有预谋故意杀人主观恶性大，因此在量刑时也应酌情予以从轻处罚。为了预防这种因婚恋而引起的激情杀人犯罪，被害人就应预先报警或者报告家人，在行为人实施犯罪之前，派出所等相关部门应提前介入，以防止"因情杀人"的悲剧发生。在行为人实施犯罪之后，审判机关在审理过程中也要查明案发起因，及时化解被告人与被害人亲属之间的矛盾纠纷。

该案的上诉人通过真诚悔罪、赔礼道歉和积极赔偿被害人的经济损失，得到被害人亲属谅解和请求司法机关从宽处理，审判机关在量刑时根据双方当事人达成刑事和解协议的实际情况，最终给予上诉人从宽处理，对于可判可不判死刑的案件可不判死刑，从而通过刑事和解的方式有效贯彻我国的"少杀慎杀"的死刑刑事政策。

第三种模式是"审调对接"模式，即由审判机关审查符合条件、当事人同意适用刑事和解处理的，由审判机关将案件送交调解组织调解员进行调解；或者当事人申请、审判机关审查同意适用刑事和解处理的，由审判机关将案件送交调解组织，由调解员进行调解。这种模式实质上是为了减轻审判机关的压力，同时充分利用调解组织丰富的调解经验等优势进行和解。

随着刑事案件量的不断增多，审判机关办案人员的办案压力越来越大。据统计，广西南宁市西乡塘区人民法院受案量和被告人数呈快速"攀升"态势：2011年，该院受理各类刑事案件及被告人数量分别为779件1235人；2012年为854件1304人；2013年为915件1442人；2014年7月底为667件970人（估计年底会突破1000件），案件量平均数以每年近10%的速度增长[1]，法官的压力可想

---

[1] 参见《南宁市西乡塘区人民法院开展刑事和解司法联动机制试行工作总结》，资料来源南宁市西乡塘区人民法院（2014年）。

而知。而适用"审调对接"刑事和解模式可以将审判人员从繁杂的调解事务中解放出来。

2013年,南宁市西乡塘区人民法院、南宁市西乡塘区人民检察院、南宁市公安局西乡塘分局、南宁市西乡塘区司法局四部门联合制定《关于办理当事人和解的公诉案件实施细则(试行)》,该细则规定当事人除了可以向办案机关申请刑事和解之外,还可以向人民调解委员会申请主持刑事和解,办案机关根据案件具体情况告知当事人可以在人民调解委员会主持下进行刑事和解。

南宁市西乡塘区人民法院自从2013年9月试行刑事和解联动机制以来,至2014年7月将近一年时间里,该院通过"审调对接"方式办理了刑事和解案件24件,所有的案件均为当场履行完毕,为被害人及其家属挽回经济损失296.5万元,平均案件处理周期缩短了10.3天。在刑事和解的案件中,故意伤害案14件19人,交通肇事案8件8人,非法拘禁案2件6人,抢劫案1件3人,故意毁坏财物案1件8人。[1]

此外,在二审当中,如果案件符合适用刑事和解条件的,当事人还可以通过刑事和解的方式解决。根据最高人民法院《关于适用〈中华人民共和国刑事诉讼法〉的解释》第378条、第410条和第411条的规定,对于附带民事部分提出上诉的二审案件,二审法院应当依法进行调解。在二审期间,对于自诉案件法院可以调解,当事人也可以自行和解。双方达成调解协议的,原审判决、裁定视为自动撤销;当事人自行和解的,应裁定准许撤回自诉,并撤销第一审判决、裁定。这说明不仅仅是在一审可以适用刑事和解,在二审也可以适用刑事和解。在有的死刑复核案件中,最高法还对具有可不判死刑因素的案件进行和解,尽量促使双方当事人之间的矛盾得到化解。

在二审中达成刑事和解,主要有三个原因:一是上诉人认识到,如果其得不到被害人的谅解所产生后果的严重性(即得不到司法机关的从宽处理)。一部分被告人在一审当中以为不悔罪不赔偿与向被

---

〔1〕 参见《南宁市西乡塘区人民法院探索构建刑事和解司法联动机制的主要做法》,资料来源南宁市西乡塘区人民法院(2014年)。

害人悔罪、赔偿被害人的处理结果差别不大,因此有侥幸心理。但一审判决下来之后,他们才意识到不向被害人悔罪和赔偿损失的处理结果与向被害人悔罪、赔偿被害人的处理相差很多,尤其是在共同犯罪案件中,那些积极悔罪和赔偿了被害人的被告人得到较大幅度的从宽处理。因此,他们在提起上诉的同时,也是想争取在二审当中向被害人悔罪和赔偿被害人经济损失,力争得到被害人谅解和司法机关较大幅度的从宽处理。笔者在办理一起交通肇事案件中就是如此:某上诉人一审没有积极向被害人悔罪和赔偿,结果被判处三年实刑。该案上诉之后,该上诉人积极地向被害人真诚悔罪和赔偿被害人的经济损失,而且得到了被害人的谅解,该案在二审得到了改判,最终上诉人被判处缓刑。双方当事人以及检察机关均对案件以刑事和解方式解决感到满意。

二是在死刑案件中,被告人在一审时就是想蒙混过关,有的只是表面表示悔罪,但实质上悔罪态度不是很好,在经济赔偿方面迟迟不肯赔偿被害人的经济损失,以为不赔可能也不会被判处死刑。结果,在一审判处死刑立即执行之后,被告人在上诉之后或者二审高级法院复核或者核准(死缓)或者最高人民法院死刑复核期间,为了得到司法机关从宽处理,他们通常都向被害人真诚悔罪、赔礼道歉和积极想办法再筹集赔偿款赔偿给被害人,以争取得到被害人的谅解和法院的从宽处理。

三是经过了一审之后,被害人也知道了依照法律判决自己最终应当得到的经济赔偿,从而在二审之后也不那么"漫天要价",而是更加实际地期望通过与被告人达成刑事和解之后,快速得到被告人的赔偿,以弥补自己遭受的经济损失。而被告人也想在二审中,通过自己的积极悔罪和赔偿被害人经济损失,以争取得到被害人谅解和法院从宽处理,经过一审这段时间的思考,如果双方当事人在二审中都有刑事和解意愿,在二审适用刑事和解和达成和解协议的成功率就有了保障。有的地方法院还专门制定二审刑事和解的相关规定。比如2012年南京市中级人民法院与南京市人民检察院共同制定

《关于在刑事二审诉讼中实施和解制度若干意见》,对于符合刑事和解条件的二审案件启动和解程序。[1]关于二审刑事和解的案件类型,有学者对某市法院2007—2010年刑事二审和解的72件案件进行统计发现,该院二审和解的案件类型主要为故意伤害案,共50件,另外有10件为寻衅滋事案,还有5件交通肇事案,其余的还有强奸案、聚众斗殴案、故意杀人案(未遂)以及过失致人死亡案。[2]二审刑事和解案件的类型分布较广,刑事和解在二审案件中也得到了较为广泛的应用。

对于死刑案件适用刑事和解,当前在我国得到了审判机关包括最高人民法院的肯定。对于死刑案件适用刑事和解,在西方国家特别是美国已经得到广泛应用。美国适用刑事和解的死刑案件类型有两种:一是在死刑案件审理过程中适用刑事和解;二是在死刑判决后的刑事和解。在死刑的适用中,存在被害人影响证据的情形,通常涉及被害人对谋杀者所造成的破坏性损失和极度痛苦的情感化叙述。这种类型的证词的效果,是请求陪审团就被害人所描述的本人、其他人包括社会所遭受的可怕损害,而对被告人适用死刑。当然,也存在被害人利用这一权利来达到要求陪审团对被告人适用死刑之外刑罚的目的。

陪审团对于这种证词可以解释为受到犯罪行为严重侵害的被害人同意对加害人判处无期徒刑,而不是死刑。[3]被害人呼吁反对死刑的情况各异,但在每一个案件中,他们表达宽恕的情绪,并且反对死刑判决,呼吁陪审团对被告人适用终身监禁。[4]

---

[1] 参见崔洁、肖水金:《江苏南京:将刑事和解引入刑事二审阶段》,载《检察日报》2013年11月5日,第2版。

[2] 参见刘静坤、周维平:《刑事和解二审基本规律——以某中级法院相关案例为样本的实证分析》,载《上海政法学院学报(法治论丛)》2012年第2期。

[3] 参见朱孝清等主编:《社会管理创新与刑法变革》(上卷),中国人民公安大学出版社2011年版,第271~272页。

[4] Adrienne N. Barnes, "Reverse Impact Testimony: A New and Improved Victim Impact Statement", *Capital Defense Journal*, Spring, 2002. 转引自朱孝清等主编:《社会管理创新与刑法变革》(上卷),中国人民公安大学出版社2011年版,第272页。

事实上，在美国判处死刑和执行死刑在法律上是同质的，但在实践中，当前美国38个州的监狱共关押着近4000名死囚犯，而美国每年执行死刑的数目最多也不超过100名，所以最终大多数死囚犯不会被实际执行死刑，因此，即便是对死囚犯，和解程序也是有意义的。[1]

而在我国当下的刑事和解案件审判实践中，从各地的中级人民法院一审判处死刑立即执行至各地高级人民法院的死刑复核到最高人民法院的死刑核准，都存在适用刑事和解的空间。

当下，即便是对于罪行严重的故意杀人案件，审判机关也并非一律地向当事人尤其是被告人关上适用刑事和解方式解决刑事纠纷的大门，而是积极地鼓励被告人及动员其亲属通过赔偿被害方经济损失和向被害人亲属真诚悔罪的方式，争取取得被害方的谅解。如果被害方谅解被告人，而且被告人在刑事和解过程中表现出其主观恶性和人身危险的降低，在被害人谅解（包括请求司法机关从宽处理的方式体现出来）被告人之后，对于可杀可不杀的案件，可以不判处被告人死刑立即执行。即使被告人与被害人在一审期间没有达成刑事和解，被告人一审被判处死刑立即执行，到了高级人民法院的死刑复核期间，如果被告人仍然积极向被害方真诚悔罪和赔偿经济损失，在得到被害方谅解且达成刑事和解协议之后，被害方请求司法机关对被告人从宽处理的，二审法院仍然需对当事人达成和解协议的情况进行审查，并就被告人主观恶性和人身危险性重新进行全面评估，如果被告人主观恶性没有达到罪大恶极的程度，综合全案，被告人罪行没有达到极其严重的程度，对于被告人可以不判处死刑立即执行。

假如在高级人民法院死刑复核期间，双方当事人对抗情绪还比较激烈，仍然没有达成刑事和解协议，二审法院作出维持原判裁定后，到了最高人民法院死刑复核阶段，如果双方当事人仍有可能进

---

[1] 参见朱孝清等主编：《社会管理创新与刑法变革》（上卷），中国人民公安大学出版社2011年版，第273页。

行刑事和解的，最高人民法院的态度仍然是支持当事人进行刑事和解[1]，对于可以不判处死刑立即执行的，作出不予核准的裁定。当然，我们并非提倡对于所有拟判死刑的案件都可以适用刑事和解，而主要是对于因邻里纠纷、婚姻纠纷等引起的拟判死刑案件适用刑事和解，而对于涉及危害国家安全犯罪、恐怖组织犯罪、毒品犯罪等死刑案件不适宜适用刑事和解，因为这类案件的被告人的犯罪行为对国家、社会和人民的安全和生命财产安全造成了特别重大影响，罪行极其严重，对于这类案件的被告人应予以严惩，该判死刑的应当判处死刑，以发挥刑罚的报应和预防功能，维护社会正义，以保护国家安全以及人民生命财产安全等重大利益不受非法侵犯。

对于死刑案件适用刑事和解虽然得到了司法机关包括最高人民法院的肯定，但是民间和学界对于这一做法尚存一丝忧虑。这主要是担心对于死刑案件适用刑事和解与我国长期以来在公众心中形成的"杀人偿命"报应刑观念产生了激烈碰撞，使外界产生了对于死刑案件适用刑事和解易导致腐败和削弱刑罚的惩罚功能和预防功能的担忧。[2]因此，有学者以为，"死刑案件的刑事和解在当下主流刑事司法模式下，缺乏运作的法理逻辑根据，其庸俗化地理解了构建和谐社会的治国方略，教条主义地理解了宽严相济的刑事司法政策，违背了罪刑法定原则，超越了能动司法允许的合理限度，转移了国家对犯罪的发生本应承担的社会集体责任。此外，死刑案件的刑事和解潜藏着司法腐败的重大危险。所以，控制死刑是刑事法治发展的必然趋势，但是通过死刑案件的刑事和解不是适当路径。"[3]事实上，在世界"轻刑化潮流"之下，正如我们上述所提及的，对于死刑案件适用和解，我们提倡主要适用于因邻里纠纷、婚姻纠纷等引起的

---

[1] 2009年最高人民法院《关于印发对依法可不判处死刑案件全力做好附带民事调解工作典型案例的通知》中明确指出全力做好附带民事调解工作的重要性，提倡通过刑事和解的方式解决双方当事人之间矛盾。

[2] 参见陈罗兰：《死刑案件刑事和解弊端及限制使用》，载《东方法学》2009年第3期。

[3] 梁根林：《死刑案件被刑事和解的十大证伪》，载《法学》2010年第4期。

拟判死刑案件，而对于涉及危害国家安全犯罪、恐怖组织犯罪、毒品犯罪等死刑案件不适宜适用刑事和解，这既顾及有自然人被害人的情感和经济损失的补偿，又顾及国家、社会和人民重大的公共利益不受非法侵害，国家担当其应有的责任是不相违背的，我们仍然主张对于因邻里纠纷、婚姻纠纷等引起的死刑案件，可以适用刑事和解。至于"死刑案件的刑事和解潜藏着司法腐败的重大危险"，事实上，正如法国启蒙思想家孟德斯鸠所言，"自古以来的经验表明，但凡是有权力的人都会滥用权力，而且不用到极限决不罢休。"[1]对于死刑案件刑事和解的监督，可以通过法院内部和法院外部监督比如人大监督等相结合的方式进行。

还有一种较为特殊的模式是服刑人员在监狱服刑期间与被害人达成刑事和解协议，监狱依此对服刑人员提出减刑或者假释的建议材料之后移交法院，依照最高人民法院《关于减刑、假释案件审理程序的规定》第2条、第5条和第17条的规定，由法院依据执行机关移送的罪犯悔改材料、附带民事裁判履行情况等作出裁定。其中如果服刑人员在监狱中与被害人达成刑事和解协议，应当认定为悔改材料，法院可以依此对服刑人员作出减刑或者假释的裁定。因此，这种情形的刑事和解严格说是在监狱达成和解协议，在法院得到确认的一种特殊刑事和解模式。

三、审判阶段刑事和解的法律后果

在审判阶段刑事和解司法实践中，对于轻微刑事案件达成刑事和解协议后，如果审判人员认为案件符合《刑法》第37条规定即犯罪情节轻微不需要判处刑罚的，可以免予刑事处罚；如果符合《刑法》第72条的规定，对于被判处拘役、三年以下有期徒刑且犯罪情节较轻、有悔罪表现、没有再犯危险和宣告缓刑对所居住社区没有

---

[1] [法]孟德斯鸠：《论法的精神》，祝晓辉等译，北京理工大学出版社2018年版，第214页。

重大不良影响的，可以宣告缓刑，其中对不满十八周岁的人、怀孕的妇女和已满七十五周岁的人，应当宣告缓刑。对于罪行较为严重的刑事案件适用刑事和解，根据《刑事诉讼法》第 290 条规定，对于达成和解协议的案件，法院可以依法对被告人从宽处罚。

根据最高人民法院《关于适用〈中华人民共和国刑事诉讼法〉的解释》第 596 条的规定，对于达成和解协议的案件，人民法院应当对被告人从轻处罚。符合非监禁刑适用条件的，应当适用非监禁刑；判处最低刑仍然过重的，可以减轻处罚。综合全案认为犯罪情节轻微不需要判处刑罚的，可以免予刑事处罚。

根据 2021 年 6 月 16 日最高人民法院和最高人民检察院共同颁布的《关于常见犯罪的量刑指导意见（试行）》（法发〔2021〕21 号）的规定，对于当事人根据《刑事诉讼法》第 288 条达成刑事和解协议的，综合考虑犯罪性质、赔偿数额、赔礼道歉以及真诚悔罪等情况，可以减少基准刑的 50% 以下；犯罪较轻的，可以减少基准刑的 50% 以上或者依法免除处罚。具有自首、重大坦白、退赃退赔、赔偿谅解、刑事和解等情节的，可以减少基准刑的 60% 以下，犯罪较轻的，可以减少基准刑的 60% 以上或者依法免除处罚。认罪认罚与自首、坦白、当庭自愿认罪、退赃退赔、赔偿谅解、刑事和解、羁押期间表现好等量刑情节不作重复评价。

由此可见，上述规定彰显了被害人的谅解也就是宽恕所具有的法律意义，即加害人通过自己真诚悔罪、赔礼道歉或者赔偿损失等努力使得被害人改变了对加害人所持的敌意态度，愿意放弃或者减轻对犯罪人的惩罚。被害人的谅解也就是宽恕如果能够引起国家对犯罪人的宽恕的话，这种放弃或者减轻对犯罪人的惩罚的表示就会产生实质意义的法律效果。[1]

因此，在审判阶段，刑事和解成功之后处理结果无非有三种：

---

〔1〕 参见张建明主编：《社区矫正理论与实务》，中国人民公安大学出版社 2008 年版，第 473 页。

一是免予刑事处罚;[1]二是判处缓刑;三是从轻或者减轻处罚。此外,对于在二审期间或者死刑复核或者死刑核准期间达成和解协议的,对于普通案件,根据《刑事诉讼法》第 236 条第 1 款第 2 项规定,对于二审和解成功的案件法律后果通常是改判,从而对上诉人作出从轻、减轻甚至免除处罚的决定。对于一审判处死刑二审死刑复核或者核准期间达成和解协议的案件,根据《刑事诉讼法》第 247 条第 1 款规定,对于死刑或者死缓案件在复核核准期间,高级人民法院不同意判处死刑的,可以提审或者发回重新审判。

根据《刑事诉讼法》第 250 条的规定,最高人民法院可以发回重新审判或者予以改判。比如案例 2-2-1 的被告人钟某一审被判处死刑立即执行,二审期间其亲属代为赔偿被害人亲属经济损失和达成和解协议,被告人得到被害人亲属谅解和法院从宽处理,最终被某高级法院改判死刑缓期二年执行。

当然,对于一审和二审或者死刑复核和死刑核准期间都不达成刑事和解协议的,由法院综合全案按照普通程序处理。

事实上,审判阶段刑事和解中被告人的真诚悔罪对于被害人心理创伤的治愈是至关重要的。正如有的学者对于性侵犯犯罪进行的调研发现,被害人对于加害人真诚悔罪和道歉的看法是,"我觉得对方好好的真心悔改,并对我道歉,虽然我还是不会原谅他,但是我觉得至少他要承认他做错了事情。我希望对方保证不会再犯。"被害人还认为,"与其在'加害人被定罪判刑'这方面加强刑责,不如让被害人能够获得抚平心理的完整协助来得实际。"[2]因此,对于刑事审判阶段不应当仅仅注重通过定罪量刑的方式来打击和惩罚犯

---

[1] 严格来讲,还应该包括不认为是犯罪的处理结果。但是在刑事审判司法实践中,对于公诉机关已经提起的案件,如果经审查明被告人的行为确实已经构成犯罪,但是因为当事人双方达成和解之后,即使案件的社会危害性相当低,但是刑事审判机关一般不会判处被告人无罪,而是在定性上定罪,后免刑。这样的处理结果是为了顾及公诉机关。

[2] 参见陈慧女、卢鸿文:《性侵害被害人自我疗愈与对修复式正义的看法》,载《亚洲家庭暴力与性侵害期刊》2013 年第 1 期。

罪，更应当注重通过治愈被害人所受心理创伤的方式来平复被破坏的社会关系，尤其是加害人与被害人之间的社会关系。

第二节　审判阶段刑事和解存在的问题

在刑事审判阶段，刑事和解的适用确实给双方当事人、司法机关乃至整个社会都带来了益处：被害人的经济损失和精神损害得到了赔偿和恢复，加害人也得到了被害人谅解和社区的尊重以及司法机关的肯定与从宽处理，社会矛盾得到更为彻底的化解、司法效率更高以及被破坏的社会关系得到快速恢复。

但毫无疑义的是，在刑事审判过程中还存在一些问题，比如有的案件刑事和解从宽幅度突破法律规定，法律规定刑事和解适用范围与司法实践存在冲突，刑事和解履行方式过于单一，刑事和解监督机制尚不完善等问题，均需得到解决与完善。

一、适用范围与法律规定存在冲突

我国《刑事诉讼法》第288条明确规定了刑事和解适用范围。从案件类型来说，主要是《刑法》分则第四章、第五章规定的犯罪，从案件的轻重而言，主要是因邻里纠纷引起的第四章、第五章可能判处三年以下有期徒刑的案件以及除渎职犯罪以外可能判处七年以下有期徒刑的过失犯罪。除外情形就是在五年内曾经故意犯罪的不适用刑事和解。

简而言之，仅从案件轻重而言，对于适用刑事和解的案件，故意犯罪的案件可能判处的最高刑不能超过三年，过失犯罪的可能判处的最高刑不能超过七年。但是在司法实践中刑事和解案件的轻重程度并非都在上述法律规定的刑事和解适用范围之内。比如下面这个案例就不在法律规定的刑事和解适用范围内：

案例5-2-1[1]：2014年一天，张某以吃夜宵为名从本市一家KTV内将马某骗至某市一出租房内，采用言语威胁、殴打等方式强行与被害人马某发生性关系。法院在审理该案的过程中，被告人张某家属与被害人马某达成和解协议，赔偿被害人马某全部损失合计人民币11 350元，取得了被害人马某的谅解，并且得到法院从宽处理，法院最终以被告人张某犯强奸罪，判处有期徒刑三年三个月。

可以看出，该案系《刑法》分则第四章规定的罪行，最终被判处有期徒刑三年三个月，已经超过《刑事诉讼法》第288条规定的"可能判处三年有期徒刑以下刑罚的"适用范围。

有的故意犯罪比如故意伤害致死或者故意杀人案件都有适用刑事和解解决的案例，也明显超出《刑事诉讼法》第288条规定的刑事和解适用范围。下面是一起故意杀人案适用刑事和解的案例：[2]

案例5-2-2：被告人龙某与其前女友夏某、被害人阿某同在成都市一工地打工。2007年11月的一天，阿某邀请夏某等人在工地生活区喝啤酒。龙某经过此地受邀参加。龙某喝了一会先离开。稍后返回时，见夏某与阿某等人仍在喝酒心生不满，遂上前夺下夏某手上的酒瓶放一边，立即遭到阿某指责，二人于是发生争执，被在场工友劝开后，龙某回到宿舍拿了一把刀返回，持刀刺阿某的胸部、腹部等处致阿某死亡。一审以龙某犯故意杀人罪判处死刑；赔偿附带民事诉讼原告人经济损失99 548元。宣判后，龙某提出上诉。二审法院经审理裁定驳回上诉，维持原判，并依法报最高人民法院核准。

最高人民法院复核期间，考虑到本案系因民间矛盾纠纷引发，

---

〔1〕 参见《张某甲强奸罪一审刑事判决书》，载中国裁判文书网：http://www.court.gov.cn/zgcpwsw/zj/zjshzszjrmfy/fysrmfy/xs/201503/t20150325_7105324.htm，最后访问日期：2015年3月29日。

〔2〕 资料来源最高人民法院《关于印发对依法可不判处死刑案件全力做好附带民事调解工作典型案例的通知》。

龙某在酒后自控力减弱而一时冲动持刀杀死被害人,可依相关政策对被告人酌情从轻处罚,且被害方有接受赔偿的意愿,最高法合议庭决定对该案展开调解工作,案件承办人联系了被告人父亲龙某某,请其代为赔偿被害方经济损失。后龙某某筹款,将 5 万元交至法院。被害人父亲出具承诺书,表示愿意谅解被告人,但要求被告人的亲属代赔丧葬费、路费、误工费等 5 万元。由于之前被告人父亲龙某某已经将 5 万元交至法院,法院后将这 5 万元钱转交给被害方。通过最高法办案人员的努力,双方当事人达成和解协议,被告人亲属代为赔偿被害方经济损失 5 万元,被害方谅解被告人。最高法经复核认为被告人龙某故意非法剥夺他人生命,其行为已构成故意杀人罪。鉴于本案系因民间矛盾激化引发的突发性故意杀人案件,龙某归案后如实供述所犯罪行,认罪态度好,有悔罪表现,双方就民事赔偿达成调解协议,对其可不判处死刑立即执行,依法不核准被告人死刑。

通过该案的复核过程可以看出,最高人民法院对于因民间纠纷引起的死刑案件,如果有可能促成双方达成和解的,则尽力促成双方当事人达成和解,化解双方当事人之间的矛盾纠纷,从而对于具有可不杀因素的死刑案件不核准死刑。当前,对于死刑案件适用刑事和解已经成为贯彻执行"少杀慎杀"死刑政策的一种有效方式和手段。

在 2012 年修正的《刑事诉讼法》生效之后,各级法院为了贯彻宽严相济的刑事政策,促进法律效果与社会效果的有机统一,审判机关对于故意杀人案件等重刑案件仍积极通过刑事和解方式解决,以化解当事人之间的社会矛盾。下面以某中院审理的一起故意杀人案为例:

案例 5-2-3:2013 年 12 月 6 日凌晨 1 时许,被害人刘某在河南省人民医院门口乘坐被告人张某出租车,要求到其位于郑州市某小区的家中。当出租车行驶到某街区时,因车费问题二人发生争执。下车后张某将刘某摔倒在地并用路边的混凝土块朝刘某的头部击打,后驾车离开现场。刘某因颅脑损伤并发急性失血性休克死亡。在法院审理期间，被告人亲属代为赔偿被害人亲属经济损失，双方达成和解协议，被告人取得被害人亲属谅解。法院最终以被告人张某犯故意杀人罪，判处无期徒刑，剥夺政治权利终身。[1]

这个案例就是河南某中级人民法院在审理一起故意杀人案件的过程中，加害方与被害方达成刑事和解并得到被害方谅解之后，最终得到司法机关的从宽处理。此外，在第二章的案例中，被告人钟某在一审被判处死刑立即执行后，在二审期间，其亲属代为赔偿被害人亲属的经济损失，双方达成和解协议，被告人得到被害人亲属的谅解，被害人亲属请求司法机关从宽处理，被告人最终也得到司法机关的从宽处理，被某高级法院判处死刑，缓期二年执行。还有案例被告人韦某实施故意伤害行为致人死亡之后，被告人及其家属与被害方达成和解协议之后，得到被害方的谅解和法院从宽处理。

从以上案例来看，对于故意杀人等严重刑事案件适用刑事和解，虽然取得了良好的法律效果与社会效果，但刑事和解司法实践已经超过了法律规定的刑事和解适用范围。

从司法实践适用刑事和解案件的类型来看，也并非所有的刑事案件均是由民间纠纷引起的，有的是由于个人与公司企业纠纷引起的，也适用了刑事和解，诚如上面所列举的信用卡诈骗罪的案例即案例 3-2-2 中，并非由于民间纠纷引起的涉嫌《刑法》分则第四章、第五章规定的犯罪的案件，而是由于个人与企业纠纷引起的《刑法》分则第三章破坏社会主义市场经济秩序罪的案件，但是这并不妨碍在刑事司法实践中，本案适用刑事和解解决。根据《刑法》第 271 条规定，职务侵占罪实质上是公司、企业或者其他单位的人员，利用职务上的便利，将本单位财物非法占为己有，数额较大的行为。[2] 该条规定也不是因民间纠纷引起的，但在刑事审判司法实

---

[1] 参见中国裁判文书网：http://www.court.gov.cn/zgcpwsw/hen/hnszzszjrmfy/xs/201502/t20150217_6681428.htm，最后访问日期：2015 年 2 月 20 日。
[2] 根据《刑法》第 271 条规定，数额较大的，处五年以下有期徒刑或者拘役；数额巨大的，处五年以上有期徒刑，可以并处没收财产。

践中，也不妨碍这类案件通过刑事和解解决个人与单位之间的刑事纠纷。下面这起案例，就是在刑事审判过程中，某房开公司原销售总监与该房开公司达成刑事和解协议，最终得到法院从宽判处的案例：

案例 5-2-4：广西某房产开发有限责任公司是一家从事房地产开发公司。2017 年 5 月至 2019 年 5 月期间，被告人刘某任广西某房开公司销售总监，负责指导、组织并实施公司营销策划、销售管理等工作。2017 年 10 月至 2019 年 5 月间，部分购房者签订了某商业广场商品房的《认购协议书》后，因个人原因，向广西某房开公司提出申请，要求变更合同上的购房方姓名。刘某在对该部分购房者的更名申请进行审批的过程中，利用职务便利，侵占广西某房开公司的 53 套房的更名手续费，共计人民币 120.7088 万元。

刘某对律师表示，其对公诉机关指控其犯职务侵占罪没有异议，但公诉机关指控的数额过高，其只收到置业顾问通过微信和银行卡转来的钱，刘某还向律师表示，其愿意通过律师去与公司协商，退出其所侵占的钱。后经律师与广西某房开公司联系，表示愿意替刘某向公司赔礼道歉，赔偿刘某所侵占的公司财物。广西某房开公司表示，对于刘某愿意退还其所侵占的公司钱物的意愿表示欢迎和谅解，双方一致同意刘某退出金额为置业顾问通过微信和银行卡转给刘某的 824 088 元更名费，广西某房开公司出具了谅解书，对于刘某的行为表示谅解，请求司法机关从宽处理。由于刘某不认可公诉机关指控的其侵占金额为 120.7088 万元，故刘某没有签署认罪认罚具结书。公诉机关在法庭上发表的量刑建议是五年至七年。法庭经审理认为，证人陈某等人证实有部分更名费是现金交付给刘某，证人曾某等人证实他们所收取的更名费全部是现金交给刘某，但刘某予以否认，公诉机关没有提供其他证据予以佐证，故对上述证人陈述更名费以现金方式交给刘某的事实不予认定。根据到案证据认定销售人员以微信和银行转账的方式交付给刘某的更名费为 824 088 元。法院认为，刘某利用职务之便将本单位财物非法占为己有，数额巨大,其行为已触犯刑律,构成职务侵占罪。被告人刘某如实供述自己的犯罪事实,依法可以从轻处罚。刘某家属与广西某房开公司达成和解协议,可以酌情从轻处罚,以刘某犯职务侵占罪,判处有期徒刑二年,判处罚金人民币10万元。[1]

由上述案例可以看出,从类型来看,该刑事案件类型并不属于《刑事诉讼法》第288条规定的民间纠纷引起的犯罪案件,而且从拟判刑罚轻重来看,由于法院认定刘某职务侵占数额巨大,根据《刑法》第271条[2]的规定,也不符合拟判三年有期徒刑以下刑罚的适用范围。但需要指出的是,如果根据法院认定被告人刘某的行为构成职务侵占罪,且数额巨大,在没有任何法定减轻情节的情况下,尽管刘某把所有的非法侵占的公司的财物全部退还,而且得到公司的谅解,但没有法定减轻情节,尽管有坦白情节(即《刑法》第67条第3款情形),但坦白情节只是可以从轻处罚,而不能减轻处罚。故法院最低能够判处刘某的刑罚应当为五年有期徒刑,但刘某最终被法院以犯职务侵占罪,且认定涉案数额为巨大的情况下,"违法"地在法定刑之下判处刘某有期徒刑二年,且检察院不抗诉。由该案我们再次看出,法院和检察院在适用或者认定刑事和解的过程中,并没有严格依照《刑事诉讼法》第288条所规定的适用范围,而且在量刑上对于有刑事和解协议的,为了达到法律效果和社会效果的有机统一,甚至在最终的量刑上"突破"了法律的规定,这是很"耐人寻味"的,上述所提到的韦某故意伤害罪一案即案例5-1-1案例中,法官为了平衡双方利益而"违心"地认定韦某系从犯,从而对韦某判处五年有期徒刑,这样的案例其实不是个例,而且越来越多,但最终

---

[1] 参见广西壮族自治区桂平市人民法院刑事判决书(2020)桂0881刑初510号。

[2] 根据《刑法》第271条的规定,公司、企业或者其他单位的人员,利用职务上的便利,将本单位财物非法占为己有,数额较大的,处五年以下有期徒刑或者拘役;数额巨大的,处五年以上有期徒刑,可以并处没收财产。本案中,法院认定被告人刘某职务侵占罪,数额巨大,故拟判刑罚应该为五年以上有期徒刑,不符合《刑事诉讼法》第288条规定的拟判刑罚三年以下有期徒刑,但该案在律师主持下,适用刑事和解解决个人和单位之间的刑事纠纷,并达成了刑事和解协议,且得到了公诉机关和审判机关的认可。

检察机关都"配合"法院不抗诉。

二、从宽幅度突破法律规定

当前,在审判阶段适用刑事和解的案件中,有的从宽幅度突破了法律规定。下面以三个达成刑事和解协议的案件为例:

案例 5-2-5:[1]李某以非法占有为目的,向梁某说其有一重大项目可供开发,尚缺 50 万元人民币资金,只要梁某出资 50 万元人民币参与投资,一年后就可以得到人民币 100 万元分红。梁某信以为真,就向亲朋好友借了人民币 50 万元钱交给李某。一年之后,梁某向李某要分红款人民币 100 万元。李某说暂时没有。过了半年,梁某再次向李某要分红款,李某还是说没有。之后梁某以李某诈骗为由向公安机关报案。经查,李某根本就没有所谓的重大项目,只是为了非法占有梁某钱财而编造所谓的重大项目,李某诈骗梁某 50 万元人民币已挥霍一空。侦查终结移送公诉机关审查起诉后,公诉机关以被告人李某犯诈骗罪提起公诉。在刑事审判过程中,李某的近亲属替李某筹集了 50 万元人民币全部还给梁某。双方当事人达成了刑事和解协议,被告人李某向梁某表示悔罪、赔礼道歉,被害人对被告人的行为表示谅解,并在和解协议上请求司法机关对被告人从宽处理。

该案经法院审理,法院最终以被告人李某犯诈骗罪,判处有期徒刑十年,并处罚金人民币 10 万元。

案例 5-2-6:在中国西北某贫困落后山村,村民们生活异常贫困。有一天,村民赵某与村民刘某发生纠纷,在打斗的过程中,赵某用棍棒猛打村民刘某的头部,致使刘某颅脑损伤抢救无效死亡。案发后赵某对自己的犯罪行为供认不讳。公诉机关以被告人赵某犯故意伤害罪提起公诉。在法院审理期间,被告人赵某及其亲属把所

---

[1] 资料来自广西南宁市西乡塘区人民法院(2014 年)。

有的家当以及从亲朋好友那里借的3万元人民币交给了被害方,并且得到被害方的原谅,双方达成了刑事和解协议。被害方还向司法机关表示对被告人赵某予以从宽处理。赵某作为家里的唯一劳动力,在被羁押后,家里的经济状况更加的糟糕。法院最终以被告人赵某犯故意伤害罪,判处被告人有期徒刑三年,缓期五年执行。

案例5-2-7[1]:2012年1月,被告人李某1与李某2(已判决)、刘某(在逃)共谋到桂林市汽车总站冒充旅游局的工作人员,以购买车票需要购买保险为由骗取他人银行卡密码,之后以刷卡取现、转账、消费的方式诈骗他人财物。2012年2月11日7时许,被告人李某1与李某2、刘某在桂林市象山区汽车总站,按照三人事先商量好的分工,由被告人李某1假扮乘客与正在桂林市汽车总站候车室内等候去湖南武冈大巴车的被害人张某攀谈,骗取信任,刘某假扮乘客在一旁假装打电话透露没有班车发往被害人目的地,传递虚假信息,之后再由刘某提出有关系坐公司内部旅游车,被告人李某1附和,将被害人骗至桂林市秀峰区中心广场依仁路口对面丰源酒店对面马路边,与事先等候在该处的李某2会面。李某2此时冒充桂林市旅游局某领导,谎称需要购买保险必须刷卡交易才能帮助被害人坐旅游车,骗取了被害人张某的银行卡号及对应的密码。后李某2谎称带被害人去登记,以不便将行李等物品带入登记处为由骗使被害人将拉杆箱、手提包交给被告人李某1、刘某保管。此时被告人李某1、刘某趁被害人不备盗走被害人拉杆箱、手提包,李某2在李某1、刘某二人盗窃得手后,谎称被害人需要回去拿身份证,趁机逃脱。被害人张某被盗手提包内有现金人民币900元及身份证1张、银行卡5张。随后三人汇合将骗取的被害人的多张银行卡进行取现、转账、消费,部分赃物变卖,再进行分赃,被告人李某1、刘某、李某2三人共计通过取现、转账、消费等方式骗取被害人钱财

---

[1] 参见广西壮族自治区桂林市秀峰区人民法院刑事判决书(2021)桂0302刑初102号。

98 384.5元人民币,李某1供述称其分得人民币2万元左右,赃款已被其挥霍。2021年1月20日,李某1被公安机关抓获归案。对于该案,检察机关的量刑建议书〔1〕认为,被告人李某1的行为已经构成信用卡诈骗罪,数额巨大,法定刑为五年以上十年以下有期徒刑,并处罚金。检察机关建议判处被告人李某1有期徒刑五年六个月至六年,并处罚金。由于李某1对该案的定性有异议,李某1包括律师认为该案应该认定为诈骗罪,〔2〕因此李某1没有签署认罪认罚具结书。在审判阶段,在律师的支持下,律师替李某1与被害人进行刑事和解,向被害人真诚悔罪,赔礼道歉,积极赔偿被害人经济损失(赔偿了2.4万元给被害人),得到了被害人张某的谅解,张某出具谅解书。在法庭审理经过举证质证和被告人最后陈述,该案经合

---

〔1〕 参见广西壮族自治区桂林市秀峰区人民检察院量刑建议书(秀检量检〔2021〕17号)。

〔2〕 由于被告人李某1对该案被公诉机关定性为信用卡诈骗罪有异议,因此,李某1并未与公诉机关签订认罪认罚具结书,但被告人李某1对其实施的犯罪行为供认不讳并如实供述。事实上,李某1、李某2以及刘某等人一开始是盯着被害人张某身上的财物去的,只是为了得到更多的钱财,骗取了被害人张某身上银行卡密码并盗取现金。对于这种行为的定性,有的学者认为应当认定为诈骗罪,因为李某1等人是冲着被害人身上的财物而去的,而且在李某1等人骗取了被害人银行卡密码之后,事实上已经取得了被害人对于银行卡取现的委托,并未侵犯金融管理秩序,故应当认定为《刑法》第266条的诈骗罪。(参见吴雪莹:《骗取信用卡和其他物品并使用的行为如何定性》,载《中国检察官》2011年第6期)。而有的学者认为尽管李某1等人骗取到被害人银行卡密码,但被害人并未同意李某1等人使用其银行卡,根据两高《关于办理妨害信用卡管理刑事案件具体应用法律若干问题的解释》,将骗取他人信用卡并使用直接定为信用卡诈骗罪(参见李勇:《骗取他人信用卡并在ATM上使用如何定性》,载《中国检察官》2010年第10期)。笔者认为,该案应该认定为诈骗罪。因为首先,李某1等人作案的地点是在一般的汽车站,他们根本就是冲着被害人身上的财物而去的,如果作案地点在银行服务厅或者证券交易所,他们就是盯着被害人的银行卡而去的,他们的行为可以认定为信用卡诈骗罪。其次,并不是说两高司法解释规定就应当认定为信用卡诈骗罪,而是需要看他们骗的目标是仅仅盯着银行卡还是别的财物而去,如果骗取的是被害人身上所有的财物,包括现金、金银首饰以及信用卡等,即被告人的主观目的是骗取被害人所有的财物,信用卡也在其主观的诈骗故意之内,故不能忽视整体的诈骗行为,而仅将信用卡分割出来单独成立信用卡诈骗罪,而应该从整个案件的全貌以诈骗罪来定性较为合适。最后,目前国内刑事审判司法实践也有将类似行为认定为《刑法》第266条诈骗罪。实际上,李某1、李某2和刘某在实施该案之后,还在湖南永州实施了手法一样的犯罪行为,最终被湖南永州市冷水滩区人民法院以诈骗罪定罪处罚[参见湖南省永州市冷水滩区人民法院刑事判决书(2012)永冷刑初字第251号]。

议庭当庭合意当庭宣判,在李某1没有任何法定减轻情节的情况下,法院最终以被告人李某1犯信用卡诈骗罪,处四年九个月有期徒刑,并处罚金5万元人民币。

从以上这三个案例可以看出,案例5-2-5依法审判,坚持罪刑法定原则,在刑事和解之后,法官对被告人的量刑是在法定量刑幅度之内。但该案处理的社会效果不好。因为案发后,在审判过程中,被告人与被害人达成和解协议,被告人亲属已筹集50万元诈骗款还给被害人,几乎没有给被害人带来任何损失,被害人也谅解了被告人。该案的被告人甚至被害人和社会公众均认为被害人的经济损失已经得到全额赔偿,被告人的行为给被害人造成的损失很小,法院判处被告人有期徒刑十年的刑罚过重,而应当判处更轻的刑罚。案例5-2-6对被告人从宽处理,虽然双方当事人和群众均表示满意,但是从宽幅度过大而突破了法律规定。因为在该案中被告人没有任何法定从宽量刑情节,按照《刑法》第234条第2款规定,故意伤害他人身体致人死亡的,处十年以上有期徒刑、无期徒刑或者死刑。但该案仅仅判处被告人有期徒刑三年、缓刑五年,显然突破了法律规定。因此该案量刑的最低幅度应为有期徒刑十年。案例5-2-7对被告人从宽处理,虽然双方当事人表示满意,但是从宽幅度也突破了法律规定。因为在该案中,被告人没有任何法定从宽量刑情节,按照《刑法》第196条之规定,进行信用卡诈骗活动,数额巨大的,处五年以上十年以下有期徒刑,并处5万元以上50万元以下罚金。换言之,在没有任何法定减轻情节时,该案最低量刑应当为五年有期徒刑。但该案最终被法院判处四年九个月,显然也是突破了法律规定,该案中,检察院机关同样也很"配合"法院,并没有提出抗诉。

还有被告人韦某犯故意伤害致死一案,法官为了使达成和解协议之后的被告人的从宽"突破"法律规定而"违心"认定被告人韦某为从犯,从表面看对被告人韦某的处罚没有"突破"法律规定,但为了达到对被告人韦某"突破"法律规定的幅度进行从宽处理的目的而"违心"认定被告人韦某为从犯,实质上已经"突破"了法律规定的对于被告人的从宽处理幅度。还有上述刘某职务侵占罪也同样如此,对于这种情形,在当前审判阶段的刑事和解司法实践中不是个案,需要认真对待和解决。

三、履行方式过于单一

自从刑事和解制度在我国得到发展后的十多年来,刑事和解程序的模式一般就是遵循着被告人通过真诚悔罪、赔礼道歉和赔偿损失得到被害人的谅解和司法机关的从宽处理的路径。其中加害人的履行方式基本都是一次性的即时履行。根据最高人民法院《关于适用〈中华人民共和国刑事诉讼法〉的解释》第593条的规定,"和解协议约定的赔偿损失内容,被告人应当在协议签署后即时履行"。对于最高人民法院通过司法解释提出被告人需要即时履行刑事和解协议的规定,有的学者认为,"这种规定思路虽然有其合理性,但也产生了消极的影响,不仅损害了需要获得赔偿救济的被害人的长远利益,而且不利于经济困难却有赔偿与和解意愿的被追诉人的从宽处罚。"[1]

审判机关通常要求加害方即时履行刑事和解协议,其中有司法机关为了省事以免加害人久拖不予履行而在后续产生矛盾的主要原因,还有被害人担心刑事和解再次沦为变相的附带民事赔偿判决——"打白条一张"无法履行的深层次原因,更有我国当前经济发展水平还相对落后和社会诚信体系尚未完全建立起来最终导致刑事和解协议得不到履行的根本原因。事实上,在刑事和解执行分期履行和解协议的情形中,被告人过后不能履行的情况也不少见。根据笔者观察某市法院基层法院和市中级法院的刑事和解履行方式,

---

[1] 赵恒:《认罪认罚与刑事和解的衔接适用研究》,载《环球法律评论》2019年第3期。

均为清一色即时履行金钱赔偿。[1]过于单一的和解履行方式,也会产生下列问题:

首先,由于我国当前的贫富差距逐渐加大,不同的加害人之间贫富差距也较大,不同加害人获得和解的成功几率差距也比较大。不同加害人在刑事和解中获得成功的几率不一,因此不同加害人得到司法机关从宽处理的幅度不一,进而可能会导致外界质疑刑事和解已经沦为"花钱买刑"的境地,这是不利于刑事和解制度的良性发展的。刑事和解制度产生的根本动力说到底是司法人员对传统刑事司法"过于关注被告人而忽略被害人"的反思和更加关注被害人的被害人学的勃兴,我们更加注重构建和谐社会,且刑事和解还能有效提高司法效率和节约司法成本,但却因加害人之间贫富差距过大而导致刑事和解成功率相差甚远并因此遭受外界质疑,这阻碍了刑事和解制度的发展。

其次,过于单一的和解协议履行方式使刑事和解异化为只注重经济赔偿,而不重视精神损害的治疗和恢复。刑事和解最坚强的理论支撑之一就是当事人之间的精神沟通与交流,尤其是加害人向被害人真诚悔罪、赔礼道歉,使被害人受到的精神伤害得到修复,从而使当事人与社会的关系得到修复,刑事和解化解社会矛盾的功能得到进一步发挥。建立在宽恕情感基础之上的刑事和解制度,注定了刑事和解制度的发展不能只关注经济赔偿,而更应该关注被害人所受损害的修复,同时更应该关注加害人给社区社会关系造成的损害的修复。而刑事和解过于单一的履行方式,注定了刑事和解过于注重和解结果而忽略了和解的过程,这势必造成一些不良的后果,比如对于本可以和解的案件,由于缺乏加被害双方真诚的和解过程而无法和解。比如药家鑫案,就是由于缺乏真诚和解的过程,加上司法机关放任媒体的大肆炒作以及网民对于被告人的妖化,从而放任仇恨在网络媒体上的肆虐,进而使具有真诚悔罪意愿的药家鑫被

---

[1] 根据笔者查找广西某市两级法院所有刑事和解的案例,100%和解成功的案例的履行方式均为一次性即时履行方式,没有以分期履行以及以其他方式履行的案件。

法院判处死刑立即执行。对于并没有真正在心理上和解的案件，由于达成了赔偿协议而误认为已经和解，结果使得被害人对犯罪人"漫天要价"，这只会造成犯罪人的愤恨，而没能促使犯罪人真诚悔罪和得到被害人的真正谅解，这样也不利于犯罪人日后的改造自新和回归社会。另外则造成了被害人对犯罪人的谅解系"认钱不认人"的认识，不利于刑事和解真诚的精神沟通与交流，虽然表面上已经和解了，但这并非真正的和解。[1]

最后，过于单一履行方式，不利于刑事和解制度的发展。刑事和解制度的发展，不应仅仅取决于加害人的经济条件。如果刑事和解制度主要取决于加害人经济条件和履行和解协议的能力，那么这就会阻碍刑事和解往更加健康的方向发展。比如韦某故意伤害一案中，如果不是被告人及其家属倾其所有，通过东筹西借筹了6万元人民币赔偿款给被害人父母，那么这个案件也不可能达成最终和解。但该案的被害人父母只是运气比较好，他们遇到了家庭经济条件比较好的被告人韦某，同时被告人的姐姐非常关心其弟弟，替代被告人积极筹集款项而得到被害方的谅解，从而促使双方顺利地达成刑事和解，对于存在被告人家庭经济条件不好或者被告人亲属不是很积极筹集款项等因素的案件，被告人与被害人之间达成和解协议的概率就低很多。笔者曾经办理过一起故意伤害致死案，该案的被告人与被害人系邻居，因被害人存放烟花爆竹，遭受被告人以危及其家安全隐患为由引发的故意伤害致死案。在案件审理之初，被告人姐姐及姐夫愿意通过和解的方式与被害人妻子进行和解，两家关系有好转迹象。但被害人妻子坚持要求被告人姐姐及姐夫替被告人赔偿经济损失20万元，而且要求被告方一次性即时履行20万元赔偿款。被告人姐姐及姐夫认为被害方请求赔偿的数额过高，且被告人姐姐及姐夫家庭经济情况也比较差，请求降低赔偿数额，并请求分期履行赔偿款。但由于被害人妻子不同意，双方当事人最终未能达

---

[1] 参见王平等：《理想主义的〈社区矫正法〉——学者建议稿及说明》，中国政法大学出版社2012年版，第82页。

成和解协议。后来被害人妻子要求法院判处被告人死刑。本已好转的两家关系因没达成和解协议而再次恶化。因此,过于单一的和解履行方式无助于有效缓和双方当事人之间的矛盾,而且会阻碍刑事和解制度的发展。

四、刑事和解监督不到位

刑事和解不仅赋予了双方当事人进行协商、会谈以及赔礼道歉、赔偿损失等事项较大的自由权,也赋予了司法机关对加害人予以从宽处理的较大自由裁量权。然而,当前刑事和解运行过程中的监督机制还不是很完善。因此,有的学者认为,对于一些极端凶恶的罪犯,加害方通过真诚悔罪、赔礼道歉和积极赔偿损失,得到被害方的谅解和司法机关从宽处理被判处死缓,其中潜藏着死刑案件被暗箱操作的现实危险。[1]

第一,公诉机关的监督不是很到位。在审判阶段刑事和解的过程中,公诉机关办案人员数量本来就相当的紧张,因此他们一般不会对审判阶段刑事和解过程过于主动深入地进行监督。审判机关在主持或者监督确认刑事和解的过程中,一般也不会很主动地自觉接受公诉机关的监督,在审判阶段刑事和解过程中也很少邀请公诉机关办案人员参与和监督。因此,在当事人双方和解过程中,如果审判人员在组织双方当事人刑事和解过程中利用职权实行"钱权交易",这也不太容易为公诉机关所监督和制止,从而为审判人员利用职权实施腐败行为提供了寻租的空间。此外,对于监狱部门因服刑人员在狱中与被害人达成和解协议向法院提请减刑假释的案件,当前公诉机关也缺乏有效的监督。还有在二审当中,上诉人与被害人达成和解协议之后法院的自由裁量权也较大,公诉机关也缺乏有效监督。上述这些都容易滋生腐败现象。

第二,法院纪检监察部门以及审判管理部门的监督不到位。当

---

[1] 参见梁根林:《死刑案件被刑事和解的十大证伪》,载《法学》2010年第4期。

前，法院纪检监察部门作为法院内部执法监督部门，对于办案部门的执法过程并没有深入的监督和形成有效的监督机制。这就造成法院的纪检监察部门的日常工作一般都是从收到的群众举报信等外部监督中去发现和查办本院办案部门的执法腐败问题。而在刑事和解相对封闭的和解过程中，即使办案人员利用其职权的便利实施"权钱交易"，刑事和解双方当事人也很少会对办案人员进行举报。从而导致法院目前的纪检监察部门的监督机制很难对审判人员在主持和解过程中利用职权之便利实施的"权钱交易"等腐败现象进行有效监督。

第三，社会公众无法对审判阶段刑事和解进行有效监督。当前，审判阶段适用刑事和解大部分是由审判人员主持的。对于由审判人员主持刑事和解的模式，除了主持人、当事人等对于刑事和解过程参与和知情外，社会公众包括社会媒体对于刑事和解的过程以及内容是无从得知的。尤其是在当前刑事和解通常还强调对于刑事和解内容应当保密的情形下更是如此。所有这些都加大了社会公众和媒体对于刑事和解进行监督的难度，特别不利于对审判阶段刑事和解进行有效的监督。

第三节 审判阶段刑事和解制度的完善

一、规范并拓宽刑事和解的适用范围

对于如何拓宽和规范刑事和解适用范围，本书第三章第四节已经进行过详细的分析与研究，在此将不再赘述。现主要是就刑事审判阶段刑事和解如何拓宽和规范刑事和解适用范围作进一步的补充。客观而言，本书虽然赞同在所有的诉讼阶段均可适用刑事和解，但仍然需要指出的是在公安侦查阶段不太提倡公安机关对于严重的刑事案件适用刑事和解。

在刑事侦查阶段，对于严重的刑事犯罪主要还是以调查事实和

收集证据为主。如果过分提倡在刑事侦查阶段投入大量的人力物力财力去对罪行严重的案件适用刑事和解,有可能"本末倒置",且可能因侦查中的案件事实调查与证据收集工作欠缺而导致审查起诉阶段乃至刑事审判阶段陷入案件事实不清证据不足的"漩涡"当中,从而难以对刑事案件依照事实与法律作出准确的判断和处理,这对于案件适用刑事和解解决纠纷将产生非常不利的影响。[1]

在审查起诉阶段,应主要发挥公诉机关对于轻微刑事案件的分流功能。对于罪行严重的刑事犯罪案件适用刑事和解,应主要以当事人提起为主、公诉机关提出为辅。到了刑事审判阶段,对于有条件达成和解协议的案件,只要不是不适宜适用刑事和解方式解决的刑事案件[2],都应当提倡通过刑事和解的方式解决。因为刑事审判阶段是对于较为严重的刑事犯罪的被告人进行定罪量刑的阶段,也是被害人得到精神修复和经济赔偿的重要和关键阶段。

因此,在刑事审判阶段,只要有希望通过和解方式解决的案件,都应当提倡适用刑事和解方式解决。"刑事和解可以适用于包括死刑案件在内的一切刑事案件,并且主张在罪质轻重不同的案件中应当对刑事和解进行区别对待。如对于微罪案件,可以通过刑事和解终结刑事诉讼,将其无罪化处置;对于轻罪案件,可以将刑事和解作为法定从宽情节,体现在立法之中;而对于诸如死刑案件应当赋予司法工作人员一定的自由裁量权,将刑事和解作为酌定从宽情节予

---

[1] 比如出现当事人对于达成的和解协议反悔的情形时,如果案件事实不清和证据不足,则难以追究被告人的刑事责任和民事赔偿责任,导致被害人的合法权益得不到保障而可能使被害人"再次被害"。

[2] 一般认为,对于危害国家安全罪、危害国防利益罪、贪污贿赂罪、渎职罪以及军人违反职责罪等纯粹侵害国家和社会公共利益类型的犯罪不适用刑事和解。还有学者认为,为了顾及社会公众情感方面的要求,至少现在对于因杀人、爆炸、抢劫、强奸、绑架等暴力性犯罪曾被判处十年以上有期徒刑、无期徒刑的犯罪分子,又在累犯时限内犯严重暴力性犯罪的,不应当将刑事和解作为其适用死缓的酌定情节。参见中国社会科学院法学博士后流动站主编:《中国社会科学院法学博士后论丛》(第六卷),中国社会科学出版社2010年版,第460页。

以考虑,从而考虑在适当条件下,对死刑罪犯适用死缓。"[1]而根据《刑法》第61条以及第五次全国刑事审判工作会议的相关规定,对于因婚姻家庭、邻里纠纷等民间矛盾激化引发的刑事案件,因被害方的过错行为引起的案件,案发后加害方真诚悔罪并积极赔偿被害人损失的案件,应慎用死刑立即执行。[2]此外,最高人民法院通过发布文件的形式对死刑案件适用刑事和解予以充分肯定,[3]在司法实践中也通过刑事和解经典案例,引导各级法院积极适用刑事和解方式解决死刑案件当中的双方当事人之间的矛盾纠纷。下面以某被告人杀死三名邻居的命案为例:[4]

案例 5-3-1:被告人黄某光与黄某和系邻居,且为同村同组兄弟。黄某光家的排水沟流经黄某和的房子后面,黄某光家与黄某和家因排水问题,引发矛盾纠纷,黄某和母亲杨某因此经常辱骂黄某光。一日,黄某光又听到被害人杨某对其进行辱骂,恼羞成怒,遂拿起屋里的水果刀冲到杨某的客厅,将杨某当场杀死,之后在黄某和屋外又将黄某和女儿、儿子杀死,之后到公安机关投案自首。一审期间,法官认为该案系因民间纠纷引起,为了化解当事人之间的矛盾,为双方提供和解的机会,并引导被告人向被害方赔礼道歉和赔偿损失。双方当事人虽然最终没能达成和解,但法院为了化解社会矛盾,还是主动地向双方当事人说明了可以刑事和解及其可能产生的法律后果。但一审期间,被告人并未能与被害方达成和解协议,

---

〔1〕 中国社会科学院法学博士后流动站主编:《中国社会科学院法学博士后论丛》(第六卷),中国社会科学出版社2010年版,第456页。

〔2〕 参见中国社会科学院法学博士后流动站主编:《中国社会科学院法学博士后论丛》(第六卷),中国社会科学出版社2010年版,第456~457页。

〔3〕 最高人民法院2009年《关于印发对依法可不判处死刑案件全力做好附带民事调解工作典型案例的通知》明确指出了做好附带民事调解工作,使被害方因犯罪遭受的物质损失得到赔偿、精神创伤得到抚慰,以有效缓和、化解社会矛盾,最大限度地增加和谐因素,减少不和谐因素。该通知一并发布了"对依法可不判处死刑案件全力做好附带民事调解工作的典型案例",包括范某祥故意杀人案等14件典型案例。

〔4〕 资料来自广西贵港市中级人民法院裁判文书(2011)贵刑一初字第32号。

最终一审法院以被告人犯故意杀人罪判处死刑，立即执行。该案报至高级人民法院核准，高院对双方当事人进行和解工作后，双方当事人仍然没有达成和解协议，高院核准之后报最高人民法院复核。

该案在一审、二审期间都为当事人提供了和解的机会。到了最高人民法院，也仍然为当事人提供和解的机会。这个案件过去了将近五年，最高法还没有下死刑复核结果。从某个角度说明最高法对于因邻里纠纷引发的故意杀人案件，对于被害人有一定的过错的案件以及被告人认罪悔罪态度好的案件的态度还是提倡适用刑事和解方式处理。该案的被告人平时一贯表现良好，且案发后立即到公安机关投案自首，且是由于长期受到邻居杨某的辱骂而一时冲动杀死了邻居杨某及其两个孙子，在某种程度上具有可不杀因素，对于这样的死刑案件可以通过刑事和解的方式解决。因此，"在死刑复核期间，对于具有不可杀因素的部分死刑案件，由司法机关主导，在被害人亲属与加害人及其亲属间进行调解，如果加害人及其亲属愿意赔偿被害人及其亲属适当物质损失并取得被害人及其亲属的谅解，那么可以不核准死刑。"[1]

此外，还需要补充的一点是，拓宽刑事和解适用范围并非仅仅指拓宽刑事和解案件的犯罪类型[2]和可能判处刑罚的轻重，还可以指刑事和解的非物质和解方式。比如对于一些已经判处死刑立即执行的案件，通过双方当事人之间精神交流和沟通的方式适用刑事和解。这样的刑事和解方式只是涉及所受精神创伤的修复与治愈，而不再涉及经济损失方面的赔偿。这似乎已经超出了法律规定和大众所理解的刑事和解的范围。但提倡这样"广义"刑事和解的适用，对于刑事和解的发展、治愈被害人所受精神创伤和被告人的精神和自尊得到满足具有非常积极的意义，对弘扬充满人文关怀的法治精

---

[1] 陈光中：《刑事和解再探》，载《中国刑事法杂志》2010年第2期。
[2] 我们认为，对于案件类型的适用，也没有必要限制一定是因民间纠纷引起的，事实上，很多是企业、事业单位等与个人的刑事纠纷，只要双方愿意，不损害社会公共利益，均应该允许适用刑事和解解决双方刑事矛盾纠纷。

神和推动法治建设发展大有裨益。比如对于已经被判处死刑甚至最高人民法院已经核准死刑和下令执行死刑的案件都可以适用刑事和解。

虽然被判处死刑的被告人已经被法院判定剥夺生命权，但是被害人包括被告人本人受到伤害的精神、自尊甚至受伤的灵魂均需要得到修复和尊重，这体现了刑法的人道主义精神。上面所提及的在美国对于已被判处死刑的被告人，在行刑前都可以适用刑事和解，最终使被害人的母亲对死刑犯的看法发生了大逆转，原来的消极情绪完全消失，而被判处死刑的罪犯也因为得到被害人母亲的理解和谅解，尤其是得知被害人母亲还有其他小孩时，心里感到释然。双方"痛苦的""冰冻的"心，因此得到治愈和融化。这不正是人间幸福所欲达到的一种境界吗？

在我国何尝不是如此，在最高人民法院已经下发了死刑命令的案件中，在被告人被执行死刑前，有的被告人还通过向被害人亲属真诚悔罪和道歉的方式争取得到被害人亲属的谅解。在得到被害人亲属的谅解和肯定眼神的那一刻，即将临刑的被告人终于坦然地走向刑场，这样的画面显示了刑法中死刑残酷的一面，同时又体现了刑事和解给死刑犯带来的一丝温暖和给被害人亲属带来的安慰，下面这起案例就是如此：[1]

案例 5-3-2：被告人李某为了骗被害人赵某的钱，一天在某市区街道的李某见赵某骑摩托车经过，于是向赵某打招呼，叫赵某骑摩托车送其回去。赵某与李某相识，于是赵某就答应李某并开摩托车送李某回去。在经过某巷子时，李某以下车小便为由，在赵某停车后，便从身上拿出随身携带的水果刀向赵某腰部、腹部猛捅导致赵某当场死亡。一审期间，法官也为双方当事人提供了和解机会，但由于被害人父亲丧子心痛而没有答应和解，一审以故意杀人罪判处被告人死刑立即执行，高院核准一审判处被告人死刑判决，报最

---

[1] 资料来自广西贵港市中级人民法院（2012年）。

高人民法院核准。最高人民法院经复核，核准被告人死刑，并下发死刑执行命令。在临行赶赴刑场前，被害人父亲到庭旁听，被告人还是真诚地对被害人父亲道歉说真的对不起，在被法警拉出法庭赶赴刑场前一刻终于得到了在场的被害人父亲的谅解。在那一刻，被告人脸上终于露出了欣慰的笑容，而被害人父亲在那一刻也感到了释怀。

从这个案例来看，在死刑判决作出之后，被告人还积极与被害方进行和解，虽然被告人明知判决已经不可能再改变，但为了灵魂得到安置，为了得到无辜被害人父亲的原谅，在临行前一刻还不忘和解。而执行死刑的法院也不忘在这一刻留出一些时间给当事人进行和解。这个执行死刑前的和解案例从某种程度上颠覆了传统的刑事和解观念，即将被执行死刑的被告人通过向被害人真诚悔罪和赔礼道歉而得到被害人的谅解，虽然没有得到司法机关的从宽处理，但也是一种和解。

因为这种和解不仅仅是从经济赔偿以及得到司法机关从宽处理的狭窄角度和内容出发，还从更高层次的精神层面去理解刑事和解，而刑事和解的初衷最主要还是以被告人真诚悔罪为前提，以修复被害人精神受到的伤害为重点。

因此，即将被执行死刑的被告人愿意在被执行死刑之前以真诚悔罪和赔礼道歉的方式取得被害人谅解，从而进行"和解"的，审判机关应当允许和予以鼓励，从而为将来刑事和解制度注重精神修复治愈的程度多于注重经济赔偿的程度，为刑事和解制度走向更加文明的方向打下良好的基础。

总而言之，在本书第三章第三节已经总结列举了适用刑事和解的刑事案件和不适用刑事和解的案件排除范围。我们简练总结为，对于有具体的被害人（有时包括部分营利性单位），只要双方当事人愿意，适用刑事和解不会给国家、集体和社会造成重大损害的，在不减损法律威慑性的前提下，可以提倡适用刑事和解。在刑事审判司法实践中，尽管有的案件具有黑社会性质组织犯罪性质，但由于有具体的被害人，在刑事庭审中，法院也允许被告人与被害人达成刑事和解协议，并得到法院从宽处理。下面这起案例是广西一起影响重大的涉及黑社会性质组织犯罪的案例[1]，但并不妨碍本案中部分被告人与被害人在法庭庭审过程中就故意毁坏财物罪部分达成刑事和解协议，以及得到法院从宽处理：[2]

案例 5-3-3：2016年陈某1因驾驶轿车与梁某1夫妇所骑电动车发生剐蹭而产生争执，遂纠集何某、冯某等人将梁某1围住，并由同伙打了梁某1一巴掌。陈某1等人离开后，梁某1夫妇叫其妹妹梁某2帮忙。梁某2驾驶自己的路虎车邀集亲友一起在广西某市新华路与教育路交叉路口找到陈某1，梁某1上前质问陈某1并打了其肩膀几拳。陈某1驾车逃离后，即通知其手下纠集人员帮其报复对方，并指使郭某寻找对方，安排冯某驾车接他。何某随即纠集李某及李某的手下覃某等人，郭某纠集了麦某等人到广西某市湖南路"好味香脆皮烧鸡店"旁找到梁某2停放的路虎车，同时，陈某1还找陈某2帮忙纠集人员和提供水管等工具，陈某2随即带着黄某、杨某、曾某、陈某3等手下驾车过去帮忙。凌晨3时许，陈某1等人先后赶到梁某2停放的路虎车旁，众手下从黄某坐的车上拿了刀、钢管等工具在附近寻找梁某1、梁某2等人未果，陈某1即指示众人砸车，何某、李某、黄某、曾某、陈某3、麦某、何某等十余人持水

---

〔1〕 该案涉及51名被告人，检察院指控该案51名被告人分别犯组织、领导黑社会性质组织罪，参加黑社会性质组织罪，抢劫罪，走私普通货物、物品罪，走私国家禁止进出口的货物、物品罪，聚众斗殴罪，敲诈勒索罪，寻衅滋事罪，故意毁坏财物罪，故意伤害罪，非法拘禁罪，强迫交易罪，非法持有枪支罪，窝藏罪，虚开增值税专用发票罪，用于抵扣税款发票罪，虚开发票罪，骗取出口退税罪，故意销毁会计凭证、会计账簿罪，行贿罪，非法经营罪，偷越国（边）境罪，走私珍贵动物制品罪。该案开庭审理历经整整一个月的时间，该案在当年属于广西影响第一号涉黑案件，一般都会认为这种重大的涉黑案件在庭审中不会适用刑事和解，但该案的寻衅滋事罪和故意毁坏财物罪均适用了刑事和解，最终对于这两个罪名，与被害人达成刑事和解协议的被告人均得到了比没有与被害人达成刑事和解协议的被告人更大幅度的从宽处罚。

〔2〕 参见广西壮族自治区桂林市中级人民法院刑事附带民事判决书（2020）桂03刑初50号。

管、砍刀、砖头等工具一起砸该路虎车。事后，符某出面与梁某 2 协商赔偿事宜，但之后符某请示陈某 4，陈某 4 不同意赔偿。经价格认定，梁某 2 的车辆损失为 360 502 元，梁某 2 为节省费用找熟人的修理厂对车辆进行部分维修，花费 13.3 万元。另查明，何某、郭某的家属各代为赔偿 2 万元给梁某 2 并取得谅解。

最终，被告人何某与郭某的故意毁坏财物罪部分的行为得到法院从宽处理。[1]

二、在刑法中将刑事和解规定为法定从宽情节

根据《刑法》第 61 条和第 5 条规定，对于被告人量刑时，应根据犯罪事实、性质、情节和对社会危害程度判处，刑罚轻重应与被告人所犯罪行和承担的刑事责任相适应。在刑事和解司法实践中，双方当事人达成和解协议以及得到被害人谅解之后，有的案件被告人的主观恶性和人身危险性已大为降低，犯罪情节和对社会的危害程度也大为降低。但在量刑时，因没有法定从宽量刑情节，只能在法定最低刑以内量刑，但量刑依然过重而违反罪责刑相适应原则时，法的公正性就会受到破坏。正因为如此才有了案例 5-2-6 中法官在法定幅度外量刑的问题出现。

当然，如果出现案例 5-2-6 情形，也还有救济途径，即根据《刑法》第 63 条的规定，即使被告人没有法定减轻处罚情节，但是根据案件的特殊情况，比如案例 5-2-5 或者案例 5-2-6 等在最低法定量刑幅度内量刑依然过重而违反罪责刑相适应原则的，经最高人

---

[1] 故意毁坏财物罪部分的量刑，由于何某、郭某与被害人梁某 2 分别达成刑事和解协议，并且得到梁某 2 的谅解，何某与郭某得到法院从宽处理，法院最终以何某与郭某犯故意毁坏财物罪，判处有期徒刑二年，而其他故意毁坏财物罪的被告人，由于没有赔偿被害人梁某 2，他们没有与被害人梁某 2 达成刑事和解协议，没有得到梁某 2 的谅解，则没有得到法院从宽处理，他们被法院以故意毁坏财物罪，分别被判处 3 到 6 年不等有期徒刑。参见广西壮族自治区桂林市中级人民法院刑事附带民事判决书（2020）桂 03 刑初 50 号。

民法院核准，可以在法定刑以下判处刑罚。从司法实践来看，为了使量刑符合罪责刑相适应原则，因特殊情形需报最高人民法院核准而在法定刑以下判处的情形非常少，因为经最高人民法院核准需要历经大量繁琐的手续和漫长等待时间，有的法院还担心受到质疑更加不会主动适用最高法核准减刑的程序。也正因为如此，最高人民法院通过司法解释的方式直接赋予了法官对于达成刑事和解案件如果判处最低刑仍然过重而直接减刑的权力。

根据 2021 年 3 月 1 日起施行的最高人民法院《关于适用〈中华人民共和国刑事诉讼法〉的解释》第 596 条的规定，对于达成和解协议的案件，人民法院应当对被告人从轻处罚，如果判处最低刑仍然过重的，可以减轻处罚。从该条规定可以看出，最高人民法院已经通过司法解释赋予了法官对于达成和解协议案件，根据实际情况在法定刑以下判处的权力。但这已经与《刑法》第 63 条关于法官在法定刑以下判处刑罚需经最高人民法院核准的规定相冲突。

由此可见，虽然最高人民法院这一司法解释可谓"用心良苦"，但是根据立法法的规定，刑法是全国人民代表大会制定的法律，而最高人民法院司法解释则是由最高人民法院通过解释法律的办法来指导司法实践而颁布的法律，两者虽然都属于有效的法律，但前者为上位法，后者为下位法，根据上位法优于下位法以及下位法不得与上位法相冲突的原则，上述司法解释第 596 条显然与《刑法》第 63 条第 2 款规定相冲突。

因此，与其如此，不如在《刑法》第 63 条之后增加一条即第 63 条之一中规定对达成和解协议的案件，人民法院应当对被告人从轻处罚；符合非监禁刑适用条件的，应当适用非监禁刑；判处最低刑仍然过重的，可以减轻处罚；综合全案认为犯罪情节轻微不需要判处刑罚的，可以免除刑事处罚。而《刑法》第 63 条第 2 款则可以在"……经最高人民法院核准……"后面加：达成和解协议的案件除外。也即是说，对于达成和解协议的案件，赋予法官根据犯罪事实、性质、情节和对社会危害程度等因素并遵循刑法罪责刑相适应原则减轻处罚的权力[1]。

通过立法规定赋予法官对于刑事和解案件从宽处理的权力，就避免了法官为了使案件量刑符合"罪责刑相适应原则"而突破法律规定，对于达成和解协议的案件在法定最低刑以下判处的"违法情形"出现。而且随着法官的精英化进程向前推进，法官的专业水平与职业道德素养也越来越高，赋予他们较大的自由裁量权并配合有效的监督机制，通过立法规定赋予法官对出现判处最低刑仍然过重情形的达成和解协议的案件可以减轻处罚的权力。

将话题拉回到具体案件当中，如果通过立法赋予法官对于达成和解协议案件从宽处理的权力，则在被告人韦某与被害人邓某的父母达成和解协议之后，法官就不会为了使案件量刑符合"罪责刑相适应原则"和使被告人得到减轻处罚而"违心"或者"违法"认定其为从犯后才减轻处罚，而是可以直接根据法律规定对被告人韦某减轻处罚。案例5-2-5当中，法官也可以对被告人依法在有期徒刑十年以下判处。案例5-2-6的处理也更有法律依据，等等。

总而言之，将刑事和解规定为法定从宽情节，通过立法赋予法官对于达成和解协议案件中的被告人从宽处理的自由裁量权是有利于刑事和解制度的发展和使案件得到合法、合情以及合理解决的。

三、改进刑事和解履行方式

当前，我国刑事和解发展过程中遇到的一个巨大发展瓶颈就是刑事和解履行方式过于单一，一般都是一次性即时履行。而刑事和解得以发展，除了被告人的真诚悔罪使被害人精神损害得到快速修复之外，还有一个重要的原因就是被告人的积极赔偿可以使被害人的经济损失得到及时弥补。但当前我国刑事和解履行方式对于大多数被告人而言都是一个不小的挑战，因为大多被告人经济条件相当糟糕，刑事和解一次性履行方式对于他们来说是一个难题，这对于

---

[1] 当然，这里的减轻的前提条件是对达成和解协议刑事案件判处最低刑仍然过重。

刑事和解的发展是一个巨大障碍。因此，应当改进刑事和解的履行方式和完善相关制度。

首先，开创多种刑事和解履行方式。一是为被害人提供劳务服务。在达成和解协议后被判处非监禁刑和实行社区矫正的服刑人员，在被害人和服刑人员同意后，社区矫正机构可以安排服刑人员向被害人提供一定的补偿性劳动。这种履行方式可表现为服侍年迈的孤寡被害人，还可以表现为因受害导致缺乏劳动力的被害人耕种收割，对损毁财物进行修复，比如安装被打碎的玻璃、修理被撞坏的车辆等。通过上述服务性劳动，免除被害人的一些经济支出，实际上就相当于对被害人作出了经济补偿，体现了社区服刑人员的悔罪态度，具有化解社会矛盾之功效〔1〕。二是采取监所劳动所得分期履行给被害人的履行方式。将被告人在监狱等刑罚执行场所中进行劳动所得的一部分定期赔偿给被害人，以弥补被害人的损失，减轻社会压力〔2〕，从而保障刑事和解协议得到履行。"引导被害人与被追诉人就给付年限、数额等内容达成特定的赔偿协议，同时，引入刑罚或者非刑罚的激励方式，保证被害人获得及时赔偿的合理期待，从而提高分期给付制度的可操作性，既尽可能地调动被追诉人主动赔偿的积极性，又最大程度地弥补被害人的损失。"〔3〕三是可以采取在企业打工或者做社区义工的刑事和解履行方式。目前在经济比较发达、城镇化水平比较高的沿海地区，可以责令被判免除刑罚或者缓刑等非监禁刑的被告人通过在企业打工或者做社区义工的方式履行。这样的履行方式可以为具有悔罪表现而无金钱履行能力的被告人提供一个与被害人和解的机会。这种履行方式可以是创立中立刑事和解机构为达成和解协议案件的被告人提供通过打工的机会进而将获得的报酬交给被害人，也可以通过做社区义工的方

---

〔1〕 参见王平等：《理想主义的〈社区矫正法〉——学者建议稿及说明》，中国政法大学出版社2012年版，第211页。

〔2〕 王平：《中国监狱改革及其现代化》，中国方正出版社1999年版，第180页。

〔3〕 赵恒：《认罪认罚与刑事和解的衔接适用研究》，载《环球法律评论》2019年第3期。

式，由社区所建立的基金中心将赔偿款拨付给被害人。当前这两种履行方式在我国一些经济发达的地区已经开始进行试点，并取得了良好的效果。比如江苏省苏州市已经开始探索这两种刑事和解履行方式。[1]

其次，建立完善的犯罪被害人补偿制度。当前，犯罪被害人补偿制度尚未完善，这对于因遭受犯罪行为侵害而又未能及时得到赔偿而陷入生活困境的被害人而言是一种不幸。而从国家组织原理来看，国家是由一个个独立的公民组织起来而组成的一个公共管理机构。作为公共管理机构的国家，具有保护公民人身、生命和财产安全的责任和义务。在本国公民遭受不法侵害而侵害者不能赔偿被害人经济损失导致被害人基本生活无着落时，国家有责任为受害者提供最基本的生活保障和救济，这就需要建立完善的犯罪被害人补偿制度。至于犯罪被害人补偿制度的资金来源，可以由中央国库、地方政府财政、公益慈善机构[2]以及被告人劳动所得或者被告人在监所劳动所得等各按一定的比例出资，然后建立和完善相关赔付被害人经济损失的犯罪被害人补偿制度。通过建立完善的犯罪被害人补偿制度，可以使我国刑事和解过于依赖被告人一次性即时金钱赔偿的困境得到改善，从而使刑事和解摆脱过于依赖被告人经济赔偿的局面而得以实现"质的飞跃"。

最后，建立中立的刑事和解机构。随着我国经济社会综合实力的不断增强以及市民社会的兴起，有一部分地区已经建立一些具有

---

[1] 比如2014年朱某与同事李某因琐事打伤李某，后双方达成赔偿李某3万元的和解协议，李某经多方筹集只筹措到2万元，后朱某与苏州市刑事和解协会签订了代为履行协议，获得1万元赔偿款交给被害人之后，朱某到企业打工，将所得1万元人民币还给苏州市刑事和解协会。参见於苏云：《国内首例刑事和解救助协议昨在苏州签订》，载《扬子晚报》2014年7月10日。

[2] 公益慈善机构的资金来源，除了爱心人士的捐助之外，还可以由法院判令被告人向公益机构支付一定金额金钱，以作为公益慈善资金库的一部分来源。在西方国家比如德国就已经实行这样的制度，根据《德国刑法典》第56条b的规定，法院可规定受审判人向公益机构支付一定金额，如果它与行为和行为人的个人情况相适应。参见王平等：《理想主义的〈社区矫正法〉——学者建议稿及说明》，中国政法大学出版社2012年版，第177页。

公益性质的刑事和解社会中立机构来分担一部分国家管理职能。这些中立的刑事和解机构不仅可以为以被告人到社区或者企业打工所得赔偿被害人经济损失提供机会，还可以监督被告人履行刑事和解协议。比如上文提到的苏州市刑事和解协会就是一个能够增强加害人在刑事和解中履行能力，从而为经济困难的加害人提供与被害人达成和解和得到被害人谅解以及司法从宽处理的机会的机构。

四、加强审判阶段刑事和解的监督力度

刑事审判过程中的刑事和解实际上属于司法权运作的一部分，而司法权的公平公正运行除了依靠司法人员的职业操守和廉洁自律之外，还需要完善相关的监督机制。在审判阶段，刑事和解启动、运行、审查以及最终作出处理决定，一般都是在不公开的状态下进行的。因此，这是非常不利于对审判阶段刑事和解进行有效监督的。为了使审判阶段刑事和解得到有效监督和维护法律的公平正义，可以从以下几个方面完善审判阶段的刑事和解监督机制：

首先，自觉接受公诉机关的监督。公诉机关作为法律监督机关，具有对从刑事立案到刑罚执行的整个刑事诉讼过程的法律监督权。审判阶段刑事和解属于刑事诉讼过程的一部分，也应接受公诉机关的监督。在刑事和解过程中，尤其是在庭外进行刑事和解的过程中，需要邀请公诉机关参与，以便于公诉机关对刑事和解过程以及结果进行监督。当前，在审判阶段进行刑事和解以及达成和解协议之后，法官不太注重自觉与公诉机关联系以接受公诉机关的监督。这不利于公诉机关对审判阶段刑事和解进行监督而可能导致审判人员在主持刑事和解的过程中利用职权产生腐败现象。

因此，在审判阶段刑事和解，公诉机关应当与审判机关就刑事和解监督形成有效机制。比如可以制定刑事和解相关备案制度，使公诉机关对审判阶段和解进行监督更加有效和快速，具体的做法可以是审判机关主持刑事和解前、中、后都应当与公诉机关沟通和邀请公诉机关参与，在刑事和解协议之后形成刑事和解报告材料，然

后传送给公诉机关备案。公诉机关应当在收到备案材料后三日内提出相关的审查监督意见。

同时，公诉机关对于审判阶段刑事和解材料的审查主要是就当事人参与刑事和解的自愿性以及刑事和解的合法性和合理性等方面进行审查，从而对审判阶段刑事和解过程中是否存在腐败现象进行有效监督。此外，对于在监狱中达成和解协议的案件，监狱依次提出减刑、假释的材料后向法院提请裁定。在法院审查相关材料的过程中，在监狱达成和解协议的服刑人员作出的裁定也应当受到检察机关的监督。

因为这种特殊形式的刑事和解，在审判阶段是由法院根据监狱机关提出的减刑假释建议进行裁定，这个环节如果没有受到外界的有效监督，审判机关办案人员就有可能借助审判权实施"钱权交易"，因此公诉机关作为法律监督机关对于在监狱达成和解的减刑假释案件作出的裁定也应当进行有效监督。监督的方式可以是对减刑假释裁定进行书面监督和实际调查监所服刑人员是否与被害人达成和解协议等实质内容进行监督。此外，当前公诉机关对于二审期间达成和解协议之后审判机关对上诉人的从宽处理等自由裁量权的行使应当进行有效监督。具体的可以是检察机关对二审达成和解协议的过程和结果进行现场监督。其中，对于最高人民法院死刑复核期间当事人达成和解协议的，最高人民检察院可以派员到庭监督刑事和解当事人的自愿性、和解协议内容的合法性等。

其次，邀请人民群众参与对刑事和解的监督。在刑事和解过程中，除了自觉接受公诉机关的监督外，可以邀请社区干部、村委干部、调解员或者相关群众参加，自觉地将审判阶段刑事和解置于公开透明的状态之下，以加强人民群众对审判阶段刑事和解的监督。人民群众参与审判阶段刑事和解的监督当前确实存在一定的难题。因为相当多的审判内容以及当事人的隐私尤其是性侵犯刑事案件中的相关信息需要保密或者不公开，还有未成年人刑事犯罪不可以公开审理。因此对于这样的案件，比如性侵犯案件，只能邀请妇联机构的妇女参加,而且相关人员在参与监督刑事和解时要保证对和解内容的保密。

此外,对于未成年人刑事案件和解的监督,可以邀请"关工委"的相关工作人员参与,同时也需要对他们说明参与刑事和解监督需要对刑事和解协议等信息进行保密。对于法院审理监狱部门提请的狱中服刑人员与被害人达成和解协议的减刑假释案件,可以邀请中立的刑事和解机构人员参与,以发挥他们的监督作用。

最后,加强本院纪检监察部门对刑事和解的监督。法院纪检监察部门是法院的内部监督部门。因此对于法院业务部门执法活动包括对审判阶段刑事和解的适用进行监督也是法院纪检部门的职责。因为根据2014年9月最高人民法院《关于人民法院纪检监察部门落实党风廉政建设监督责任的实施意见》规定,法院纪检监察部门的工作重点就是查找法院领导干部贪污贿赂、权钱交易和审判人员徇私舞弊、枉法裁判以及以案谋私等工作。

因此,法院纪检监察部门的监督工作自然而然也包括对办案部门在达成和解协议案件中,利用手中的自由裁量权与当事人进行"钱权交易"产生的腐败现象进行监督,尤其是对办案部门中具有决定权的领导利用手中的案件处理决定权在刑事和解案件的适用过程中实施"钱权交易"的现象进行监督。

具体的做法可以是加强法院纪检监察部门的人才队伍建设,建立一支纪检业务精良的队伍,并且形成对刑事和解监察监督的工作机制,比如对刑事和解当事人的自愿性、合法性等进行监督,并且可以与达成和解协议的案件当事人进行沟通,听取他们对于法院主持或者确认刑事和解的过程和处理结果的意见。同时,还可以向社会公布纪检监察部门刑事和解举报电子邮箱或者信箱,认真审查社会公众来信来访,对刑事和解案件举报信件的审查做到"不枉不纵"。

CHAPTER6 第六章

刑罚执行阶段的刑事和解

在刑罚执行阶段,报应性和惩罚性的刑罚矫正效果并未令人满意。刑罚执行机关开始把目光转向新的方向,二战后兴起的社会防卫运动也证明了这一点。其代表人物安塞尔指出:"现代刑事政策学运动或叫社会防卫运动自然会走到要求避免或放弃使用剥夺自由刑这一步。"[1]

而在罪犯与被害人之间进行的刑事和解,既注重发挥非监禁刑的作用,也重视整合罪犯羞耻之心,"利用羞耻心促使犯罪人积极改造的同时要努力达成犯罪人和被害人的和解以利于其回归社会。"[2]

第一节 刑罚执行阶段刑事和解理论与实务

一、刑罚执行刑事和解基础理论研究

刑罚执行包括监狱和看守所刑罚执行以及社区矫正执行。即使到了刑罚执行阶段,刑罚的目的仍然是一个重要的问题。也就是说刑罚是为了达到报应和惩罚,还是别的目的?德国有的学者认为,

---

[1] [法]保罗·安塞尔:《新刑法理论》,卢建平译,天地图书有限公司1990年版,第82页。

[2] 王平、林乐鸣:《中国传统耻感文化对罪犯教育感化的影响极其现代启示》,载《中国刑事法杂志》2009年第10期。

"刑罚的目的只能是预防，亦即只能是为了防止将来的犯罪。"[1]因为"报应理论并不具有社会正当性，因为：在报应理论中，刑罚的科处和刑罚的幅度都跟社会必要性没有关系"[2]。因此，对于服刑人员所处刑罚不应过于死板地盯住服刑人员科刑幅度的长短而持一成不变的观念。服刑人员与被害人通过悔罪认罪以及对被害人赔礼道歉和赔偿损失达成和解后，因服刑人员的主观恶性和人身危险性均有所降低，对其科处刑罚的幅度应当适当降低。而且刑罚执行最好能够促进犯罪人再社会化和以此来预防服刑人员再犯，这恰好与刑事和解所具有的有利于犯罪人重返社会的功能相契合，因此刑罚执行阶段适用刑事和解也可以实现刑罚目的。

另外，长期以来，被害人的合法权益难以得到实现。因为法律规定的刑事赔偿范围有限，罪犯赔偿能力有限，国家缺乏相应的补偿救助制度。服刑人员劳动所得可以从中划一部分用于赔偿被害人损失。[3]因此，在服刑人员与被害人之间就存在进行和解的必要性和可能性。而且，通过行刑机关在罪犯和被害人之间进行沟通，双方在自愿基础上进行形式多样的和解，对于消除罪犯和被害之间的紧张关系和促进罪犯改造都将起到积极作用，[4]尤其是对于偶犯、初犯以及未成年犯要尽量促使其与被害人达成和解，少用监禁刑，以防止其"交叉感染"，避免给其打上"罪犯"标签，有利于其真心悔改和回归社会。[5]

再次，刑罚执行阶段适用刑事和解有利于服刑人员灵魂的改造与提升，从而提高服刑人员的矫正效果。拉德布鲁赫曾经说过，"当

---

[1] [德]克劳斯·罗克辛（Claus Roxin）：《刑事政策与刑法体系》，蔡桂生译，中国人民公安大学出版社2011年版，第76页。

[2] [德]克劳斯·罗克辛（Claus Roxin）：《刑事政策与刑法体系》，蔡桂生译，中国人民公安大学出版社2011年版，第76页。

[3] 参见王平主编：《恢复性司法论坛》（2006年卷），群众出版社2006年版，第8~9页。

[4] 参见王平主编：《恢复性司法论坛》（2006年卷），群众出版社2006年版，第9页。

[5] 王平、林乐鸣：《中国传统耻感文化对罪犯教育感化的影响及其现代启示》，载《中国刑事法杂志》2009年第10期。

一个人只是作为'行为人',只是置于一项个别行为的角度下予以考察时,他的形象将受到极大的歪曲。与正确的心理学判断方向——从人性到行为——相反,现代刑事程序习惯于'从行为到人性,而它可能没有一次触及过人性'。"[1]我们从拉德布鲁赫的语言中可以理解到刑事司法的一些弊端,即刑事司法总是触及不了犯罪人的人性甚至经常扭曲人性,又何谈矫正或者再社会化?同样,在监狱刑罚执行过程中,"监禁的训练不仅没有矫正犯罪人使其再社会化,而且根本就是在将其推向社会的反面:要么是暴徒、变态者或者冷血动物,要么是奴才……监狱的训练鼓励人们学会服从,但这种反应几乎不可能使向自由社会的成功转型成为可能。"[2]而刑事和解允许服刑人员用自己的真心和真诚去换取被害人和国家的信任,而且也得到了被害人和国家的积极回应和肯定。从服刑人员的灵魂而言,这不亚于给予服刑人员沉寂的灵魂打了一剂清醒药,从而唤醒服刑人员的良知,体现在行动上就是担负起对于被害人的具体责任。

总而言之,在监所刑罚执行阶段和在社区刑罚执行(社区矫正)过程中都存在服刑人员与被害人进行和解的可能性与必要性:对于国家而言,可以减轻国家负担,可以防止被害人因经济赔偿得不到实现而实施上访、报复等危及社会稳定的行为,对于被害人而言则可以使被害人合法权益得到保障,而对于服刑人员而言,则可以因与被害人达成和解而得到被害人谅解以及国家的从宽处罚,体现了一种尊重和人文关怀,能够从根本上促使服刑人员反思悔改,有利于服刑人员顺利回归社会。换言之,在刑罚执行阶段适用刑事和解,对于国家而言,这是有效解决因罪犯引发的社会矛盾即修复服刑人员与被害人之间关系的润滑剂;对于被害人而言则是精神伤害得到疗伤和物质损失得到赔偿的良机;对于服刑人员而言则是一次彻底改过和得到国家、社会以及社区谅解而回归社会的大好机会。

---

[1] 劳东燕:《刑法基础的理论展开》,北京大学出版社2008年版,第281页。
[2] 劳东燕:《刑法基础的理论展开》,北京大学出版社2008年版,第281页。

二、监所刑罚执行阶段的刑事和解实务

尽管新修订的刑事诉讼法没有将刑罚执行阶段刑事和解规定在其中,但是在刑事和解没有被立法机关纳入法律之前,刑事和解还是在公安侦查、审查起诉和审判阶段得到了广泛应用。此外,根据公安部2013年《看守所留所执行刑罚罪犯管理办法》第2条规定,被判处有期徒刑的成年和未成年罪犯,在被交付执行前,剩余刑期在三个月以下的,由看守所代为执行刑罚。被判处拘役的成年和未成年罪犯,由看守所执行刑罚。因此,由于服刑人员在看守所刑罚执行期间较短,仅为三个月,适用刑事和解的可能性没有在监狱的服刑人员那么大,因此,这里的监所刑罚执行则主要是指在监狱中服刑的人员适用刑事和解。

据可查资料,广东佛山监狱于2005年就已经适用刑事和解,鼓励服刑人员通过动员亲属或者利用在服刑期间所获得的劳动报酬履行财产刑以及民事赔偿裁判等方式与被害方达成和解或者努力与被害方达成和解,以保护被害方合法权益和取得被害方谅解,从而得到监狱执行部门考核计分优待的鼓励。佛山监狱把"罪犯在监狱中的改造分为四个阶段:认罪、治罪、悔罪、赎罪。认罪是根本问题,首先要使加害人认识到自己的行为是对国家、对被害人的严重侵犯;治罪是在改造过程中与罪犯算经济账、感情账、危害账三笔账;悔罪是改过的前提,没有犯罪的悔过就没有犯罪的改过;赎罪,只有罪犯用真诚行为才能修复被破坏的社会关系,以获得社会重新接受"。[1] 为了督促服刑人员有计划地将自己的劳动所得部分用于补偿被害人,佛山监狱执行了"4-2-2"计划。[2] 据了解,自2005年以来,佛山监狱的服刑人员通过与被害人达成和解的方式已经履行

---

〔1〕 宋英辉主编:《刑事和解实证研究》,北京大学出版社2010年版,第107页。
〔2〕 "4-4-2"计划是指服刑人员劳动所得报酬40%用于日常开支,40%留作回归储备金,20%资助家人、补偿被害人或进行民事赔偿。参见戴艳玲等:《监狱恢复性司法实践路径研究》,载《中国司法》2014年第11期。

民事赔偿或者赔偿被害人经济损失等高达5000万元人民币。此外，服刑人员还通过向被害人及其家属写道歉信的方式进行忏悔，以取得被害人及其家属的谅解，使双方当事人的关系得到修复。[1]下面以一个故意伤害案为例：[2]

案例6-1-1：2005年钟某纠集朋友将被害人冯某等四人砍伤，被法院判刑入狱，同时被判处民事赔偿56 000余元。判决作出后钟某无赔偿能力。进入监狱服刑后，其将服刑劳动所得一部分寄给被害人。到目前为止已赔偿四被害人经济损失近万元。

上面这个案例是服刑人员在狱中通过自己的劳动所得赔偿被害人经济损失而达成和解的。服刑人员通过真诚悔罪、向被害人道歉和赔偿经济损失达成和解协议后得到被害人谅解。在监狱中，对于服刑人员适用刑事和解，不仅可以使受害人精神上得到抚慰，人格上得到尊重，更为重要的是可以有效修复服刑人员与被害人之间的关系，从而取得被害人的谅解。通过对监狱中服刑人员适用刑事和解，可以有效缓解判决作出后因被告人经济困难而无法履行民事判决的困境。[3]在监狱刑罚执行阶段适用刑事和解，可以从以下步骤进行：首先是会面。为那些有意愿通过刑事和解方式解决问题的被害人、服刑人员以及社区成员创造会面协商的机会，通过被害人与服刑人员会面，讨论犯罪及其所造成的后果。其次是赔偿。通过服刑人员与被害人进行协商与沟通，商谈服刑人员赔偿被害人的损失以及方式。最后是整合阶段。亦即力求使被害人与犯罪人重新整合

---

[1] 参见游春亮：《服刑人员用劳动所得赔偿被害人以修复受损社会关系——佛山监狱恢复性行刑调查》，载《法制日报》2008年5月12日，第2版。

[2] 参见游春亮：《服刑人员用劳动所得赔偿被害人以修复受损社会关系——佛山监狱恢复性行刑调查》，载《法制日报》2008年5月12日，第2版。

[3] 广东高院统计数字显示，到2006年底，全省尚有数亿元刑事被害人赔偿金无法执行，受害人无法获得经济赔偿比例高达75%。参见游春亮：《服刑人员用劳动所得赔偿被害人以修复受损社会关系——佛山监狱恢复性行刑调查》，载《法制日报》2008年5月12日，第2版。

为完整的社会成员。[1]

除了对已经生效判决的服刑人员与被害人进行刑事和解之外，近来，还有的监狱对于在狱中发生的故意伤害等新的刑事案件也适用刑事和解。通过对监狱内实施新的犯罪行为的服刑人员与狱中受到伤害的服刑人员进行刑事和解，减少双方之间的对抗，及时地化解了新发生犯罪案件的服刑人员之间的矛盾，当事人也得到了司法机关的从轻处理。以下这起案例是发生在广西黎塘监狱的一起故意伤害案，双方当事人经过刑事和解，得到了法院的从宽处理：

案例 6-1-2：2013 年 8 月，广西某监狱服刑人员廖某等三人在三楼进行嬉戏打闹被干警责令到一楼进行教育，被告人李某认为廖某等三人的行为影响其考核分数，遂趁干警打电话之机打了廖某左脸一耳光，后又用膝盖顶了廖某胸口一下，导致廖轻伤。案发后李某与廖某达成刑事和解协议，赔偿被害人廖某经济损失 1 万元。法院经审理认为案发后被告人李某悔罪态度好，积极主动赔偿被害人廖某经济损失并得到廖某谅解，酌情从轻处罚。最终法院以被告人李某犯故意伤害罪判处有期徒刑六个月，与前罪未执行完的有期徒刑进行数罪并罚，决定执行有期徒刑二年六个月。[2]

在司法实践中，监狱中存在大量"牢头狱霸"，罪犯之间发生故意伤害案件也并非鲜见，而且狱内伤害案件多以刑事判决为主，再加上罪犯往往持有"罚了不打，打了不罚"的观念，通常会拒绝赔偿受害人的医药费等经济损失。如果使用刑事和解，上述这些问题会很快得到解决。[3]

---

[1] 参见邵伟、高爽：《"恢复性司法"视角下的监狱制度初探》，载《学术理论与探索》2007 年第 4 期。

[2] 《广西黎塘监狱—罪犯监狱内伤人领新刑》，载法制网：http://www.legaldaily.com.cn/index/content/2014-11/04/content_5832521.htm? node=20908，最后访问日期：2015 年 2 月 24 日。

[3] 参见岳世龙、王林平：《监狱罪犯伤害案件引入刑事和解制度初探》，载《中国司法》2010 年第 7 期。

监狱内发生的故意伤害案件和解程序是：首先是民警迅速赶到现场，及时控制矛盾双方事态，遏制矛盾进一步发展。其次是采取有效隔离措施，分别和双方当事人进行谈话，了解事件起因、经过，查明事实。再次是进一步了解双方具体的改造表现和思想动态，实施个别教育谈话，进行政策解读与心理引导，强调监规纪律以及违规造成后果的严重性，为和解做好法理铺垫。当然，在双方和解过程中，正如上文所述，应当注重通过利用犯罪人的羞耻心，尤其是整个家族的羞耻心来对家族内的犯罪人施加压力，从而督促犯罪人与被害人和解以及改过，[1]并且在心理辅导员的帮教作用下，促使双方在认事实、明政策、通道理、服管教、心宽慰的基础上，表示愿意和解。最后是签订和解协议书。矛盾双方在完全自愿的情况下，真实表达和解意愿，在警察的主持下，当场签订和解协议书并达成谅解。

在狱中发生的故意伤害案等新的犯罪，如果到了刑事审判阶段和解的，可以依照刑事审判阶段的刑事和解程序进行，即可以由法官或者狱警主持双方当事人进行和解，但由于是发生在监狱内的刑事案件，因此邀请监狱干警参加是必不可少的步骤。如果双方达成和解协议，由法官或狱警主持双方当事人制作刑事和解协议。刑事和解协议一式五份，除了双方当事人各持一份之外，应送交法院和检察院各一份，监所留一份存档，以作为将来减刑、假释的重要依据。如果是由法官组织的服刑人员与被害人达成和解的案件，和解协议可以作为法院从宽判处的依据。对于狱内发生的故意伤害案且由狱警主持双方达成和解协议的，狱警应对加害方说明和解协议将来可作为悔罪表现，且可能作为减刑假释材料。

如果是狱中服刑人员自己有意愿与被害人进行刑事和解的，则刑事和解的程序一般为：首先，由服刑人员提出和解的意愿与方式，比如可以提出通过与被害人会面或者写道歉信等方式，明确表达愿

---

[1] 参见王平、林乐鸣：《中国传统耻感文化对罪犯教育感化的影响极其现代启示》，载《中国刑事法杂志》2009年第10期。

意将自己劳动所得的一部分赔偿给被害人,然后由直管民警与被害人联系,确定被害人是否有意愿与服刑人员见面进行和解。其次,如果被害人愿意和服刑人员会面进行和解,则联系好被害人并安排好时间与地点进行会面协商。民警需要保证会面地点的安全性和可控性,同时安排具有丰富调解经验的民警主持,必要时可以邀请心理辅导员参加。如果被害人不愿意会面协商,则可以告知服刑人员可通过写道歉信的方式进行。再次,如果会面和解,则应当引导服刑人员向被害人道歉,同时引导被害人说出犯罪行为给自己带来的影响和困惑。最后,如果双方达成刑事和解协议,则主持双方制作和解协议书一式五份,和解协议书除了给服刑人员和被害人各一份,还应保留一份至服刑人员服刑材料存档,还应该给予法院和检察院各一份,同时向服刑人员说明和解协议可作为确有悔罪的表现和将来减刑、假释的书面材料依据。

在监狱中,服刑人员通过悔罪和赔偿损失等方式得到被害人谅解以及社会和司法机关的从宽处理,对他们而言是一种鼓励和鞭策,从某种程度而言,他们也从中更加深刻地认识到自己的错误和自行行为给被害人带来的伤害,从而使其内心产生自责内疚甚至是羞耻。"惩罚来自内疚的行为,人们甚至为消除羞耻而接受不应有的惩罚。在这样的情形中,充满羞愧之意的人们可能会承认未犯的罪行,自愿接受惩罚,甚至进行自我谴责,以达到与他人重建联系的目的。"[1]因此,在监狱中与被害人进行和解对于服刑人员将来顺利回归社会和预防重新走上犯罪道路非常重要,这种通过和解的方式矫正服刑人员和预防重新犯罪的效果比一般纯粹通过服刑劳动矫正效果要好。

三、社区矫正中的刑事和解实务研究

社区矫正是对于服刑人员服刑场所的一种优待,同时也是为了

---

[1] [澳] 约翰·布雷思韦特(John Braithwaite):《犯罪、羞耻与重整》,王平、林乐鸣译,中国人民公安大学出版社2014年版,第195~196页。

使服刑人员无障碍地回归社会。由于服刑人员是在社会中服刑，因此，服刑人员具有天然的与被害人进行刑事和解的便利条件。此外，在社区矫正中适用刑事和解，还可以使服刑人员深刻地认识到自己所犯的错误和给被害人造成的伤害。从而通过悔罪、赔礼道歉、赔偿损失或向被害人提供劳务等方式，安抚受到伤害的被害人和取得被害人谅解，进而与被害人达成和解协议，促使社区服刑人员回归社会，预防和减少新的违法犯罪。

因此，有学者赞成"社区矫正执行机构在条件允许的情况下，应当尽可能地采取积极的恢复性措施，促成社区人员、被害人与社区达成和解"[1]。在社区矫正过程中，在服刑人员与被害人达成和解协议之后，社区服刑人员除了通过赔付现金的方式向被害人履行和解协议，还可以在被害人同意的情况下，由社区矫正机构安排社区服刑人员向被害人提供一定时间的补偿性劳动。[2]

在我国当前缓刑制度的适用中，对于人身危险性较小，亦即再犯可能性小的被告人，譬如积极赔偿取得被害人谅解、认罪态度好、赔礼道歉等，体现了被告人的悔罪程度，可以作为判断是否能够适用缓刑的重要标准之一。[3]犯罪情节轻微、悔罪态度好的老年犯罪人和少年犯罪人以认罪悔罪、赔礼道歉和赔偿损失等方式与被害人达成和解协议以及得到社区矫正机关认可，符合我国传统刑法"矜老恤幼"原则，对于他们尤其是少年犯罪人而言有利于减少刑罚的负面效应，从而促进少年犯罪人的再社会化。[4]

对于被假释的被告人，在社区矫正期间，被告人与被害人进行刑事和解也是常见的方式和手段。也就是说，在假释期间，可以要求被告人履行一些积极义务，以促使假释犯早日成功回归社会。这

---

[1] 王平等：《理想主义的〈社区矫正法〉——学者建议稿及说明》，中国政法大学出版社2012年版，第2~3页。

[2] 王平等：《理想主义的〈社区矫正法〉——学者建议稿及说明》，中国政法大学出版社2012年版，第14页。

[3] 参见王平主编：《社区矫正制度研究》，中国政法大学出版社2014年版，第81页。

[4] 参见王平主编：《社区矫正制度研究》，中国政法大学出版社2014年版，第87页。

些积极的义务包括参与一定时间的社会公益劳动、赔偿被害人的经济损失等。

对于被判处管制的被告人,法院也可以判决被管制的犯罪人履行某项或某几项积极义务,包括参与一定时间的社区公益劳动,赔偿被害人的损失。同时,管制的考察人员可以帮助被告人与社区以及被害人进行和解。[1]

对于一些暂予监外执行的人员,执行机关及执行工作人员应当允许被害人参与并促进罪犯与被害人的和解,从而使被监外执行的人员与被害人的关系得到修复并得到被害人的谅解,使监外执行工作也得到被害人的支持,还可以使被害人利益得到保护和尊重。[2] 因此,在社区矫正过程中,通过社区矫正工作者或者其他相关人员创建的平台,使被害人与犯罪人能坐在一起,被害人在与犯罪人的交流、诉说过程中,使愤懑的情绪找到合适的宣泄渠道,强烈的挫折感得以消除,被害人所持的报应观念得以规制和引导,可以防止被害方向加害方的转换。

同时促使服刑人员对被害人的物质赔偿和精神补偿得以实现,可以从根本上使受害人的伤害得以恢复。社区刑事和解可以在社区矫正工作人员的主持下,由犯罪人与被害人及其亲属在自愿平等的基础上,通过面对面的对话、沟通来消除分歧。"被害人可以陈述自己遭受的痛苦和伤害,犯罪给自己带来的影响和后果等,犯罪人可以当面给被害人道歉,请求得到其宽恕,并就物质赔偿数额达成一致意见。即使最后达不成一致的赔偿意见,这种交流也不失为增进彼此了解、避免新的犯罪发生的一种较好途径。"[3]

当然,在社区矫正过程中适用刑事和解成功之后,被害人的宽容和谅解可以促使犯罪人产生有利于改造、回归的成就动机和亲社

---

〔1〕 参见王平主编:《社区矫正制度研究》,中国政法大学出版社 2014 年版,第 171 页。

〔2〕 参见王平主编:《社区矫正制度研究》,中国政法大学出版社 2014 年版,第 205 页。

〔3〕 参见张建明主编:《社区矫正理论与实务》,中国人民公安大学出版社 2008 年版,第 473~474 页。

会利他动机,激发其为被害人和社区进行劳动的强烈要求和愿望,从而实现自身的价值。[1] 关于赔偿被害人的资金来源,应当说只要服刑人员离开监狱到了社区服刑,应当完全能够通过工作取得报酬来赔偿被害人的损失,[2] 这也是在社区矫正过程中服刑人员与被害人达成和解的一大优势。

正因为如此,当前许多国家也已经将赔偿被害人损失作为假释或缓刑的条件。赔偿的范围包括受害人财产的损失、情感的和身体的伤害。这种赔偿方法可以解决目前我国刑事附带民事诉讼中不包括精神损害导致被害人得不到应有的赔偿的问题。[3] 而服刑人员将自己在社区服刑过程中的劳动所得赔偿给被害人[4],并且向被害人真诚悔罪,这不仅有利于被害人的经济损失得到及时弥补,而且有利于服刑人员的改过自新,提高服刑人员的社区矫正效果,从而真正地使服刑人员正常回归社会。

四、刑罚执行阶段刑事和解的法律后果

刑罚执行阶段达成刑事和解之后,服刑人员的主观恶性和人身危险性已经降低,按照刑法罪责刑相适应原则,理应得到从宽处理。体现在监狱当中,就是可以作为减刑假释的有悔罪表现的材料之一。在监狱的日常管理当中,有的实行累进处遇制度[5],即按照服刑人员日常改造和表现情况进行加分或者减分的制度,根据服刑人员所

---

[1] 参见刘强主编:《社区矫正制度研究》,法律出版社 2007 年版,第 520~521 页。
[2] 参见刘强主编:《社区矫正制度研究》,法律出版社 2007 年版,第 540 页。
[3] 参见张建明主编:《社区矫正理论与实务》,中国人民公安大学出版社 2008 年版,第 229 页。
[4] 通常而言,犯罪人赔偿主要包括两种:一种是被害人补偿(victim compensation),即犯罪人直接向被害人赔偿由于其犯罪行为而造成的损失和损害(losses and harm);另一种是社区服务,即犯罪人向社区进行的赔偿,主要适用于无钱缴纳罚金或者进行赔偿的犯罪人。参见吴宗宪:《社区矫正比较研究》(下),中国人民大学出版社 2011 年版,第 580 页。
[5] 所谓累进处遇制度,是指把判决上宣告的刑期分为几个阶段,根据犯人的表现,依次改善其警戒力度和处遇条件的制度。参见王平:《中国监狱改革及其现代化》,中国方正出版社 1999 年版,第 133 页。

得分数来决定服刑人员的处遇,服刑人员的表现不同,得以释放的时间也不同,等于是把打开监狱大门的钥匙交给犯人自己,从而调动犯罪改造的积极性;[1]有的实行点数制,即监狱根据犯人作业任务完成情况给予记分,分数累积至一定值后,在待遇上给予升一级,直至假释。其目的在于用劳动刑代替时间刑。[2]

服刑人员在狱中向被害人真诚悔罪、赔礼道歉以及将自己劳动所得赔偿给被害人,本身就是一种主观上认错,客观上纠正自己错误的悔罪行为,应该得到监狱执行部门的肯定和认可,体现在处遇方面就是减刑幅度上可以稍微大一些,符合假释条件的尽量予以假释。当前我国监所部门对服刑人员适用假释的比例还相当低,[3]而更多的适用减刑。[4]众所周知,短期自由刑的弊端比较多,[5]如果监所刑罚执行阶段适用刑事和解适用减刑的同时,对于符合假释条件的服刑人员尽量适用假释,则可以充分发挥假释的矫正效果好、罪犯累犯率低等优点,有助于发挥假释刑的感化效应,有利于服刑人员顺利回归社会。

当然,在审判阶段判处服刑人员缓刑的同时,也可以通过适用刑事和解的方式来解决。在社区矫正阶段适用刑事和解,可以通过服刑人员与被害人达成和解协议的方式进行,和解协议的内容作为社区矫正的一部分,因此社区矫正还是体现了一定的强制性的。"社

---

[1] 王平:《中国监狱改革及其现代化》,中国方正出版社1999年版,第135页。

[2] 潘国和:《监狱学基础理论》,上海大学出版社2000年版,第29页。

[3] 贾文宇:《假释制度研究》,中国政法大学2008年博士学位论文。

[4] 根据最高人民法院官网数据显示,2014年1—6月人民法院办理假释案件量是20 089件,办理减刑案件量是248 187件,前者仅占后者的8.09%;2013年1—9月人民法院办理假释案件量是33 161件,办理减刑案件量是403 422件,前者仅占后者的8.22%;2012年人民法院办理假释案件量是46 995件,办理减刑案件量是603 159件,前者仅占后者的7.79%。由此可见,当前监所部门当前更多的是提请法院对服刑人员进行减刑,适用假释的较少,基本是假释案件占减刑案件保持在8%左右,如果是假释案件占所有刑事案件量的比率那就更低了。参见最高人民法院网站的司法数据,载最高人民法院网站:http://www.court.gov.cn/fabu-xiangqing-6594.html,最后访问日期:2015年2月25日。

[5] 短期自由刑的弊端主要表现为:①罪犯不思改造,混刑度日;②罪犯心理波动大;③罪犯人身危险性可能恶化;④可能使罪犯自暴自弃;⑤改造力量不强。参见王平:《中国监狱改革及其现代化》,中国方正出版社1999年版,第127~128页。

区服务往往是在夜间或者周末进行的,这种对于犯罪人的闲暇时间的强制性利用和对于他们在闲暇时间内行动自由的限制,就体现了对于犯罪人的惩罚:他们必须在别人自由自在地休息和娱乐的时候,无偿进行劳动或者服务。"[1]在社区矫正中刑事和解的这种处理方式,也为刑事和解在社区矫正的发展获得被害人和社会公众支持提供了保障。因为刑事诉讼中的刑事和解并非对于服刑人员的放纵,而是以一种更为有效的方式实行刑罚。

第二节 刑罚执行阶段刑事和解存在的问题

一、刑事和解在刑罚执行阶段司法实践进展缓慢

刑事和解制度在公安侦查、审查起诉和审判阶段均得到了非常广泛的应用。而在我国的刑罚执行阶段的适用则显得过于缓慢。国际上,刑事和解适用于刑事诉讼的所有阶段已经成为共识。

根据2002年4月16日至25日,联合国经济及社会理事会预防犯罪和刑事司法委员会第十一届会议上,维也纳议程4为"联合国预防犯罪和刑事司法领域的标准和规范——奥地利、比利时、保加利亚、加拿大、捷克共和国、墨西哥、荷兰、秘鲁、沙特阿拉伯、南非和津巴布韦:订正决议草案"。预防犯罪和刑事司法委员会建议经济及社会理事会通过的决议草案《关于在刑事事项中采用恢复性司法方案的基本原则》第二项"恢复性司法方案的使用"第六点规定"在不违反本国法律的情况下,恢复性司法方案可在刑事司法制度的任何阶段使用"[2],说明国际社会提倡刑事和解适用于所有的诉讼阶段,包括刑罚执行阶段。

当前,在刑罚执行阶段,我国刑事和解制度实践进展缓慢,仅

---

[1] 吴宗宪:《社区矫正比较研究》(下),中国人民大学出版社2011年版,第583页。
[2] 王平主编:《恢复性司法论坛》(2005年卷),群众出版社2005年版,第512~513页。

有数量极少的刑罚执行机构在刑罚执行过程中适用刑事和解,已经跟不上国际社会的潮流。这不利于有效保护被害人的合法权益,也不利于促进犯罪人有效回归社会。

二、刑罚执行阶段相关刑事和解的立法相对滞后

由于刑罚执行阶段适用刑事和解的司法实践和理论研究欠缺,媒体对于刑罚执行阶段适用刑事和解的理论关注度不够,人们对于刑罚执行阶段适用刑事和解向立法机关提交的建议偏少,最终导致了立法机关对于刑罚执行阶段适用刑事和解的关注不够,表现在以下几个方面:

第一,《刑法》中第78、79条规定当中的减刑假释的一个实质要件"确有悔改表现"是否包含服刑人员与被害人达成和解协议的情形没有规定。实际上,在现行的刑法中"确有悔改表现"到底包含哪些内容,刑法并未予以明确。根据2017年1月1日最高人民法院《关于办理减刑、假释案件具体应用法律的规定》,确有悔改表现主要包括以下内容:①认罪悔罪;②遵守法律法规及监规,接受教育改造;③积极参加思想、文化、职业技术教育;④积极参加劳动,努力完成劳动任务。[1]不管刑法还是最高人民法院司法解释对于刑事和解是否认定为"确有悔改表现"都没有明确规定。体现在监狱减刑假释司法实践当中就有可能因适用标准不统一而造成混乱。因此刑罚执行阶段刑事和解立法滞后,就有可能导致不同刑罚执行机关对于服刑人员与被害人达成和解协议是否属于"确有悔罪表现"而作为将来对服刑人员减刑假释的一个依据存在不统一标准,这也可能导致刑罚执行阶段不同服刑人员达成和解之后得到减刑、假释的机会不平等。

第二,刑事诉讼法中关于刑事和解的立法欠缺。刑事诉讼法在

---

[1] 参见陈兴良:《刑法适用总论》(下卷),中国人民公安大学出版社2006年版,第561~562页。

"特别程序"中规定了公、检、法三机关适用刑事和解的相关规定,而对于刑罚执行阶段适用刑事和解在立法方面则是裹足不前——没有作出相应的规定——当前刑事诉讼法对于刑事和解的立法仅限于对前三个诉讼阶段作出的规定。

第三,监狱法中没有刑事和解的相关规定。作为规定刑事执行最主要的法律,监狱法在刑事和解方面也没有任何的体现,导致在刑事执行过程中达成刑事和解之后,对于服刑人员如何从宽处理(减刑、假释等)没有明确规定,执行标准不统一。在刑事和解在刑罚执行阶段得到大量应用的背景下,刑事和解在监狱立法当中的缺失不免为一大缺憾。

三、刑事和解的专业化程度不高

在刑罚执行阶段,存在刑事和解专业化程度不高的问题。这主要体现在以下几个方面:

第一,尚未形成一支专门的组织刑事和解的干警队伍。由于当前没有专门的监狱刑事和解干警,因此所有的监狱干警都可以组织刑事和解,但并不是每一个监狱干警都有相应的素质和能力组织好刑事和解的问题,在监狱刑罚执行阶段主持刑事和解的干警存在"万金油"现象。组织服刑人员与被害人进行刑事和解,这是需要具有较为专业的心理学、社会学和法学等综合知识的狱警才可以胜任的,并不是所有的监狱干警都可以组织好刑事和解。因为即使到了监狱刑罚执行阶段,当事人之间的矛盾仍比较大,如果不是专业人员组织刑事和解,可能会出现"不和解还好,和解反而出大事"的怪事。因此,当前急需解决组织刑事和解干警专业化程度不高的问题。

第二,尚未形成组织刑事和解的专门机构。随着经济社会文明程度的不断提高,在生产领域的分工程度越来越高。同样,司法机关作为解决社会主体之间矛盾,重新合理分配主体之间权利与义务的主体,也需要高度的分工与合作方可保证司法的质量与效率。而当前监狱尚未形成专门的刑事和解机构，好像监狱的每一个部门都可以组织刑事和解，但造成的后果是每一个部门都不太想组织刑事和解，且并非每一个部门都能组织好刑事和解。

第三，组织刑事和解的干警专业培训机制不完善。当前，刑罚执行部门对于刑事和解培训不够重视，尚未形成完善的刑事和解专业培训机制。组织刑事和解并非任何干警都可以胜任的工作。因为组织刑事和解的监狱干警需要掌握专业的和全面的知识，比如法学、心理学和社会学等知识。但是当前对于组织刑事和解干警的专业培训机制尚未形成。

第三节 刑罚执行阶段刑事和解制度的完善

一、创造条件积极推动刑事和解实践发展

当前，在刑罚执行阶段刑事和解实践发展缓慢。为此，必须推动刑罚执行阶段刑事和解实践的快速健康发展。在监狱执行阶段可以从以下几个方面推动刑事和解实践的发展：

首先是在监狱刑罚执行过程中建立服刑人员真诚悔罪与被害人谅解制度。为了从精神上和内心上对服刑人员进行良好的改造，也必须建立包括相应的精神方面的刑事和解制度。要使得服刑人员改邪归正，最重要的是从服刑人员的内心和精神方面开始改造，而刑事和解为服刑人员的内心和精神方面的改造提供了良好的外部条件。因为刑事和解的重要前提条件之一就是加害人的真诚悔罪。对于服刑人员与被害人均愿意或者同意适用刑事和解解决纠纷的，可以由监狱干警组织和帮助服刑人员向被害人真诚悔罪，通过向被害人认错、悔罪、道歉等方式，在情感上使被害人得到抚慰和取得被害人的谅解。被害人表示谅解服刑人员的，可以制作表示谅解的书面意见书，"以此作为服刑人员在'分级处遇'、评选改造积极分子、记功、减刑、假释、保外就医等行政、刑事奖励的重要参考条件，给

予其相应的从宽从优处遇。"[1]

其次是建立双方当事人的会面制度。会面制度的重要性，从国外的监狱中已经建立的会面制度则可见一斑。在美国的德克萨斯州，在受害人的请求下制定了一个促进犯罪受害人或者幸存者同服刑人员之间的会面的项目。[2]这种会面项目作用是相当大的，比如被害人的意见对于假释听证影响很大，而有的被害人在会见之后不再反对假释。这其实也给了被害人监督和确认服刑人员是否真的不再危害社会的机会。"他山之石，可以攻玉"，我国可以借鉴国外的经验，建立双方当事人会面制度。在当事人会面制度中，在条件允许的情况下，也可以邀请受到影响的社区参与。在会面中，最好选择一些有能力的水平较高的监狱干警引导服刑人员与受害人进行会谈，通过双方当事人的真诚沟通及协商和监狱干警的居中调解，最终使双方就赔礼道歉、赔偿损失以及被害人的谅解等方面达成和解协议。

最后是充分利用当事人亲情尤其是服刑人员亲情的作用来促进服刑人员与被害人达成和解。在中国，对于个人影响最大的是亲情，尤其是父母之情、兄弟姐妹之情，因为中国几千年的家庭观念和亲情以及宗族观念影响深远。家人的出息就是整个家庭最大的光荣，家人的堕落包括犯罪被国家处以刑罚则是家庭最大的悲哀，也是家庭其他成员最揪心的事情。因此，在服刑人员服刑过程中，为了使服刑人员与被害人达成和解，提高服刑人员的矫正效果，应当充分利用服刑人员的亲情来唤醒服刑人员的羞耻之心和悔过之心。因为服刑人员一旦被法院判刑投入监狱之后，大多数服刑人员不说绝望至少心灰意冷、悲观甚至对自己的前途感到迷茫，对于改造和对被害人的悔过则是觉得可有可无。有的服刑人员不但因为"标签效应"而拒绝向被害人悔过和赔偿被害人损失，从而争取与被害人达成和解协议，有的甚至因为自己被关押而对被害人怀恨在心甚至图谋出

---

[1] 杨玉林：《恢复性司法在改造犯罪中的作用》，载《中国监狱学刊》2006年第3期。
[2] 参见周勇：《恢复性监狱初探》，载《犯罪与改造研究》2008年第12期。

狱之后再次对被害人实施新的报复活动。这不但不利于服刑人员的改造和防止再犯,而且也不利于保护被害人合法权益不受侵犯,甚至还使被害人"无辜"地置于无止境的"不安全"境况之下。而如果监狱干警注意通过充分利用服刑人员的亲情来动员和说服服刑人员对已经给被害人造成的巨大伤害和伤痛进行悔过,从而使服刑人员内心产生羞耻之心,进而促使服刑人员真正意识到自己的错误以及给被害人及被害人整个家庭带来的影响和不幸,以此推动服刑人员积极努力地与被害人达成和解和争取得到被害人的谅解以及监狱的优待。

在社区矫正中,服刑人员具有相对于在监狱中服刑人员更好的与被害人进行和解的条件,在双方达成和解之后更有利于被害人利益得到保护和服刑人员顺利回归社会。因此,社区矫正过程中服刑人员与被害人进行和解是一项值得推动的工作。正因为如此,有的学者认为在社区矫正过程中,"社区矫正执行机构在条件允许的情况下,应当尽可能地采取积极的恢复性措施,促成社区服刑人员、被害人与社区达成和解。"[1]这就是所谓的"和解原则"。当然,在社区矫正的情形之下适用刑事和解,邀请服刑人员的亲人参与也是不可缺少的。[2]因为中国文化最重要的特点之一是伦理性。而伦理性的背景是亲情文化。[3]因此,中国传统的家庭文化中,在家庭内部长辈对晚辈的批评是天经地义的,而且晚辈需要听从长辈的话。而且对于外人的批评,家庭内部的长辈通常也是不留情面地对犯了错的家庭成员进行批评,犯了错的家庭成员一般也会接受批评。因此,在社区矫正中适用刑事和解,邀请服刑人员亲人参与,可以起到使

---

[1] 王平等:《理想主义的〈社区矫正法〉——学者建议稿及说明》,中国政法大学出版社2012年版,第75页。

[2] 在社区矫正中,服刑人员的亲人与服刑人员生活在一起,他们之间交流与沟通的机会更多。因此,在社区矫正过程中,服刑人员的亲人对于服刑人员的影响力更大。社区矫正专业人员应充分利用这一点,适时邀请服刑人员亲人参与到刑事和解当中,必定会收获意外的惊喜。

[3] 参见李冬妮:《亲情文化——中国问题的基本背景》,载《东南学术》2000年第4期。

服刑人员产生羞耻感的作用，从而更利于服刑人员诚心悔罪，积极通过自己劳动所得报酬履行对于被害人的民事赔偿责任。

二、加快刑罚执行阶段刑事和解立法步伐

首先，将来在刑法修正案中对《刑法》第78条第2款明确规定，确有悔改表现包括以下情形之一：认罪服法、认真遵守监规；接受教育改造；积极参加政治、文化、技术学习；积极参加劳动，完成生产任务等四项规定之外，增加第5项，达成刑事和解。《刑法》第78条第2款变成第3款。在将来的刑法修正案中，在《刑法》第81条第3款后面增加一款即第4款，内容如下：确有悔罪表现包括以下情形之一：①认罪服法、认真遵守监规；②接受教育改造；③积极参加政治、文化、技术学习；④积极参加劳动，完成生产任务；⑤达成刑事和解。

其次，在《刑事诉讼法》第290条增加在监狱执行阶段达成刑事和解的，可以作为减刑假释的依据。根据联合国相关法律文件规定，刑事和解可以适用于刑事诉讼的所有阶段。因此，在刑罚执行阶段适用刑事和解不仅得到了国际社会的认可，也是国际社会通常的做法，而且在国内的一些地方监狱已经开始适用刑事和解解决服刑人员与被害人之间的矛盾纠纷。通过刑事和解解决服刑人员与被害人之间的矛盾，在达成和解之后服刑人员的主观恶性和人身危险性已经下降，说明其再社会化的可能性非常大，因此对于服刑人员可以考虑从宽处理。"按照预防主义的观点，适用刑罚好比治病救人，罪犯已经悔改自新好比病人已经治疗痊愈，自然没有继续关押隔离、改造的必要，如同病人痊愈没有继续住院治疗的必要。"[1]在监狱适用刑事和解，服刑人员所体现出来的主观恶性和人身危险性已经降低，再社会化程度较高，所需刑罚量降低或者无人身危险性而可以适用非监禁刑的，可以对服刑人员减刑或者适用假释。因

---

[1] 阮齐林：《刑法学》，中国政法大学出版社2011年版，第306页。

此，将来在修订刑事诉讼法时，可以在《刑事诉讼法》关于刑事和解特别程序的第290条的"人民法院可以依法对被告人从宽处罚"后面增加如下内容："监狱可以对服刑人员进行减刑、假释。"

最后，应当从立法层面把刑事和解纳入到监所刑罚执行环节当中。比如可以通过修订《监狱法》，将刑事和解制度规定在其中，具体措施如下：①在《监狱法》第29条增加一项作为第6项，将原第6项改为第7项，第6项可规定为："执行刑事和解获得被害人谅解的"；②增加一条作为第31条之一，内容可规定为："执行刑事和解获得被害人谅解的，可以假释。"

三、提高刑事和解专业化水平

首先，组建一支专门组织刑事和解的干警队伍。当前，由于刑罚执行阶段适用刑事和解的组织干警不是很专业，这不但可能导致刑罚执行阶段适用刑事和解的效果不佳，而且可能导致适用刑事和解的标准不统一。其中，导致刑事和解效果不佳的原因主要是没有组织专门刑事和解干警队伍而导致的组织刑事和解的干警业务水平不高。比如，当前刑事和解的一个反复被强调的前提条件就是服刑人员（加害人）的真诚悔罪。而当前由于没有专门组织刑事和解的干警队伍，因此组织刑事和解的干警整体水平偏低，体现在刑事和解过程中，则是没有把握好刑事和解的实质和前提，因此对于刑事和解的真诚悔罪前提没有深入从严把握，从而对于没有真诚悔罪而只是赔钱给被害人的情形也认为是达成了刑事和解。这不但没有对服刑人员的矫正改造起到促进作用，反而可能导致经济条件比较好的服刑人员仅仅赔偿了被害人的经济损失就被刑罚执行机关认定为达成刑事和解，使服刑人员得到大幅度的从宽处理。但这非常不利于促进服刑人员悔改，而且有可能使尚未成功社会化的服刑人员被误认为已经社会化而被提前释放，从而危及社会安全。因此，必须建立一支专门的刑事和解干警队伍，以提高刑事和解干警主持刑事和解的业务水平，从而真正地提高刑事和解适用效果和统一适用标准。

其次,建立刑罚执行阶段的刑事和解专门机构。建立刑罚执行阶段刑事和解专门机构,是为了提高刑事和解专业化水平。因为建立了专门的刑事和解机构,才能为专门组织刑事和解提供办公场所和组织保障。当前,已经有部分检察机关和审判机关在审查起诉阶段和审判阶段分别建立了相应的刑事和解专门机构,而且发挥了专业化作用。例如《北京市朝阳区人民检察院刑事和解暂行规定》第7条就明确规定,为了实现刑事和解案件承办人与协商主持人的分离,推动刑事和解工作的专业化,确保刑事和解案件质量,成立刑事和解办公室作为刑事和解的专门机构。[1]该规定第8条规定,刑事和解办公室是刑事和解案件的审查机构,负责对公诉部门拟作相对不起诉的案件进行审查把关,防止刑事和解程序的错误适用。[2]由此可见,北京市朝阳区人民检察院非常注重刑事和解的专门机构的设立,从而有利于其开展刑事和解工作和提高刑事和解适用的准确性。因此,在刑罚执行阶段也应当建立专门的刑事和解机构,为专门组织刑事和解干警提供办公场所,从而有利于防止刑事和解错误适用,提高刑事和解适用效果。

最后,加强刑罚执行阶段组织刑事和解干警的培训。针对刑罚执行阶段组织刑事和解干警的专业化水平较低的实际情况,应当加强对刑罚执行阶段组织刑事和解干警的培训。为了使组织刑事和解干警的专业化水平达到一定水准,国家通行的办法就是加强对组织刑事和解干警的培训力度。目前,有的国家非常重视对组织刑事和解调解员的培训。比如在奥地利,即便是一个合格的调解员(如社会工作者、律师、心理学家、社会学家等)被招聘后也要接受长时间的培训,这种培训时间长达四年。在意大利,调解员平均培训时

---

[1] 卞建林、王立主编:《刑事和解与程序分流》,中国人民公安大学出版社2010年版,第513~514页。

[2] 卞建林、王立主编:《刑事和解与程序分流》,中国人民公安大学出版社2010年版,第514页。

间长达 315 小时。[1]因此，随着对于组织刑事和解干警专业化水平要求的提高，对于刑罚执行阶段组织刑事和解干警的业务和政治素质的培训也应当得到加强。

---

〔1〕 参见［意］安娜·迈什蒂茨（Anna Mestitz）、西蒙娜·盖蒂（Simona Ghetti）主编：《欧洲青少年犯罪被害人—加害人调解——15国概览及比较》，林乐鸣等译，中国人民公安大学出版社2012年版，第23页。

CHAPTER7 第七章

少数民族地区的刑事和解

——以广西壮族自治区为样本

广西壮族自治区是我国五个少数民族自治区之一,具有壮、瑶、苗等少数民族。笔者长期在广西壮族自治区工作,同时又是一名少数民族骨干计划博生研究生,因此,对于广西壮族自治区刑事和解制度的发展格外关注。因此,本章将以广西壮族自治区为样本,对少数民族地区的刑事和解予以研讨。

笔者是壮族,对壮族习俗非常了解,同时,壮族又是我国人口最多的少数民族,因此,本章将对壮族地区刑事和解进行专一节研讨。此外,本章还将研究人口较多的瑶族、习惯法上较具特色的苗族地区的刑事和解制度。

第一节 广西壮族聚居区刑事和解概要

一、壮族地区习惯法现状

壮族主要集中分布于广西壮族自治区的西北部和中部,壮族习惯法是壮族同胞在长期的历史发展过程中自然形成的,主要为调整、平衡民族的内部关系,维护社会稳定,具有一定强制性、习惯性和普遍约束力,并为广大壮族人民共遵共循的行为规范的总和。[1]

---

[1] 覃主元:《壮族习惯法及其特征与功能》,载《贵州民族研究》2005年第3期。

"壮族习惯法起源于宗教禁忌，宗教禁忌是习惯法产生的前身……在壮族中很盛行祖先崇拜。壮族人认为死后的祖先灵魂依然存在，具有守护子孙的力量，从而产生崇敬心理。在壮族聚居地区，各家各户的正厅堂前的神台上普遍设有祖宗牌位，每逢农历初一、十五烧上香火，供奉祖宗。目前，广西武鸣、马山、柳城、东兰等县的壮族每年春节或农历三月初三期间，都要对本民族的祖姆六甲、布洛陀进行祭祀。"[1]

壮族习惯法中还有在每年农历三月初三唱山歌的传统。单身男女在唱山歌的过程中，单身女性可以对自己心仪的单身男子抛绣球，男女双方有可能因此结缘。在壮族嫁娶过程中，还举行隆重的女方姐妹与男方兄弟对唱山歌仪式，通常是女方姐妹坐在新娘婚房的床上，男方兄弟搬来几张长凳坐在婚房门口边上，女方姐妹每唱一句，男方兄弟根据山歌内容回唱一句，这样的对唱经常通宵达旦。在对唱过程中，单身男女很有可能"对上眼"而"情定终身"。

就刑事领域而言，壮族习惯法有许多对故意杀人、故意伤害、抢劫、盗窃以及强奸等行为进行处理的规定。对于故意杀人案，一般的处理原则是以命抵命，但也可以赔偿命价；对于谋财害命的案件，凶手要以命偿命或以钱赔命，并负责赡养被害者父母和未成年子女；[2]对于伤人案，由打伤者负责把受伤者包医包养，至医好为止。

对于错死人案（并非有意而造成的），由错者负责开吊掩埋即算；而对于错伤人案，由错者包医包养，医不好则按误打死人案办理，虽然医好但残疾终身也算了，因为事情并非出于有意，双方均有损失。[3]

对于抢劫案，抓到劫犯后令其退回赃物或按价赔偿。若属重犯，除令其退还赃物外，还要按该赃物的价值来关押，每一元关押一个

---

[1] 覃主元：《广西壮族习惯法探究》，载《桂海论丛》2004年第6期。
[2] 覃主元：《壮族习惯法及其特征与功能》，载《贵州民族研究》2005年第3期。
[3] 参见广西壮族自治区编辑组、《中国少数民族社会历史调查资料丛刊》修订编辑委员会：《广西壮族社会历史调查》（二），民族出版社2009年版，第212页。

月。倘若不愿意赔偿或者无力赔偿,则关押至死。罪大恶极者处死。[1]"盗窃行为分为大偷、小偷并分别处理。小偷一般是采取批评教育的方法,并要求其退回赃物但不罚款。大偷者除退回赃物或按价赔偿外,还要视其态度和情节轻重进行处罚。"[2]对于强奸案,"允许将强奸犯痛打,尔后根据其家境罚'赔礼金',如将强奸犯打死,一般也不追究责任。"[3]

由此可见,壮族在刑事方面的习惯法比较注重财产刑的运用,自由刑相对用得少。

二、壮族习惯法与刑事和解的契合

对于犯罪或者矛盾纠纷的处理,壮族习惯法一般实行寨老、乡老或都老制。寨老、乡老或者都老一般是由村民从德高望重的村中长者中选举产生。他们负有督促村民遵守乡规民约的责任,每逢有重大纠纷,村民一般都会请他们去调处。

在壮族地区,壮族同胞生活在相对落后的山村,经济社会等方面还显得相对落后。因此,对于壮族同胞之间发生的刑事纠纷,壮族习惯法提倡和允许通过赔偿的方式解决。

比如一旦壮族同胞之间发生命案或者故意伤害案件,可以通过经济赔偿或者赡养被害人亲属及被害人赡养的未成年人的方式履行。壮族同胞之间发生的故意杀人案件、谋财害命案件也可以通过赔偿命价、以钱赔命等方式处理,其中对于谋财害命案件,可以要求对被害者父母和未成年人子女负责赡养。

此外,壮族习惯法对于一些出于过失而实施的犯罪,则是采取较为务实的、能够有效弥补或缓解被害方所受损失的方式处理,而

---

[1] 参见方素梅:《近代壮族社会研究》,广西民族出版社 2002 年版,第 135 页。
[2] 陈玉冲、黄东桂:《壮族习惯法的伦理思想及现代价值》,载《前沿》2009 年第 9 期。
[3] 李洪欣、陈新建:《壮族习惯法的法理学思考》,载《广西大学学报(哲学社会科学版)》2002 年第 6 期。

且这些处理措施充满了人情味，有点类似于唐朝时期的"保辜制度"：如前所言，对于伤人案，由打伤人者负责把受伤者包医包养，至医好为止。对于错死人案，由错者负责开吊掩埋即算。对于错伤人案，由错者包医包养等。对于发生抢劫的案件，则令劫犯退回赃物或按价赔偿。通过这样的处理方式，一般能使壮族地区的生产生活和社会秩序得以迅速恢复。

因此，这些习惯法中蕴含了大量的刑事和解的因素和契机。

刑事和解是通过加害人真诚悔罪、赔礼道歉和赔偿损失等方式取得被害人谅解以及司法机关的从宽处理。在刑事和解中，被害人利益得到有效保护和实现是刑事和解的理论基础，恢复被破坏的社会秩序是刑事和解的关键。而在壮族习惯法中，对于犯罪行为的处理也非常注重对被害人利益的保护。壮族地区经济社会相对落后，因此，受到犯罪行为侵害的壮族同胞，如果能得到加害人的经济赔偿，通常就会很容易谅解加害人，而且这也会被视为加害人对于被害人悔罪的一种表现。因为在这样的地区，加害人肯于倾其所有赔偿被害人经济损失，充分说明了其已具有悔罪态度，其悔罪是自内而外体现出来的。加害人赔偿被害人且得到被害人谅解，说明被害人所受到的精神伤害已经得到一定程度的恢复，被害人与加害人之间的关系也得到修复，犯罪行为所造成的社会危害已经减少。因此对于加害人的处罚也应当从宽。

在论及壮族习惯法与刑事和解有契合之处时，需要提醒的是，壮族习惯法并没有要求加害人以真诚悔罪为前提。也许有人会认为，壮族习惯法与刑事和解以加害人真诚悔罪为前提并未根本契合，因此壮族习惯法与刑事和解并不存在契合之处。但事实上，一个经济条件非常差的加害人，敢于把自己不多的财产全部或者大部分赔偿给被害人，说明其已经意识到了自己所犯罪行给被害人带来的伤痛，从而通过赔偿来体现加害人的悔罪态度。

这一点之所以在壮族地区习惯法中不被明确强调，并非壮族地区习惯法不注重加害人的悔罪，而是在当前的经济社会条件之下，加害人肯于积极赔偿就已经体现了其悔罪态度。

而在广大的经济发达地区的刑事和解中,由于有的加害人经济实力非常雄厚,如果不强调真诚悔罪的前提,就有可能使加害人以自己雄厚的经济实力为后盾摆平刑事案件,而其自身并未感受到刑事法律的惩罚和痛苦。因此,法律的经济惩罚,对这些条件较好的加害人起不到威慑与预防的作用。有的加害人甚至利用自己经济条件的优势足额赔偿给被害人,得到司法机关从宽处理之后,在社会上又铤而走险再次实施犯罪,这就会使加害人与被害人的社会关系与矛盾进一步破裂与加大,不利于对被害人的保护、对加害人的矫正以及社会秩序的恢复。因此,在经济发达地区的刑事和解中才会特别强调真诚悔罪。

事实上,在经济落后的壮族地区,加害人对被害人的积极赔偿,对于加害人的矫正和被害人受损利益之恢复,以及社会关系之恢复是大有裨益的。因为"损害赔偿不仅在合理限度内对被害人伤害或损失有益,而且对于罪犯的改正、改过自新和矫正都有帮助"[1]。而且,"赔偿的加入,势必会削弱惩罚的独尊地位,缓释人们的报应情感。它使人们看到,在惩罚之外,法益损害之恢复也应当作为某种刑事解纷的目标来看待。"[2]在壮族地区习惯法中,对于一些故意杀人的案件、谋财害命的案件以及一些误伤误杀的案件等,还可以通过赔偿命价、以钱赔命、对被害人家属父母和未成年人子女赡养负责、包医包养、开吊掩埋等方式处理。而这正是壮族习惯法与刑事和解的契合之处。

下面以一起壮族村落与瑶族村落之间发生的刑事和解案件为例,进行分析:

---

[1] Stephen Schafer,"The Victim and Correcttional Theory, Integrating Victim Reparation with Offender Rehabilitation", in Mcdonald, *Criminal Justice and the Victim*, Beverly Hills, 232 (1972).

[2] 杜宇:《刑事解纷方式的历史轮回——以"刑事和解"为观察脉络》,载《江苏社会科学》2009年第4期。

案例 7-1-1[1]：2009 年，广西东兰县相邻的某壮族村落与其瑶族村落之间因土地使用发生纠纷，壮族村落村民所种经济林木，被瑶族村落蓝某组织 20 个村民连根拔起或拦腰截断，经济损失达 2 万余元。

案件侦查终结移送检察院审查起诉之后，检察办案人员经调查发现，壮族村落与瑶族村落之间的关系向来较为和谐，平时赶季节忙农活还互相帮助。如果按照法律规定一诉了之，反而会进一步激化两村民之间的矛盾。而且蓝某向检察机关表示，愿意赔偿被害人经济损失，以取得被害人谅解。因此，检察机关决定对该案以刑事和解方式处理。在检察机关的主持下，双方各派出有威望的长者参与和解。最终，双方达成和解协议，由蓝某赔偿被害人的全部损失，被害人表示谅解和不追究蓝某的刑事责任。检察机关也对蓝某作出不起诉决定。[2]而且，壮族同胞的习惯法中有帮助别人的习惯，向来不喜欢结仇。本案的公诉机关就是在充分考虑壮族习惯法后，在双方愿意的情况下，及时地组织双方进行了和解，使该案得到妥善解决。

此外，壮族地区调解的角色通常是由族老、寨老或者都老担任的。这与刑事和解当中由具有较高司法权威的办案人员或者调解人员等来组织，也具有一定的契合之处，两者都是充分利用调解者或者调停者的权威或者德高望重的条件来组织双方进行和解。

一旦壮族村落发生矛盾纠纷，就会有壮族村民去向寨老或者族老等村中长者报告。寨老或者族老就会赶赴纠纷现场，后面跟着几个村中管事者。到了现场，周围是前来观看族老或者寨老处理矛盾纠纷的壮族村民，族老或者寨老先问清矛盾的来由，然后通过讲事实摆道理、劝说甚至通过大骂的方式解决纠纷。为了充分发挥族老

---

〔1〕 参见吕亚芳、黄东坡：《少数民族聚居地区刑事和解探讨——以广西壮瑶聚居地为例》，载《新西部》2010 年第 11 期。

〔2〕 参见吕亚芳、黄东坡：《少数民族聚居地区刑事和解探讨——以广西壮瑶聚居地为例》，载《新西部》2010 年第 11 期。

在当地所具有独特的威望和调解能力，为了把群众的矛盾解决在萌芽状态，在广西一些地方法院比如南宁市兴宁区人民法院五塘法庭专门成立了"族老矛盾调处中心"。该法院充分利用辖区内族老的权威资源，聘请两位族老为法院特邀调解员及矛盾调处中心调解员，在刑事和解过程中，主持刑事和解以及充当调解员，对化解刑事矛盾纠纷起到非常重要的作用。族老将柔性的说理教育与刚性的法律、法规进行相互补充，化解双方当事人的心结，有效促进矛盾的化解。近三年以来，南宁市兴宁区人民法院五塘法庭利用"族老调解"制度协助调解包括刑事和解在内的案件1000余件，调解成功案件占族老调解案件的78.69%，无一发生矛盾激化现象[1]，达到了良好的法律效果和社会效果，有效地化解了辖区矛盾。

值得注意的是，"村里所谓调解，其实是一种教育过程……每次都由一位很会说话的乡绅开口。他的公式总是把那被调解的双方都骂一顿。'这简直是丢我们村子里脸的事！你们还不认了错，回家去。'接着教训了一番……双方时常就'和解'了"。[2]而在刑事司法人员主持的刑事和解中，除了讲法律之外，办案人员也是深受中国传统影响的一员，也不免会对当事人双方讲一番道理，然后催促双方互谅互让和达成和解。委托人民调解员和解案件，调解人员更是从情、理、法等方面做双方当事人的工作来解决纠纷。从这里也可以看出，壮族习惯法的和解主体、和解方法方式也与现代刑事和解具有高度的契合性。

三、壮族聚居区刑事和解存在的问题及成因

尽管壮族习惯法与刑事和解存在一定的契合之处，但是在广西壮族聚居区适用刑事和解还是存在一些问题。这主要体现为在刑事

---

[1] 参见《南宁中院：市首个调处中心成立》，载广西壮族自治区高级人民法院网站：http://gxfy.chinacourt.gov.cn/article/detail/2021/09/id/6281756.shtml，最后访问日期：2021年9月25日。

[2] 费孝通：《乡土中国》，上海人民出版社2007年版，第53页。

和解适用过程中，可能会因为壮族习惯法与国家制定法产生抵牾而使办案司法人员在适用刑事和解时感到"左右为难"：

壮族习惯法认为抢婚行为是合法的，但是国家制定法将暴力干涉婚姻自由认定为犯罪，如果在抢婚的过程中造成被抢婚者伤害，还构成故意伤害罪，应负相应的刑事责任。

根据壮族习惯法，通奸被认为是严重犯罪的行为，原夫发现后可以打死奸夫而不用负刑事责任，而国家制定法则规定通奸行为不构成犯罪，对于故意伤害或者故意杀害通奸者要负刑事责任。

对于强奸罪的处理，根据壮族习惯法，当场发现强奸者的，可以痛打一顿，打死不负责任。国家制定法对于实施强奸行为的人是不允许打死打伤的，否则要负相应的故意杀人或者故意伤害等刑事责任。

出现这些冲突的原因在于，壮族习惯法是壮族人们在长期生产生活中总结出来的规范，具有朴素性。因此，还需要及时调整和完善。因此，对于差别较大的习惯法包括抢婚行为、通奸行为以及强奸行为的习惯法的调整与完善等，将在下文的建言部分予以详细论述。

四、关于广西壮族聚居区刑事和解的建言

（一）壮族习惯法抢婚制度与刑事和解的融合

1. 消弭壮族习惯法抢婚制度与刑法冲突的风险

抢婚是"男子以抢劫手段迫使女子为婚的婚姻缔结形式，抢劫是手段，由'婚'而结合成家庭才是目的，是基于男女媾和繁衍人类这个基本常识之上的父权制生育观产生的"[1]。因此，男子或者男方抢婚时难免会发生一些意外，比如有可能造成女子受伤等。抢婚在壮族习惯法中虽然属于合法的行为，但是在刑法当中却有可能构成《刑法》第 257 条的暴力干涉婚姻自由罪，或者构成《刑法》

---

[1] 周钧：《桂西北抢婚风俗起源及演化》，载《青年文学家》2012 年第 14 期。

第 238 条的非法拘禁罪，有的还可能因为强行与女子发生性关系而构成《刑法》第 236 条的强奸罪。在抢婚过程中，还可能造成女子轻伤以上的后果，因此可能构成故意伤害罪。

在壮族习惯法中抢婚不算是违法行为，由于壮族地区也由母氏社会向父氏社会转型的，对于过渡期女子的反抗，男子为了自身的繁衍以及压制女子的反抗，[1]遂对女子实施抢婚。在抢婚过程中还可能存在抢婚男子侵犯女子的权利比如婚姻自由权、人身自由权以及身体健康权等问题。

也正因为如此，直至今日，在许多壮族村落还保留着壮族女子在将要出嫁时"哭嫁"的习俗。"哭嫁"除了表达对父母的感恩和对兄弟姐妹甚至整个家庭的留恋之外，更多表达的是对于即将到来的婚姻的恐惧和害怕。这也是壮族习惯法长期以来遗留下来的抢婚习俗而造成的。

随着社会经济的发展，壮族村落再也不像以前那样与外界完全隔绝，有的壮族女子成人之后还到广东等发达沿海地区寻求新的生活。经过一段时间的都市生活，这些壮族女子的思想观念和生活方式已经发生了很大的变化。但壮族村落抢婚的遗风遗俗还是顽强地扎根了下来。因此，这些外出的女子思想上不再完全接受和认可抢婚的风俗，但逢年过节回到壮族村落之后还是难免会受到抢婚习俗的困扰，甚至苦不堪言。

因此，如果司法机关不管而任凭壮族习惯法抢婚风俗的发展，对于那些外出工作生活且在思想观念上已经不再完全接受抢婚的女子而言，是一种莫大的伤害。如果完全按照法律规定对抢婚男子进行处理，则又容易遭受壮族同胞的反对和抵制，不仅会使法律和司法权威受损，而且有可能引发壮族同胞暴力抗法而导致的社会安全隐患。为此，可以在抢婚中实施刑事和解，以使抢婚行为既得到接受，又不至于违反法律，从而消弭壮族习惯法抢婚制度与刑法冲突

---

[1] 正因为如此，壮族习惯法还要求女子出嫁之后"不落夫家"，一直到怀孕生育才正式落住夫家。

的风险。

2. 壮族习惯法抢婚制度之刑事和解改良

如前所言，抢婚属于壮族习惯法。因此，在短时间内予以完全消除不太可能。可以通过改良的方式，使抢婚行为既可以为女方接受，还不至于违反国家制定法：

首先，规定抢婚的前提条件。鉴于抢婚有可能会侵害女子的婚姻自由、人身自由和人身健康权，因此必须规定要以尊重女子的婚姻自由、人身自由和人身健康权为前提。比如，可以通过当地的派出所和壮族村委共同规定，在抢婚之前，原则上应征得女方的同意。在抢婚之后，男子不得强制限制女子的人身自由和对女子身体健康造成伤害以及强迫女子与其发生性关系。抢婚之前，可以通过对唱山歌的方式，来确定女子是否愿意与男子进一步发展成为夫妻。如果女子同意，则男子可以通过"抢婚"的仪式把女子娶回家，但在"抢婚"过程中不得使用暴力，不得强迫女子与其发生性关系，同时不得强制拘禁女子。

其次，在抢婚过程中，如果男子没能遵守上述条款的规定，构成犯罪的，可以通过刑事和解的方式解决。比如在"抢婚"过程中，不慎造成女子伤害或者由于冲动而强迫女子与其发生性关系的，在公检法介入过程中，应当提倡适用刑事和解。对于因为"抢婚"而不慎对女子的身体以及性方面的自由造成伤害的，可以通过男子向女子赔礼道歉、赔偿损失等方式取得女子的谅解。赔偿损失的标准应当根据当地的经济发展水平和对女子造成的伤害实际情况，进行制定。

最后，在实施"抢婚"过程中，如果强迫女子与其发生性关系或者造成女子伤害需负刑事责任的，应当在量刑上予以规范和更大幅度的从宽。根据我国对少数民族犯罪分子实施的"两少一宽"的民族刑事政策，壮族男子在实施壮族习惯法的"抢婚"过程中触犯故意伤害、强奸等犯罪的，应当对于触犯刑法的男子处以更大幅度的从宽。根据《刑法》第234条的规定，对于造成的一般伤害，处三年以下有期徒刑、拘役或者管制；致人重伤的，处三年以上十年以下有期徒刑。为了达到更大从宽幅度，可以通过司法解释或者广西壮族自治区人大变通司法解释的方式，对于在抢婚过程中实施了故意伤害或者强奸行为的男子，在其与女子达成刑事和解之后，对男子予以从宽处理。

（二）壮族习惯法通奸罪与刑事和解的融合

1. 壮族习惯法中的通奸罪

我国自古以来就有通奸罪。通奸是指"双方或一方已有配偶的男女自愿发生两性关系的行为"[1]。壮族习惯法规定，"发生通奸事情，如果被其丈夫发现，当场将两人打死无事。如果抓到奸夫则由原夫毒打，但并不进行罚款，而女方一般被送回娘家，不再合婚。"[2]从壮族习惯法关于通奸罪的处罚来看，壮族习惯法对于通奸者实施严厉的私刑，因此必须改良。

2. 壮族习惯法通奸罪刑事和解化改良

通奸罪自古以来就存在，说明通奸行为入罪有一定的合理性。但是通奸行为系双方自愿的行为，不宜规定为犯罪。因此，在新中国成立之后制定的第一部刑法中并没有将通奸行为规定为犯罪。直至如今，我国刑法都没有把通奸行为规定为犯罪。对于通奸行为最多认为是道德败坏和应当受到谴责的行为。但通奸行为在壮族习惯法中是要严惩的，而且在事实上，通奸行为给家庭造成的杀伤力是非常大的，给社会特别是给壮族地区的家庭婚姻稳定造成了特别大的破坏。为此，必须通过刑事和解等方式对壮族习惯法中的通奸罪进行刑事和解化改良。

第一，对实施通奸行为的奸夫未被原夫抓捕和毒打的，公安机关可以责令奸夫事后赔偿原夫的经济损失。由于在壮族习惯法中通奸行为被认为是犯罪行为，因此对于通奸行为的处理通常会涉及壮

---

[1] 张贤钰：《通奸罪的历史考察》，载《法学》1984年第10期。
[2] 高其才：《中国少数民族习惯法研究》，清华大学出版社2003年版，第177页。

族村落的社会稳定。因此，明知壮族习惯法把通奸行为作为犯罪而仍然实施通奸行为，小则容易引起壮族村落之间的群殴，大则容易引起命案。为此，为了维护社会的稳定和防止群体事件或者命案，公安机关可以介入。由于通奸行为在制定法中没有被规定为犯罪行为，因此检察院和法院不宜介入。

事实上，奸夫与有夫之妇实施通奸的行为，已经在精神给原夫造成了损失。根据民法侵权原理，奸夫也应当赔偿原夫所受到的损失。因此，公安机关可以通过做奸夫的思想工作，责令奸夫向原夫赔礼道歉、赔偿损失，以争取原夫的原谅。同时做原夫的思想工作，并向原夫家人及族人说明通奸行为在法律上并未被规定为犯罪，还要向原夫家人及族人说明如果私自报复奸夫需承担刑事责任，促使原夫及其家人和族人原谅奸夫。

第二，原夫如果当场打死奸夫和自己妻子的，公检法需要介入。公安机关需要介入立案侦查。不管在公安侦查阶段还是在审查起诉阶段或者是在审判阶段，都可以适用刑事和解的方式来处理。对于这种情形，司法机关需要给原夫做思想工作，促使原夫认识到自己按照壮族习惯法私自将奸夫和自己妻子当场打死的行为已经触犯了刑法的规定，构成了故意杀人罪，需要承担刑事责任。司法机关在依法处理原夫故意杀人案件的过程中，需要考虑到原夫发现奸夫与自己妻子通奸而当场将两人打死系壮族习惯法允许的行为这一因素。

换个角度思考，即使是因通奸而发生的一般命案，司法机关在处理的时候也需要考虑被害方的过错（即命案的引发系因奸夫过错引起的），从而在量刑时予以从宽处理，因此在壮族习惯法允许原夫将奸夫和妻子当场打死的情况下，更需要考虑奸夫的过错，而且在量刑上更应当予以从宽。同时动员原夫积极筹款赔偿经济损失给奸夫家属及妻子亲属。这有利于缓解原夫与奸夫家属以及妻子亲属之间的激烈对抗情绪，从而有利于修复与奸夫家属以及妻子亲属之间的关系。

对于在壮族聚居区因通奸引发的命案，考虑到壮族习惯法对于通奸罪处理的实际情况（即原夫当场发现奸夫和妻子通奸当场打死两人无事），除了积极促使双方当事人达成和解之外，还可以根据宪法赋予自治区域关于刑法变通执行的规定，通过司法解释的方式在量刑上予以更大幅度的从宽。

第三，如果打伤奸夫和妻子，只是造成轻微伤的，适宜通过刑事和解来解决。该种情形适宜在公安侦查阶段适用刑事和解解决。通过公安机关办案人员组织原夫与奸夫、妻子进行商谈，指出奸夫和妻子的错误，同时引导原夫赔偿奸夫与妻子的医疗费。同时对奸夫和妻子进行道德教育，说明他们的行为为人世间所不齿，为人伦道德所不允，并且为壮族习惯法所禁止。对于符合不立案条件的，公安机关可以不立案。

如果给奸夫造成重伤的，可以由公安办案人员组织双方尽量通过和解的方式解决。而且步骤还是由公安人员教育奸夫，指出与有夫之妇通奸是不道德的行为，同时也是壮族习惯法所不允许的行为。之后，对原夫进行法律教育和思想政治教育，说明打死打伤奸夫均是法律不允许的行为。同时进一步说明壮族习惯法规定通奸罪并且当场发现的允许原夫动用私刑的规定是与国家刑法相冲突的，而且也是一种落伍的、不文明的习惯法，应当予以摒弃。同时向原夫说明打伤奸夫的行为，除了构成故意犯罪之外，根据法律规定，原夫还应当赔偿奸夫的经济损失。同时劝导原夫放弃报复奸夫和谅解奸夫，给奸夫一个改过的机会。

这样，如果双方达成和解协议，公安机关在向检察院提起的起诉意见书中可以建议检察机关从宽处理。检察机关经审查认为符合不起诉条件的，可以作出不起诉决定。向法院提起公诉的，可以向法院提出从宽处理的建议。

法院应当给奸夫相对于普通故意伤害案件幅度更大的从宽。比如根据《关于常见犯罪的量刑指导意见（试行）》的规定，对于双方达成和解协议的案件，可考虑赔偿数额等情况减少基准刑50%以下，犯罪较轻的，可以减少基准刑50%以上或者免除处罚。

因此，对于壮族聚居区发生的故意伤害案件，如果系因壮族习惯法允许而引起的情形，为了减轻国家制定法对于壮族习惯法造成的毁灭性冲击和防止壮族民众对国家制定法的抵制，根据民族区域的法律变通执行权以及民族地区的刑事政策需要，可以通过司法解释的方式给予这类案件幅度更大的从宽。比如在司法解释规定的对于达成刑事和解从宽幅度的基础上，予以更大幅度的从宽处理。比如对于达成和解协议的，可考虑赔偿数额等情况减少基准刑 60%~80%，对于犯罪较轻的，可以减少基准刑的 80%以上或者免除处罚。

以上的刑事和解对于壮族习惯法的改良，是为了维护壮族聚居区民族团结和社会稳定，既顾及国家制定法的合法性，也考虑到壮族习惯法的实际情况，在触犯刑法的情况下，公检法可以介入。当前，壮族聚居区因为一些小的事件引发的动辄上千人之间的互殴等群体性恶性事件还是存在的。

因此，在处理这类事件或者案件的时候必须从维护壮族聚居区社会稳定的实质性需要出发，同时照顾壮族习惯法的现实性需要，根据中央"两少一宽"的民族刑事政策，充分利用国家赋予少数民族区域对于刑法等国家法律予以变通适用的立法权。广西壮族自治区人大常委会机关应当在调研的基础上，对于达成刑事和解案件中的行为被壮族习惯法认为是合法但触犯刑法的加害人，赋予司法机关更大的从宽处理的权力。

(三) 壮族习惯法强奸罪与刑事和解的融合

1. 壮族习惯法强奸罪

壮族习惯法对于强奸罪的处理，"强奸者要被女方的丈夫或家人纠合几十人前往他家杀牛、猪坐食，并视其家当加以罚款，交回款后才收队回家。有的地区是罚钱 3.6 元或 7.2 元或加倍，并做洗面子酒一席，事后又罚强奸者做公家工若干时间。有的还要求强奸者立服状。如果女方丈夫当场发现，强奸者被打死无事，只是罚款免收。若一犯再犯，即送官府监禁若干年，并打臀部 200~300 板。如这里犯那里犯，发现三件以上者处死。"[1]由此可见，壮族习惯法对于强奸罪的处理有三个特征：一是注重通过财产刑方式处理；二是允许动用肉刑的方式处理；三是允许动用私刑处死方式处理。

其中，适用财产刑的处理方式，与当代的刑事和解可以要求加害人赔偿被害人的经济损失和精神损失的原理相符。而动用私刑处死和动用肉刑的行为则是明显违反了刑法关于不得随意剥夺他人生命和不得侵犯他人身体健康的权利的规定。

2. 壮族习惯法强奸罪与刑事和解之衔接与融合

壮族习惯法关于强奸罪的处理有其合法和合理的一面，也存在不合法和不合理的另一面。因此，对于合法合理的一面可以予以保留，同时与刑法规定相衔接。而对于不合法和不合理的内容应进行刑事和解的改造，以使壮族习惯法关于强奸罪的处理与刑法规定的强奸罪的处理融合在一起。

首先是衔接问题。由于壮族习惯法强奸罪与刑法有衔接的地方，比如对于犯了强奸罪的人视其家当予以罚款与刑事和解赔偿经济损失是相衔接的。因此，在国家司法机关处理的时候，应当注意是否已经根据壮族习惯法关于强奸罪的规定对加害人进行了罚款或者杀牛、猪坐食。如果已经根据壮族习惯法对于强奸罪的规定实施了财产刑的，公检法机关在处理案件的时候，根据"一事不再罚"原理，在组织双方当事人进行刑事和解的过程中，对于加害人是否赔偿被害人的经济损失就需要根据实际情况作出决定。如果壮族习惯法动用财产刑已经足额赔偿了被害人的损失，司法机关在主持刑事和解的过程中，可以不再要求加害人赔偿被害人经济损失或者只是要求赔偿少量的经济损失；如果没有足额赔偿被害人的经济损失，则可以要求加害人补齐被害人的经济损失。

当然，由于强奸罪的被害人还可能受到精神创伤，如果双方自愿就精神损害赔偿达成协议的，应当允许。根据壮族习惯法对

---

[1] 高其才：《中国少数民族习惯法研究》，清华大学出版社2003年版，第175~176页。

于强奸者罚做公家工,不仅没有违法刑法的规定,而且与刑事和解关于可以要求加害人到社区从事公益劳动的提倡是可以衔接的。

其次是融合问题。对于壮族习惯法关于强奸罪的处理与刑法规定相左之处,可以通过刑事和解融合的方式处理。比如壮族习惯法对女方丈夫当场发现强奸者打死无事的规定与刑法规定相冲突,这时女方丈夫构成了故意杀人罪。公检法机关对女子丈夫打死强奸者而构成故意杀人罪的,可以通过刑事和解的方式来处理。其一,主持双方当事人进行和解时说明,虽然壮族习惯法规定打死强奸者无事,但是这却是刑法所不允许的行为;其二,强奸者的行为本身已经构成强奸罪,因此被害人对于本案的发生具有一定的过错;其三,壮族习惯法对于打死强奸者无事的规定是不符合法律规定的,打死强奸者也是不文明的行为和违反法律的行为,引导当事人在遵守壮族习惯法时也要注意同时要遵守法律。在刑事和解过程中,可以引导原夫向被害人家属赔礼道歉和赔偿损失,以及时化解双方之间的矛盾,否则会容易引起世仇和壮族村落之间的群殴。

最后是在量刑时予以更大幅度的从宽处理。根据《关于常见犯罪的量刑指导意见(试行)》的规定,同时结合少数民族刑事政策和民族地区关于立法权的规定,以及《刑法》第 90 条的规定,可以由广西壮族自治区人民代表大会根据壮族聚居区的政治、经济、文化的特点和刑法的基本原则,制定变通或者补充关于刑法对于因壮族习惯法认为打死强奸者无事而引起的故意杀人案件的量刑规定,报请全国人民代表大会常务委员会批准施行。

总之,笔者认为,通过制定变通或者补充规定,既遵守了法律,又考虑和顾及了壮族习惯法的相关规定,从而符合实际的需要。在对这类案件量刑时予以更大幅度的从宽处理,以真正体现少数民族刑事政策的精神,体现法律对于少数民族地区习惯法的尊重,同时又维护了法律的尊严。

(四) 加强刑事和解对壮族习惯法的引导功能

不管是因为什么原因引起的刑事案件，在壮族聚居区都应当通过刑事和解这一方式来教育、引导少数民族同胞向往文明，遵守法律，自觉摒弃不文明的、落后的以及与时代潮流相悖的壮族习惯法。同时，提倡和保留壮族习惯法中的一些符合时代潮流甚至能引领时代潮流的壮族习惯法。

首先，通过刑事和解这一平台，不仅使受到犯罪伤害的壮族同胞的合法权益得到快速修复，同时对于实施了违反刑法但符合壮族习惯法行为的壮族同胞予以更加宽大的处理，从而教育和威慑潜在的触犯刑法的壮族同胞。而且，刑事和解在壮族地区的适用，还可以促进壮族同胞与外界的交流，同时重视教育的作用。

其次，我们也需要在适用刑事和解的同时，加大对壮族寨老、族老以及一些调解员的培训力度，使他们在已经掌握了壮族习惯法的基础上，更加熟练地掌握国家法律特别是刑法和刑事诉讼法的规定，使他们在调解时更加自觉地遵守国家法律。这样，就可以通过他们主持的刑事和解，向广大壮族同胞进行法制宣传教育和国家法律普及。

最后，笔者认为，还需要注重对壮族政法干警的提拔和使用。随着刑事和解在壮族地区得到越来越普遍的应用，需要一些既懂法律又懂壮族语言以及壮族习惯法的壮族政法干警来主持，以拉近国家法与壮族同胞之间的距离，从而使刑事和解得以在壮族聚居区发挥更大的作用。随着壮族聚居区社会经济的迅猛发展，随着国家法律深入壮族同胞的心，将来刑事和解在壮族聚居区的适用，也可与其他地区适用的刑事和解实行统一的标准。

第二节 广西瑶族聚居区与苗族聚居区的刑事和解

广西是中国瑶族人口最多的省区，约占全国瑶族总人口的60%。广西的瑶族人口主要分布在金秀、恭城、都安、富川、巴马、大化等六个瑶族自治县。其中瑶族还分为布努瑶等分支。[1]在布努瑶的习惯法中，主要体现为各种禁忌。没有禁忌就没有行为秩序、思想秩序和社会秩序，禁忌对布努瑶来说是一种独特的文化符号和标志，发挥着警示、扼制、保护和惩罚功能。而习惯法则与禁忌不同，习惯法是由习惯、惯例演变而成，其本质特征是权威性、强制性和规范性。习惯法产生和适用于熟人社会，其实施不仅靠非国家组织或社会力量来加以维护，也靠人们内心的自愿以及对有违传统行为将遭非议的畏惧心理。

一、瑶族习惯法与瑶族地区的和解

(一) 瑶族习惯法

1. 瑶族习惯法的主要内容

瑶族将习惯法刻在石头上，也就形成了石牌律。瑶族民间对偷盗和杀人等行为极为憎恨，习惯法对于这些行为的处理也非常严厉，并制定了一些较为系统的法律。

关于瑶族刑事习惯法方面，在广西金秀，对于乱偷乱扯山中香草的，有人抓获，赏花红36元，如抓不到，用炮打死也可；山中香厂饮具被偷，见者抓获或用炮打死，赏花红36元；将杂粮、生菜偷窃者当场抓获，赏花红12元。[2]偷盗，如系偷盗瓜菜粮谷，又属初犯，则要退还原物，供酒饭招待主人表示道歉，如系严重则罚劳役，罚劳役的形式是修补主要的交通路线一段。对偷盗牛马者处分严厉，罚款五六十元半开，多至一二百元半开。对于入室盗窃者，按照损失计算外加罚款3倍。[3]对于故意杀人的行为，一律要被"吃人命"，杀死女性的要赔990元白银，而杀死男性只赔216元白银。发

---

〔1〕 参见《广西瑶族人口最多的县——都安瑶族自治县》，载广西壮族自治区人民政府网：http://www.gxzf.gov.cn/zjgx/gxzz/sh/201105/t20110524_323729.htm，最后访问日期：2015年4月7日。

〔2〕《广西通志·民俗志》，广西人民出版社1992年版，第212页。

〔3〕 参见刘坚：《石牌律——瑶族习惯法探析》，载《传承（学术理论版）》2008年第2期。

生杀人案件后,亲属、舅家齐集凶手家,中间人从中调解赔偿,如不愿赔偿,那就可能扩大为械斗。要赔人命钱、眼泪钱即死者亲属所流泪的赔偿、埋葬费即埋葬死者的费用、养命钱即死者亲属的抚恤费、火塘钱即吃人命案宰猪牛所用的费用等各项费用。[1]

此外,瑶族习惯法对于通奸行为的处罚也比较重。根据瑶族习惯法,"瑶族对与有夫之妇通奸的,捉到后,剥光通奸者的衣服游街,摇铃招众观看,捆缚两三天后释放,并罚款。"[2]

2. 瑶族纠纷的调处

在布努瑶的纠纷调处中,以广西都安瑶族自治县下坳乡加文村中存在的纠纷为例:

在加文村布努瑶中存在的各种纠纷大多数为丢失财物或责任山林被侵犯以及邻里摩擦。当发生偷盗、利益之争、相邻关系受到影响等是非争执时,就请村干部、寨老、族老或本村能人(主要是退休干部或公职人员)进行调解。调解主要有以下几种方式:

第一,干部调解。当遇到矛盾纠纷时,布努瑶普遍采取就地就近解决的方式。如发生纠纷所在峒有村干部就首选村干部,其次是村民组长。村委会干部调解纠纷的依据是:不与国家法产生冲突与矛盾时首选习惯法,反之则依据国家法。从而使纠纷的解决既限定在国家法允许的前提下,又不和当地的风俗习惯、道德观念等"地方性知识"相冲突。同时,以情理、风俗习惯、习惯法为依据还有利于纠纷的顺利解决,处理结果的执行也较容易,从而能达到双赢的效果。

村委会副主任蒙冠山办事干练、公道,有威望,能力强,不但其所在的加进组村民有事请他调解,其他18个村民组也留下了他调解的足迹,甚至夫妻发生口角,也要请他去主持公道。有这样的一个案例:"2000年12月13日,内加组王某某与蒙某某发生纠纷,推搡中,造成碰伤流血事件,受伤者脑后起了鸡蛋大的肿块,左边脸

―――――――
[1] 高其才:《中国少数民族习惯法研究》,清华大学出版社2003年版,第164~165页。
[2] 高其才:《中国少数民族习惯法研究》,清华大学出版社2003年版,第178页。

受伤流血。蒙冠山及时赶到调解,并与肇事者一起将伤者送到都安县人民医院检查治疗,及时化解了纠纷,避免了矛盾的升级。"[1]

第二,能人决断。这里的能人并非指一般意义上能人,而是特指具有较高文化程度的退休返乡干部、工人等国家公职人员,以及经常在外务工的劳务人员。也就是类似于理论界所说的"乡村精英"。由于这类人员所见的世面比较广,因此他们往往深谙国家法律和政策,他们的办事能力和威望甚至已经超越了一些"寨老"或者"瑶老"的威望。他们的决断力、公信力和权威性已被村民们普遍接受和认可,以至于村干部在解决疑难问题时,也会请他们参谋或者参与调解。例如,在 2000 年的时候,加图组进行土地调整,组里天天开会,各抒己见,但无法达成一致意见。"能人"罗朝阳一到场,针对当时存在的几种情况:有些家庭有女儿已嫁,但未转其户口又想保留其土地,还有些家庭超生又想多分土地,更有人不惜花钱买户口,按户口多占土地等问题发表了他的意见。最后大家都接受他的意见,土地问题才得以解决。[2]

第三,龙爸制度。在布努瑶,龙爸制,实际上就是寨老制、瑶老制。男的叫龙爸,女的叫龙妈,他们都是由德高望重、办事公道的老人所组成。每个组都需要有一个龙爸或龙妈,因为在有这样德高望重老人的峒场,很少有矛盾和争执的发生。

这些人类似于贺雪峰先生对于传统类型精英的定位——指那些以名望、地位、特定文化,乃至明确的自我意识为前提而形成的村庄精英。构成此类精英人物的条件,往往来自某种既定的身份和品质,以及他们个人对村庄事务的关心程度。[3]正因为如此,龙爸对

---

[1] 参见覃主元等:《贫困中的祥和:广西布努瑶社会经济文化变迁》,民族出版社 2007 年版,第 146 页。

[2] 参见覃主元等:《贫困中的祥和:广西布努瑶社会经济文化变迁》,民族出版社 2007 年版,第 148~149 页。

[3] 参见贺雪峰:《村庄精英与社区记忆:理解村庄性质的二维框架》,载社会科学辑刊 2000 年第 4 期。转引自覃主元等:《贫困中的祥和:广西布努瑶社会经济文化变迁》,民族出版社 2007 年版,第 147 页。

于一些邻里纠纷等都能很有效地进行调处和解决。

(二) 瑶族地区的刑事和解

在发生了违反瑶族习惯法、损害集体和他人利益的行为之后，瑶族习惯法首先要求违法者向受害人认错，如果当事人能够诚心向受害人认错，赔礼道歉，即使犯有较大的过错，也是可以大事化小、小事化无的，从而最终得到被害人的谅解，免于追究责任。如果有过错的人已经认错，而受害人还纠缠不放，横加指责甚至采取过激报复行为的，便会变有理为无理，受到公众的谴责。[1]

在瑶族习惯法中，赔礼道歉是经常使用的一种纠纷解决方式，主要体现为违反瑶族习惯法者向受害人和社群表示歉意、接受批评的一种处罚方式。比如在广西金秀瑶族自治县，几乎所有犯石牌、违反习惯法的行为都可以"以罚代刑"的方法解决，甚至杀害人命行为，如果凶手主动赔偿"人命钱"也可宽免其罪。在瑶族习惯法中，与罚款类似的还有罚酒、罚肉，通常是将酒肉办给全村寨人吃喝。[2]

其中，金秀瑶族习惯法中的"上门挂红"就是加害人向被害人赔礼道歉的一种做法。"赔礼者用量尺红布挂在对方大门的一角，放一串鞭炮，提一只鸡，打一个封包，走进对方屋里，作一番自我批评；对方则以酒肉相待，讲一些团结、友好的话，从此大事化小，小事化无……上门挂红，往往用于处罚'见不得人的事'，如偷盗、通奸（已婚者）、诬告、陷害等行为。"[3]瑶族习惯法对于杀人、偷盗等行为，一般由成员大会按全体一致的民主原则决定处罚方式。瑶族在处理纠纷过程中，通常采取劝解说服的方法，促成双方和

---

[1] 参见高其才:《瑶族刑事处罚习惯法初探》, 载《山东大学学报（哲学社会科学版）》2007年第4期。

[2] 参见高其才:《瑶族刑事处罚习惯法初探》, 载《山东大学学报（哲学社会科学版）》2007年第4期。

[3] 高其才:《瑶族刑事处罚习惯法初探》, 载《山东大学学报（哲学社会科学版）》2007年第4期。

解。[1]

有学者曾言:"达致刑法与民众需要之间恰当相容的最好方式,是在刑事法律的制定中认可和吸纳习惯法的有益资源。这是一种防止法律与生活相互疏离和脱节的根本办法。然而,我们无法保证,刑事法律的制定者一定会在立法时妥善地遵从民意和吸纳习惯法,并且,刑事法律具有稳定性,其一旦制定完成又不可能在短时期内再行更改。因此,作为一种救济,通过对刑事法律不断重述并赋予它传统的、习惯的内容,以保持其与道德、民俗的同步发展,便不失为一种恰当的补充机制。"[2]

当下在少数民族习惯法中,瑶族有"以罚代刑"式以及如果凶手主动赔偿被害人"人命钱"可宽恕其罪的和解方式,这些和解方式也许有时候与现有的法律制度"格格不入"。但这对于当今中国语境之下(大部分农村经济还比较落后,暴力犯罪的加害者和受害者经济状况都比较差),借鉴少数民族地区的和解适用范围,对于当今的刑事司法实践具有非常现实和积极的意义。换言之,我们不能一味地以公权力代表国家惩处加害者而使受害者的利益得不到及时维护。

(三) 瑶族习惯法与刑事和解的融合

瑶族习惯法与制定法有融合的一面,也有相冲突的另一面。比如瑶族习惯法对于乱偷扯山中香草的人实施抓捕,如抓不到,用炮打死也可。对于山中香厂饮具被偷,可用炮打死。这就造成瑶族习惯法与制定法相冲突。刑法禁止打死偷盗者。因此,司法机关在处理打死偷盗者时,应当通过刑事和解融合瑶族习惯法与刑法之间的冲突。比如尽量组织双方通过刑事和解的方式解决纠纷。在刑事和解过程中,教育双方当事人应当遵守国家法律。比如既不能偷东西,

---

[1] 参见高其才:《瑶族习惯法特点初探》,载《比较法研究》2006 年第 3 期。
[2] 杜宇:《重拾一种被放逐的知识传统——刑法视域中"习惯法"的初步考察》,北京大学出版社 2005 年版,第 190 页。

也不能擅自打死偷东西的人。同时，对于达成和解的案件，考虑到瑶族习惯法对于打死偷盗者无罪的实际情况，法院对于打死偷盗者应给予更大的从宽处理。这既有利于惩罚和威慑犯罪者，也有利于在瑶族地区普及法制教育，同时考虑到瑶族习惯法不认为打死偷盗者为犯罪的因素，以维护瑶族同胞对于习惯法的情感，且经过刑事和解慢慢纠正落后的、与时代不相符的以及与制定法相左的习惯法。

同理，对于国家制定法不认为是犯罪而瑶族习惯法认为是犯罪的通奸行为，由于瑶族习惯法对于通奸的男子实行剥光衣服游街，摇铃招众观看，捆绑两三天后始释放并罚款的处罚方式，这在制定法中有可能构成侮辱罪和非法拘禁罪等犯罪。因此，对于处理通奸行为，没有抓到奸夫的，应当动员奸夫赔偿经济损失给原夫；对于被抓和被游街以及被捆绑两三天而有可能造成侮辱罪和非法拘禁罪的，可以对当事人适用刑事和解，对双方当事人说明通奸是很不道德的行为，对通奸者进行批评。而对于执行处罚通奸行为者而构成侮辱罪和非法拘禁罪的人，则劝导他们与奸夫进行和解。通过和解，尽量对于因执行处罚通奸行为的人而构成侮辱罪和非法拘禁罪的人适用不起诉等方式处理。即使到了审判阶段，如果双方当事人达成和解协议了，也应当给予被告人更大幅度的从宽处罚，尽量判处缓刑或者免处等处理方式。

二、苗族习惯法与刑事和解

（一）苗族习惯法概述

苗族习惯法是苗族社会实际生活中人们最习惯用的，并实际起作用的法律规范。为了维护社会秩序和生产生活的顺利进行，苗族刑事习惯法规定对杀人、抢劫、伤害、盗窃、损坏财产、通奸和强奸等各种行为进行处罚。[1]

---

[1] 参见徐晓光主编：《中国少数民族法制史通史（苗族卷）》，中央民族大学出版社 2007 年版，第 136 页。

对于故意杀人行为，被害人的亲属可以血亲复仇，处死凶手甚至其直系亲属，并掳掠其全部财产赔偿死者的损失。如果是过失杀人的处罚没有那么严厉，一般只需赔偿命价或者负担安葬费了事。

对于抢劫者按照习惯法处以吊打，情节严重屡教不改者处死。[1]对于斗殴、伤害等行为，造成他人伤害的，由伤人者请酒赔礼和负担药费。

对于偷盗者，苗族习惯法予以严厉惩罚，轻者除批评退赃外，还罚一两斤酒作"请酒服理"，情节严重的还将被当众宣布逐出家族，听凭失主处理。有的地方如从江孔明地区对于惯偷者处以活埋。[2]对于强奸行为，苗族习惯法也是从严惩罚。若是外寨男子强奸了本寨的妇女或者是本寨男子强奸了外寨的妇女，强奸者不仅要受责，还受"羊酒服理"的处罚。未婚男子强奸已婚妇女的，如被捉获，对强奸者处以"裸体杖"，并罚"请酒服理"。[3]

对于通奸者，分别情节，有的被罚赔偿相奸者的丈夫几十两银子，如果是已婚男女通奸，被亲夫或族人抓获后，分别情节，或处罚或男女均受"裸体杖"处罚，并罚"请酒服理"。[4]

此外，需要特别提出的是，广西苗族还存在"罚3个100"的习惯法，即对于偷窃等违反习惯法的行为人交出肉、米、酒各100斤或120斤，亦称为"罚3个120"。

"调解制度是历史上延续下来的同时也是现代苗族习惯法最重要的诉讼制度，当地称为讲理。"[5]主持调解纠纷的一般叫作"理

---

[1] 吴大华：《民族法律文化散论》，民族出版社2004年版，第88页。
[2] 参见徐晓光主编：《中国少数民族法制史通史（苗族卷）》，中央民族大学出版社2007年版，第137~139页。
[3] 参见徐晓光主编：《中国少数民族法制史通史（苗族卷）》，中央民族大学出版社2007年版，第141页。
[4] 参见吴大华：《民族法律文化散论》，民族出版社2004年版，第86页。
[5] 周相卿：《黔东南雷山县三村苗族习惯法研究》，贵州人民出版社2006年版，第102页。

老"。[1]苗族理老在调处纠纷时,在处理一些故意杀人和故意伤害等重大案件的裁决时是非常谨慎,且他们裁决时大多引经据典,因此一经过理老作出判断,当事人双方都能和解,一方自觉理亏,往往也不再争辩了。[2]

随着苗族地区的经济社会的发展,对发生盗窃等案件之后与被害人达成和解的,司法机关也可以根据案情予以从宽处理。下面这起案件就是三个苗族被告人盗窃被害人财物且与被害人达成刑事和解之后,得到了刑事审判机关的从宽处理:

案例7-2-1:三被告人周某、赵某、唐某三人均为苗族人。三人于2013年至2014年8月5日间以非法占有为目的,采取秘密手段先后窃取他人财物,其中被告人周某参与盗窃四次,价值人民币40 158元,被告人赵某参与盗窃三次,价值人民币29 000元,被告人唐某参与盗窃二次,价值人民币23 418元,数额较大,其行为已构成盗窃罪,且三人均为共同犯罪的主犯。案发后被告人赵某、唐某积极赔偿被害人张某、管某、田某的部分经济损失且取得三被害人的谅解,可以从轻处罚。法院最终以三被告人犯盗窃罪,分别判处周某、赵某、唐某有期徒刑二年五个月、一年八个月、一年。[3]

从上面这个案例可以看出,在苗族聚居区,积极赔偿了被害人经济损失且取得被害人谅解的,可以从宽处理。由于该案中的被告人周某没有积极赔偿被害人的经济损失且没有得到被害人的谅解,司法机关对周某的量刑也比其他两个被告人重。当前,苗族聚居区还有相当多的刑事案件通过私下和解解决而不报官的案件,比如下

---

〔1〕 在苗族传统社会中,理老极受尊敬,他们精通古理古规,主持公道,办事认真,能言善辩。参见石朝江:《中国苗学》,贵州人民出版社1999年版,第147页。

〔2〕 参见徐晓光主编:《中国少数民族法制史通史(苗族卷)》,中央民族大学出版社2007年版,第80页。

〔3〕 参见裁判文书网: http://www. openlaw. cn/judgement/acf5a955c1ac410682a004124a314896? keyword=%E8%8B%97%E6%97%8F%E5%88%91%E4%BA%8B%E5%92%8C%E8%A7%A3,最后访问日期:2015年3月1日。

面这个案件就是如此：

案例 7-2-2：某年永乐镇某村青年甲和乙相约上山打猎。进山之后，甲与乙在分头围猎一头野猪的时候，甲误以为乙是猎物开枪将乙打死。因甲乙系表兄弟关系，甲家即向乙家送去牛羊和葬物，于是此案私了。

该案的法律，在苗族聚居区是一种出于本族文化而自然形成的习惯法，但是这样的习惯法与国家法存在冲突，因为对过失致人死亡的，苗族习惯法只需要赔付埋葬费或者赔命价了事。而国家法律规定，过失致人死亡行为属于公诉案件，需要按照法律程序和刑法的规定进行处理。但为了尽快恢复和平息近亲属之间的矛盾，苗族习惯法对于过失致人死亡规定了赔付埋葬费等的私了的处理方式。从矛盾处理、被害人得到一定经济弥补的角度而言，这是最具效率和经济性的，因此，笔者认为，该规定具有一定的合理性。

（二）苗族地区刑事和解

苗族习惯法为苗族地区刑事和解提供了可以充分利用的资源。换言之，苗族的某些习惯法和刑事和解的理念具有相通之处。比如前文提到的对于故意杀人行为，按照苗族习惯法，可以要求犯罪人赔偿被害者的全部经济损失；又如，对于过失杀人行为，可以只赔偿命价或者负担安葬费；再如，对于斗殴、伤害等行为，造成他人伤害的，由伤人者请酒赔礼和负担药费。对于偷盗者，轻者除批评退赃外，还罚一两斤酒作"请酒服理"。对于强奸行为，若是外寨男子强奸了本寨的妇女或者是本寨男子强奸了外寨的妇女，强奸者不仅要受责，还受"羊酒服理"的处罚。未婚男子强奸已婚妇女的，如被捉获，对强奸者处以"裸体杖"，并罚"请酒服理"。

其中，"罚3个100"的习惯法和刑事和解最为契合，在刑事司法中，可以直接加以适用。因为，司法实务部门在适用刑事和解过程中，如果经过了"罚3个100"的处理，并且得到了被害方的谅解，司法机关可以予以确认并从宽处理。当然，对于故意杀人、故意伤害、强奸等严重暴力性犯罪，如果已经按照苗族习惯法赔偿了被害人的经济损失，并且得到被害方的谅解和司法机关的确认，司法机关也可以对犯罪人从宽处理，避免"一事二罚"，从而使刑事和解在苗族地区广泛适用。

(三) 苗族地区刑事和解的完善

为了应对苗族聚居区的上述不足，需要从以下三个方面来完善：

首先，加强苗族自治地方的刑事和解等刑事法律制度的变通立法或者补充。苗族习惯法是苗族在长期的政治、经济和环境等条件下生活而形成的稳定的具有强制性的法规范，它具有相当的稳固性、封闭性和自足性。因此，它也具有天然的抵制外界如国家法律适用等带来的冲击和干扰的本能。

因此，苗族自治地方的立法机关就应该及时和深入地对苗族习惯法进行研究，对于适用和符合刑事和解的一些做法作出变通立法或者补充规定，使苗族一些好的习惯法可以为刑事和解所适用。比如苗族习惯法中的一些赔偿等可以化解当事人之间矛盾的习惯法，可以在刑事和解制度当中予以变通规定或者补偿，将加害人赔偿了被害人经济损失得到被害人谅解的苗族习惯法适用到刑事和解等刑事司法当中，以获取苗族同胞对于刑法等国家制定法的认同与遵守。

其次，加快发展苗族自治地方的教育、经济、政治和文化建设，以促进刑事和解在苗族地区得到很好发展。刑事和解非常注重通过心灵沟通与交流的方式来解决双方之间的纠纷，从而有利于建立更加宽容的人与人之间的关系，从而也更加有利于被害人的发展。而苗族习惯法当前还保留着血亲复仇的规定，这不但不利于矛盾的解决，也不利于宽容与悲悯等积极向上的人生态度在苗族同胞之中得到发展和享受。这些都是因为苗族自治地方没有较好的经济发展做后盾，没有积极参与到国家的政治建设当中，以及没有更加先进的文化引领有关。

为此，必须从苗族自治地方的教育、经济、政治以及文化等方面的大力发展入手,以提高苗族同胞的教育文化水平和生活水平以及参与国家管理建设等作为突破口,使得刑事和解在苗族地区得到更好的发展。

最后,加强苗族自治地方的苗族政法干部队伍建设,促进苗族地区苗族同胞之间以及苗族同胞与其他民族同胞之间的刑事和解。苗族自治地方也面临着苗族司法干部所占比例偏低的问题,不利于苗族同胞利用自己的语言与其他民族同胞进行刑事和解,也不利于刑事和解在苗族地区的发展。因此,应当加强苗族聚居区政法干部的培养。

三、小结

通过以上对于广西壮族习惯法与刑事和解、瑶族习惯法与刑事和解以及苗族习惯法与刑事和解制度的介绍,可以得知,广西少数民族地区刑事和解制度还是存在一定的合理性的。比如注重通过赔偿来化解社会矛盾,而且在量刑上予以从宽。此外,尤其重要的一点是广西民族地区刑事和解制度非常注重通过调解的方式来化解社会矛盾,而且调解人通常是族老或者寨老或者是德高望重的村主任等。在调处的过程中还出现了一些具有民族色彩的"神判"等调处方式。

在适用刑事和解的过程中,由于少数民族习惯法与制定法存在一定的冲突,主要表现为国家制定法认为是犯罪而少数民族习惯法不认为是犯罪的,比如壮族对于"放五海"的处理通常涉及侮辱被处理人的人格尊严甚至是伤害被处理人的身体,刑法规定这两种行为有可能构成侮辱罪或者故意伤害罪,但是壮族习惯法却认为这样的处理是天经地义的,这样的行为不构成犯罪。还有壮族认为"抢婚"习俗不是犯罪,而事实上在"抢婚"的过程当中有可能构成强奸罪、故意伤害罪或者非法拘禁罪等。对于这些行为,如果行为的社会危害性不是很严重,可以不认为是犯罪。

而对于国家制定法不认为是犯罪,而少数民族习惯法却认为是严重犯罪的行为,比如通奸行为,壮族习惯法认为是严重的犯罪行

第七章 少数民族地区的刑事和解

为，原夫当场发现奸夫与妻子实施通奸行为的，可以当场打死且无事。这又涉及另外一种罪行的认定问题，壮族习惯法认为原夫当场打死奸夫无事，不认为是犯罪，但刑法却认为这是一种严重的犯罪行为，已经构成了故意杀人罪，原夫需要承担故意杀人罪的刑事责任。

因此，为了做好这些地区和传统法下的刑事和解工作，首先，对于这些行为，国家司法机关在处理的过程中，可以给予更大幅度的从宽处理，在处理的过程中同时注重发挥刑事和解的作用。因此，"在国家制定法和民间法发生冲突时，不能公式化地强调以国家制定法来同化民间法，而是应当寻求国家制定法和民间法的相互妥协和合作。"[1]

其次，在少数民族地区，以某起事件比如山林土地纠纷或者水源纷争为导火索而引起的少数民族同胞之间的纷争甚至是群体性事件越来越多，由此而导致的刑事纠纷也越来越多。因此，在处理纷争的任何阶段，都应当注重发挥刑事和解的作用，尤其是注重发挥少数民族同胞政法干部的调解作用。及时切断少数民族同胞之间爆发的群体性事件的导火索，以维护少数民族地区的社会稳定。

再次，在这一过程中，还需要进一步发挥少数民族政法干部的法制普及以及引领作用。使少数民族地区民众逐步形成良好的规则意识，增强民族群众制定法的观念，加强民族地区刑事法治建设。因此，加强少数民族政法干警尤其是主持刑事和解的少数民族政法干警的培训教育显得尤为重要。

最后，需要我们将少数习惯法作为重要的法源，变通立法，制定适应民族地区实际的刑事法规范。[2]由于我国国土面积辽阔，民族众多，因此少数民族之间以及少数民族与汉族之间的风俗习惯等相差甚远，尤其是国家制定法与少数民族习惯法相差甚远。而少数民族习惯法是少数民族同胞长期以来在一定的地域进行生产生活而

---

[1] 朱苏力：《再论法律规避》，载《中外法学》1996年第4期。
[2] 王允武、李剑主编：《中国民族法学：理论与热点》，民族出版社2012年版，第315页。

形成的,具有一定的规范性和强制性,也具有一定的合理性,在国家统一集权大背景下相对于国家制定法姑且可以称为"小传统",而国家制定法可以称为"大传统"。

虽然"小传统"最好不要与大传统相冲突,但是国家制定法不可能囊括少数民族地区所出现的一些特殊情况,因此宪法和刑法均有关于民族自治地方变通适用法律的规定。但笔者深感遗憾的是,直至如今,少数民族地区尚无一例刑法的变通规定出台,这对于少数民族地区而言,无异于立法资源的一大浪费。[1]因此,我们应当通过完善刑事制定法,推进民族地区的变通立法,制定符合民族地区实际情况的刑事实体法规范以及刑事程序法规范,尤其是重视刑事和解在其中的契合与联接作用。

---

[1] 参见王允武、李剑主编:《中国民族法学:理论与热点》,民族出版社2012年版,第315页。

CONCLUSION 结 语
刑事和解制度的未来

刑事和解制度经过十多年的发展,其对刑事司法制度造成的"冲击波"不可谓不大。随着刑事和解制度不断的发展和完善,刑事和解制度的分流功能将进一步增强,刑事和解社区参与制度将日臻完善,刑事和解也可作为自由监禁刑的替代措施,这样刑事和解的人权保障与人道主义功能就会更加凸显。可以预见,刑事和解将具有更加美好且可付诸实现的愿景。

一、进一步发挥刑事和解制度的案件分流功能

随着刑罚轻缓化潮流向前发展和刑事和解制度越来越广泛的应用,对轻微刑事案件适用刑事和解从而使案件的分流功能得到进一步的发挥。当前,在刑事司法制度运转较为顺畅的美国等国家,大都是因为刑事司法制度的分流功能得到了充分的发挥,把一些轻微的、不必要通过正式程序进行定罪量刑的案件通过刑事和解处理的方式分流于正式的刑事司法制度之外。我国当前刑事司法系统在投入大量的人力物力和财力的情况下仍然运转不够顺畅,主要是由于我国刑事司法制度当中的分流功能还没有得到进一步的发挥,造成刑事司法系统长期超负荷运转且效果不佳。这主要源于我国检察院适用不起诉比率过低。从我国检察机关 2001 年至 2008 年不起诉率数据来看,我国检察机关的不起诉率一直徘徊在 2%~3% 之间,酌定

不起诉率更低。[1]酌定不起诉率的偏低影响了自由裁量权和审查起诉案件分流功能的发挥，这既不利于我国刑法上宽严相济刑事司法政策的实施，也不利于减轻大量轻微刑事案件给司法机关带来的沉重压力。当然，在侦查阶段的分流情势也不容乐观。因此，随着我国刑事和解的酌定不起诉和暂缓不起诉以及侦查阶段和解分流程序比如警察警告、被害人与加害人和解等和解分流制度的日臻完善，刑事和解案件的分流功能将得到进一步的发挥，刑罚将会进一步走向轻缓化。

二、进一步完善刑事和解社区参与制度

随着刑事和解制度所秉持的人权、人道、宽容以及互谅等现代刑事法治精神和人文精神得到大力弘扬，刑事和解社区参与制度将日臻完善。众所周知，所有国家管理事务由国家大揽特揽的效果并非最好，而刑事和解制度将会逐渐吸纳社区参与其中，将国家统揽的司法事务的职能分出一部分交给社区执行和管理，既体现了对人权的尊重和对人道主义精神的弘扬，还将更有利于在社区内部之间重新建立起信任、宽容与互谅的新型人际关系，从而使人们之间的刑事纠纷可以通过社区参与刑事和解方式来解决，让司法柔软的一面触及人的心灵和灵魂，有利于实现天理、国法和人情的和谐统一，有利于构建安全社区和文明社会。西方国家的刑事和解极力提倡社区参与，其效果有目共睹，已经为我们提供了可以借鉴的经验，随着我国经济社会不断向前发展和刑事和解制度的不断完善，刑事和解制度中社区参与制度的日臻完善将给人们带来更多的幸福感。

---

[1] 我国检察机关 2001 年至 2008 年不起诉率分别为 3.03%，3.13%，3.3%，2.31%，2.22%，0.82%，2.45%，2.74%。酌定不起诉率则显得更低。在 2003 年至 2007 年酌定不起诉率占不起诉率的 68.10%，但占所有案件的大概维持在 1.5% 左右，比如 2005 年我国酌定不起诉率为 1.49%。参见苑宁宁：《我国刑事公诉程序分流现状研究》，载《中国刑事法杂志》2012 年第 2 期。

三、刑事和解作为监禁刑的替代措施

传统刑事司法对犯罪的处理大都以监禁刑为主。行为人在监禁刑执行完毕之后，通常被认为已经履行了责任，监禁刑罚的执行已经达到矫正犯罪人的目的。不过，"监狱在减少、控制或预防犯罪方面的效果很小，美国的各种监狱中，不可思议的高累犯率使威慑和矫正不能作为监狱存在的正当理由和说明。犯罪人被监禁的时间越长，越有可能成为累犯。似乎超过六个月的刑期明显地增加了再犯和累犯的可能性。监狱是'犯罪工厂'或'犯罪学校'的说法并不是没有道理。"[1] 由此可见，至少从监狱的效果来看是值得怀疑的，监禁刑的适用并没有达到它的预期目的。

"刑罚对既往的物质损失和精神损失没有任何弥补价值，被害人和社区未能从犯罪人的责任履行中获得现实的权益，因此他们就不可能真正地原谅犯罪人，并接受他们回归社区中间。"[2] 而刑事和解则不一样。刑事和解认为犯罪是加害人对被害人的侵害，加害人不仅仅应负抽象的刑罚责任，还应当承担对被害人的具体责任，包括对于被害人所受精神损失的弥补和所受经济损失的赔偿，承担责任的方式主要包括非监禁刑的方式，比如对被害人真诚悔罪、赔礼道歉和赔偿损失，还包括通过对被害人履行劳务等方式，使被害人所受伤害得到充分的弥补。此外，作为社区当中的一员，加害人实施犯罪行为也对社区造成了伤害，使其与社区成员的关系产生了裂痕。为了得到社区的原谅，加害人还需要对社区履行其修复的责任，比如可以到社区进行无偿劳动。通过这样的方式，可以使刑事和解达到"惩罚"加害人的目的，还可以使加害人最终得到社区的原谅并最终回归社区之中。因此，可以预料在不远的将来，刑事和解可作为监禁刑的替代措施。

---

[1] D. Stanley Eitzen, Doug A. Timmer, *Criminology*, John Wiley & Sons, Inc, 1985, p.571.

[2] 杜宇：《刑事和解与传统刑事责任的理论》，载《法学研究》2009年第1期。

REFERENCE 参考文献

一、法规、文件类

1. 《中华人民共和国刑法》。
2. 《中华人民共和国刑事诉讼法》。
3. 《最高人民法院关于适用〈中华人民共和国刑事诉讼法〉的解释》。
4. 《人民检察院刑事诉讼规则》。
5. 《中华人民共和国监狱法》。
6. 北京市朝阳区人民检察院《轻伤害案件处理程序实施规则（试行）》。
7. 《北京市朝阳区人民检察院刑事和解暂行规定》。
8. 浙江省高级人民法院、浙江省人民检察院、浙江省公安厅联合发布《关于当前办理轻伤犯罪案件适用法律若干问题的意见》。
9. 上海市公安局、上海市检察院、上海市高级人民法院、上海市司法局联合发布《关于轻伤害案件委托人民调解的若干意见》。
10. 《浙江省人民检察院关于办理当事人达成和解的轻微刑事案件的规定（试行）》。
11. 《郑州市中级人民法院刑事和解、附带民事诉讼调解工作实施意见》。
12. 广西南宁市西乡塘区人民法院《刑事和解司法联动机制试点工作新闻发布会材料之刑事和解典型案例》。
13. 广西横县公检法司联合会签《关于加强办理当事人和解的公诉案件实施细则（试行）》。
14. 广西横县人民法院《横县人民法院开展刑事和解司法联动机制试点工作做法》。

15. 广西南宁市西乡塘区人民法院：《刑事和解司法联动机制试点工作新闻发布会材料之刑事和解典型案例》。
16. 《南宁市西乡塘区人民法院开展刑事和解司法联动机制试行工作总结》。
17. 《南宁市西乡塘区人民法院探索构建刑事和解司法联动机制的主要做法》。
18. 最高人民法院《关于印发对依法可不判处死刑案件全力做好附带民事调解工作典型案例的通知》。

二、专著类

1. 葛琳：《刑事和解研究》，中国人民公安大学出版社2008年版。
2. 武小凤：《冲突与对接——刑事和解刑法制度研究》，中国人民公安大学出版社2008年版。
3. 卞建林、王立主编：《刑事和解与程序分流》，中国人民公安大学出版社2010年版。
4. 王平主编：《恢复性司法论坛》（2006年卷），群众出版社2006年版。
5. 张鸿巍：《刑事被害人保护的理念、议题与趋势——以广西为实证分析》，武汉大学出版社2007年版。
6. 中国社会科学院法学博士后流动站主编：《中国社会科学院法学博士后论丛》（第六卷），中国社会科学出版社2010年版。
7. 梁根林主编：《刑法方法论》，北京大学出版社2006年版。
8. ［德］汉斯·约阿希姆·施奈德：《国际范围内的被害人》，许章润等译，中国人民公安大学出版社1992年版。
9. 劳东燕：《刑法基础的理论展开》，北京大学出版社2008年版。
10. 李桂林、徐爱国：《分析实证主义法学》，武汉大学出版社2000年版。
11. ［美］理查德·波斯纳：《法律的经济分析》，蒋兆康译，中国大百科全书出版社1997年版。
12. ［澳］约翰·布雷思韦特（John Braithwaite）：《犯罪、羞耻与重整》，王平、林乐鸣译，中国人民公安大学出版社2014年版。
13. ［美］D. 斯坦利·艾兹恩、杜格·A. 蒂默：《犯罪学》，谢正权等译，群众出版社1988年版。
14. ［意］贝卡利亚：《论犯罪与刑罚》，黄风译，中国法制出版社2005年版。
15. 张远煌：《犯罪学原理》（第二版），法律出版社2008年版。
16. 王平主编：《恢复性司法论坛》（2005年卷），群众出版社2005年版。

17. ［英］格里·约翰斯通（Gerry Johnstone）：《恢复性司法：理念、价值与争议》，郝方昉译，中国公安大学出版社 2011 年版。
18. ［比利时］洛德·沃尔格雷夫（Lode Walgrave）编：《法与恢复性司法》，郝方昉、王洁译，中国人民公安大学出版社 2011 年版。
19. ［意］安娜·迈什蒂茨（Anna Mestitz）、西蒙娜·盖蒂（Simona Ghetti）主编：《欧洲青少年犯罪被害人—加害人调解——15 国概览及比较》，林乐鸣等译，中国人民公安大学出版社 2012 年版。
20. 刘路阳：《中外刑事和解之辩》，中国检察出版社 2013 年版。
21. 吴立志：《恢复性司法基本理念研究》，中国政法大学出版社 2012 年版。
22. ［英］麦高伟、杰弗里·威尔逊主编：《英国刑事司法程序》，姚永吉等译，法律出版社 2003 年版。
23. ［英］格里·约翰斯通（Gerry Johnstone）、［美］丹尼斯·W. 范内斯（Daniel W. Van Ness）主编：《恢复性司法手册》，王平等译，中国人民公安大学出版社 2012 年版。
24. 刘金友：《附带民事诉讼的理论与实践》，中国展望出版社 1990 年版。
25. 孙瑜：《认罪案件审判程序研究》，对外贸易经济大学出版社 2012 年版。
26. 陈光中主编：《中国司法制度的基础理论专题研究》，北京大学出版社 2005 年版。
27. 张晋藩：《中国法制史》，高等教育出版社 2003 年版。
28. 华东政法大学法律史研究中心编：《法律史的世界》（中），法律出版社 2011 年版。
29. 张晋藩：《中国法制史》，中国政法大学出版社 2011 年版。
30. 赵晓耕主编：《中国近代法制史专题研究》，中国人民大学出版社 2009 年版。
31. 张晋藩主编：《中国法制史》，高等教育出版社 2007 年版。
32. 张晋藩主编：《中国司法制度史》，人民法院出版社 2004 年版。
33. 高铭暄、赵秉志编：《新中国刑法学研究 60 年》，中国人民公安大学出版社 2009 年版。
34. 张学仁主编：《香港法概论》，武汉大学出版社 1996 年版。
35. 赵国强：《澳门刑法总论》，澳门基金会出版社 1998 年版。
36. 邱庭彪：《澳门刑事诉讼法分论》，社会科学文献出版社 2012 年版。
37. 王平、何显兵、郝方昉：《理想主义的〈社区矫正法〉——学者建议稿及说明》，中国政法大学出版社 2012 年版。
38. 林晨彦、梁开天、郑彦生主编：《刑事诉讼法》（第二册），大追踪出版社 2010 年版。
39. 许春金等：《刑事政策与刑事司法》，三民书局 2011 年版。
40. 朱楠：《台湾检察官运用司法调解功能之剖析》，载《首届海峡两岸暨香港澳门司法高层论坛论文集》2011 年。
41. ［英］亨利·萨姆奈·梅因：《古代法》（二），高敏、瞿慧虹译，九州出版社 2007 年版。
42. 高鸿钧等主编：《英美法原论》（上），北京大学出版社 2013 年版。
43. 马静华等：《刑事和解理论基础与中国模式》，中国政法大学出版社 2011 年版。
44. 刘强主编：《各国（地区）社区矫正法规选编及评价》，中国人民公安大学出版社 2004 年版。
45. 王平主编：《恢复性司法论坛》（2007 年卷），中国检察出版社 2007 年版。
46. 杜宇：《"犯罪人—被害人和解"的制度设计与司法践行：以当代德国经验为中心》，载《和谐语境下的刑事和解学术研讨会论文集》2006 年。
47. ［法］卡斯东·斯特法尼等：《法国刑事诉讼法精义》，罗结珍译，中国政法大学出版社 1999 年版。
48. 《法国刑法典》，罗结珍译，中国人民公安大学出版社 1995 年版。
49. 《法国刑法典 法国刑事诉讼法典》，罗结珍译，国际文化出版社 1997 年版。
50. 《意大利刑法典》，黄风译，法律出版社 2007 年版。
51. 《西班牙刑法典》，潘灯译，张明楷、［厄瓜多尔］美娜审定，中国政法大学出版社 2004 年版。
52. 《俄罗斯联邦刑法典》，黄道秀译，北京大学出版社 2008 年版。
53. 《俄罗斯联邦刑事诉讼法典》，黄道秀译，中国人民公安大学出版社 2006 年版。
54. 晏立农编著：《图说古罗马文明》，吉林人民出版社 2009 年版。
55. 黄洪、万飞、陈实：《侦查阶段刑事和解问题的实证分析——以湖北省 J 县交通肇事案件为样本》，载《中国法学会刑事诉讼法学研究会 2008 年年会论文集》。
56. 宋英辉、袁金彪主编：《我国刑事和解的理论与实践》，北京大学出版社 2009 年版。

57. ［美］约翰·罗尔斯：《正义论》，何怀宏、何包钢、廖申白译，中国社会科学出版社2009年版。
58. ［英］洛克（John Locke）：《政府论》（下篇），叶启芳、瞿菊农译，商务印书馆1964年版。
59. 宋英辉主编：《刑事和解实证研究》，北京大学出版社2010年版。
60. 樊崇义、冯中华主编：《刑事起诉与不起诉制度研究》，中国人民公安大学出版社2007年版。
61. 朱孝清、莫洪宪、黄京平主编：《社会管理创新与刑法变革》（上卷），中国人民公安大学出版社2011年版。
62. 张建明主编：《社区矫正理论与实务》，中国人民公安大学出版社2008年版。
63. ［法］保罗·安塞尔：《新刑法理论》，卢建平译、高宣扬编，天地图书有限公司1990年版。
64. 中国社会科学院法学博士后流动站主编：《中国社会科学院法学博士后论丛》（第六卷）。
65. 王平：《中国监狱改革及其现代化》，中国方正出版社1999年版。
66. 王平主编：《社区矫正制度研究》，中国政法大学出版社2014年版。
67. 刘强主编：《社区矫正制度研究》，法律出版社2007年版。
68. 吴宗宪：《社区矫正比较研究》（下），中国人民大学出版社2011年版。
69. 潘国和：《监狱学基础理论》，上海大学出版社2000年版。
70. 广西壮族自治区编辑组、《中国少数民族社会历史调查资料丛刊》修订编辑委员会：《广西壮族社会历史调查》（二），民族出版社2009年版。
71. 方素梅：《近代壮族社会研究》，广西民族出版社2002年版。
72. 高其才：《中国少数民族习惯法研究》，清华大学出版社2003年版。
73. 李伟、潘忠宇：《民族伦理与社会和谐》，黄河出版传媒集团、宁夏人民出版社2014年版。
74. 徐晓光主编：《中国少数民族法制史通史（苗族卷）》，中央民族大学出版社2007年版。
75. 吴大华：《民族法律文化散论》，民族出版社2004年版。
76. 文新宇：《少数民族乡村治理的本土资源问题研究——以贵州苗族传统法文化为例》，贵州人民出版社2007年版。
77. 吴大华：《民族法律文化散论》，民族出版社2004年版。

78. 石朝江：《中国苗学》，贵州人民出版社 1999 年版。
79. 朱孝清、莫洪宪、黄京平主编：《社会管理创新与刑法变革》（上卷），中国人民公安大学出版社 2011 年版。
80. 费孝通：《乡土中国》，上海人民出版社 2007 年版。
81. ［意］恩里科·菲利：《犯罪社会学》，中国人民公安大学出版社 2004 年版。
82. 高其才：《中国少数民族习惯法研究》，清华大学出版社 2003 年版。
83. 乌丙安：《中国民俗学》，辽宁大学出版社 1985 年版。
84. 覃主元等：《贫困中的祥和：广西布努瑶社会经济文化变迁》，民族出版社 2007 年版。
85. 《广西通志·民俗志》，广西人民出版社 1992 年版。
86. 杜宇：《重拾一种被放逐的知识传统——刑法视域中"习惯法"的初步考察》，北京大学出版社 2005 年版。
87. 吴大华：《民族法律文化散论》，民族出版社 2004 年版。
88. 王允武、李剑主编：《中国民族法学：理论与热点》，民族出版社 2012 年版。
89. 周相卿：《黔东南雷山县三村苗族习惯法研究》，贵州人民出版社 2006 年版。

三、论文类

1. 陈光中：《刑事和解再探》，载《中国刑事法杂志》2010 年第 2 期。
2. 储槐植：《建立刑事一体化思想》，载《中外法学杂志》1989 年第 1 期。
3. 宋英辉等：《我国刑事和解实证分析》，载《中国法学》2008 年第 5 期。
4. 卞建林、封利强：《构建中国刑事和解的中国模式——以刑事谅解为基础》，载《政法论坛》2008 年第 6 期。
5. 刘凌梅：《西方国家刑事和解理论与实践介评》，载《现代法学杂志》2001 年的第 1 期。
6. 向朝阳、马静华：《刑事和解的价值构造及中国模式的构建》，载《中国法学》2003 年第 6 期。
7. 施鹏鹏：《刑事调解抑或刑事和解——与罗结珍教授商榷》，载《法国研究》2009 年 4 期。
8. 肖仕卫：《刑事法治的"第三领域"：中国刑事和解制度的结构定位与功能分析》，载《中外法学杂志》2007 年第 6 期。

9. 《法官员额制：上海模式与珠海横琴模式比较分析》，载 http://court.gmw.cn/html/article/201407/15/160570.shtml。

10. 许福生：《台湾犯罪被害人保护法之回顾与展望——以 2009 年扩大保护性侵害被害人为例》，载《亚洲家庭暴力与性侵害期刊》2010 年第 1 期。

11. 吴啟铮：《刑事被害人权利保护：国际司法准则与跨国法律框架》，载《中国刑事法杂志》2008 年第 6 期。

12. 陈瑞华：《刑事诉讼的私力合作模式——刑事和解在中国的兴起》，载《中国法学》2006 年第 5 期。

13. 罗春明、黄希庭：《宽恕的心理学研究》，载《心理科学进展》2004 年第 6 期。

14. 储槐植：《美国犯罪趋势和预防犯罪策略》，载《国外法学》1981 年第 2 期。

15. 李颖浩：《美国监狱床位已满》，载《看世界》2015 年第 4 期。

16. 许春金：《修复式正义的实践理念与途径——参与式刑事司法》，载《犯罪与刑事司法研究》2003 年第 1 期。

17. 许春金、陈玉书、黄政达：《调解制度中受调解人修复性影响因素之研究——修复式正义观点》，载《犯罪与刑事司法研究》2007 年第 9 期。

18. 曲新久：《论刑事附带民事诉讼中公权与私权的协调》，载《法学》2003 年第 8 期。

19. 陈瑞华：《刑事附带民事诉讼的三种模式》，载《法学研究》2009 年第 1 期。

20. 广东省佛山市中级人民法院课题组：《刑事附带民事诉讼案件审理与执行情况的调查报告》，载《法律适用》2008 年第 7 期。

21. 李艳华、潘爱仙：《论司法效益》，载《法商研究》1997 年第 3 期。

22. 曾士哲：《认罪协商制度于我国刑事诉讼实务之定位与检讨》，载《日新司法年刊》2014 年。

23. 王林平：《古代保辜制度与当代刑事和解》，载《中国司法》2014 年第 1 期。

24. 胡铭、张健：《转型与承续：民国时期的刑事和解——基于龙泉司法档案（1929—1949）的考察》，载《浙江大学学报（人文社会科学版）》2014 年第 1 期。

25. 李萘江：《恢复性司法理念下我国刑事和解制度的构建》，载《北京理工大学学报（社会科学版）》2010 年第 4 期。

26. 张健：《晚清民国时期刑事和解的第三领域——基于龙泉档案刑事案件官批民调制度的考察》，载《中国刑事法杂志》2013 年第 4 期。
27. 张健：《民国检察官的刑事和解及当代启示——以浙江龙泉司法档案为例》，载《中南大学学报（社会科学版）》2013 年第 5 期。
28. 贾宇：《陕甘宁边区刑事和解制度研究》，载《法律科学（西北政法大学学报）》2014 年第 6 期。
29. 杨庆文：《当代中国刑法史研究》，浙江大学 2005 年博士学位论文。
30. 曾友祥：《中国刑事和解价值之辩》，载《政法论坛》2011 年第 6 期。
31. 周长军：《刑事和解与量刑平衡》，载《法律适用》2010 年第 4 期。
33. 李红彬：《刑事和解入法后的现状与应对——以 Y 市中院和 10 个基层法院审理的 92 件一审判决书为样本的实证分析》，载《法律适用》2014 年第 4 期。
33. 《何谓调解？》，载香港和解中心：http://www.mediationcentre.org.hk/tc/services/Mediation.php。
34. 陈俊伊：《论澳门诉讼暂时中止制度以及对酌定不起诉的借鉴意义》，载《河北青年管理干部学院学报》2012 年第 4 期。
35. 刘建东：《台湾地区乡镇市调解制度考察及启示》，载《中国司法》2013 年第 2 期。
36. 孙维萍、邢鹏虎：《两岸刑事和解制度比较研究》，载《中国刑事法杂志》2010 年第 3 期。
37. 杜宇：《刑事和解与传统刑事责任的理论》，载《法学研究》2009 年第 1 期。
38. 胡铭：《论刑事和解的理念基础——浙江"枫桥经验"与美国 VOR 模式之比较》，载《浙江社会科学》2010 年第 9 期。
39. 李冠美：《香港未成年人刑事和解制度：康和服务》，载《中国社会工作》2013 年第 25 期。
40. 万毅：《刑事和解制度若干基本理论问题反思——以刑事诉讼"习惯法"为视角》，载《昆明理工大学学报（社会科学版）》2011 年第 1 期。
41. 张荆：《日本社区矫正"中途之家"建设及对我们的启示》，载《青少年犯罪问题》2011 年第 1 期。
42. 施鹏鹏：《法国刑事和解程序及其借鉴意义》，载《社会科学辑刊》2006 年第 6 期。

43. ［西班牙］胡塞-路易斯、德拉奎斯塔：《西班牙新的未成年人司法制度论纲》，喻贵英译，载《法学家》2006 年第 1 期。

44. 江苏省苏州市公安局课题组：《论公安机关刑事和解体系的构建》，载《公安研究》2011 年第 7 期。

45. 《横县公检法接力 促成一起故意伤害案和解》，载南宁新闻网：http://www.nnnews.net/zhengfa/201403/t20140325_644504.html。

46. 丁亚秋：《亲属间重伤害案刑事和解之适用》，载《法治论丛（上海政法学院学报）》2007 年第 6 期。

47. 尤莉：《苏州警方"刑事和解救助"模式领先全国》，载《江苏法制报》2014 年 1 月 7 日，第 1 版。

48. 冯仁强、谢梅英：《刑事和解"反悔"行为的认定与处理——兼议刑事和解协议的审查标准》，载《西南政法大学学报》2008 年第 2 期。

49. 罗陆海等：《累犯能否适用刑事和解程序》，载中国法院网：http://www.chinacourt.org/article/detail/2014/06/id/1312769.shtml。

50. 蒋志华、谷峰、王亚敏：《基于基尼系数分析的中国居民收入分配差距研究》，载《中国统计》2014 年第 7 期。

51. 郑震：《犯罪压力下的警力资源不足之探讨》，载《中国人民公安大学学报（社会科学版）》2008 年第 1 期。

52. 黄泽、杨康日、蒋鑫：《关于广东省公安机关刑事和解实践的实证研究》，载《广州市公安管理干部学院学报》2013 年第 4 期。

53. 《苏州发放首批刑事和解救助金》，载江苏法制报：http://jsfzb.xhby.net/html/2014-07/17/content_1065402.htm。

54. 郑震：《犯罪压力下的警力资源不足之探讨》，载《中国人民公安大学（社会科学版）》2008 年第 1 期。

55. 《内蒙古 1500 名社工专业毕业生仅 2% 干本行》，载腾讯教育：http://edu.qq.com/a/20150219/007350.htm。

56. 张帅：《委托专业机构调处涉外刑事和解案件：义乌创立刑事和解"国际范本"》，载《金华日报》2013 年 11 月 7 日，第 A02 版。

57. 《海淀院积极引导律师进行捕前刑事和解 成功化解社会矛盾》，载北京检察网：http://www.bjjc.gov.cn/bjoweb/minfo/view.jsp?DMKID=166&XXBH=12517。

58. 陈学志：《侦查监督工作中运用刑事和解的思考》，载《中国刑事法杂志》

2009 年第 5 期。

59. 《北海市银海区检察院对黄正远、邱福就等 11 人聚众斗殴作刑事和解相对不起诉》，载人民检察院案件信息公开网：http://www.ajxxgk.jcy.gov.cn/html/20140930/1/14676.html。

60. 张勇、顾文、林倩：《刑事和解中检察机关能动司法的制度选择——基于上海经验的实证研究》，载《政治与法律》2010 年第 11 期。

61. 北京市东城区人民检察院课题组：《北京市检察机关刑事和解实证研究——以轻伤害案件的处理为切入点》，载《和谐语境下的刑事和解学术研讨论文集》2006 年。

62. 黄京平：《刑事和解的政策性运行到法制化运行——以当事人和解的轻伤害案件为样本的分析》，载《中国法学》2013 年第 3 期。

63. 崔洁、肖水金：《江苏南京：将刑事和解引入刑事二审阶段》，载《检察日报》2013 年 11 月 5 日，第 2 版。

64. 刘静坤、周维平：《刑事和解二审基本规律研究——以某中级法院相关案例为样本的实证分析》，载《上海政法学院学报（法治论丛）》2012 年第 2 期。

65. 陈罗兰：《死刑案件刑事和解弊端及限制使用》，载《东方法学》2009 年第 3 期。

66. 陈慧女、卢鸿文：《性侵害被害人自我疗愈与对修复式正义的看法》，载《亚洲家庭暴力与性侵害期刊》2013 年第 1 期。

67. 《张某甲强奸罪一审刑事判决书》，载中国裁判文书网：http://www.court.gov.cn/zgcpwsw/zj/zjshzszjrmfy/fysrmfy/xs/201503/t20150325_7105324.htm。

68. 段忠桥：《当前中国的贫富差距为什么是不正义的？——基于马克思〈哥达纲领批判〉的相关论述》，载《中国人民大学学报》2013 年第 1 期。

69. 於苏云：《国内首例刑事和解救助协议昨在苏州签订》，载《扬子晚报》2014 年 7 月 10 日。

70. 王平、林乐鸣：《中国传统耻感文化对罪犯教育感化的影响极其现代启示》，载《中国刑事法杂志》2009 年第 10 期。

71. 戴艳玲、陈志海、司绍寒：《监狱恢复性司法实践路径研究》，载《中国司法》2014 年第 11 期。

72. 游春亮：《服刑人员用劳动所得赔偿被害人以修复受损社会关系——佛山监狱恢复性行刑调查》，载《法制日报》2008 年 5 月 12 日，第 2 版。

73. 《广西黎塘监狱一罪犯监狱内伤人领新刑》，载法制网：http://www.legaldaily.com.cn/index/content/2014-11/04/content_5832521.htm?node=20908。

74. 《狱内伤人只因冲动 刑事和解体现宽缓》，载湖北省荆州市江北地区人民检察院网站：http://www.dqjiangbei.jcy.gov.cn/yianshuofa/200904/t20090413_205906.html。

75. 岳世龙、王林平：《监狱罪犯伤害案件引入刑事和解制度初探》，载《中国司法》2010 年第 7 期。

76. 贾文宇：《假释制度研究》，中国政法大学 2008 年博士学位论文。

77. 杨玉林：《恢复性司法在改造罪犯中的作用》，载《中国监狱学刊》2006 年第 3 期。

78. 李冬妮：《亲情文化——中国问题的基本背景》，载《东南学术》2000 年第 4 期。

79. 周勇：《恢复性监狱初探》，载《犯罪与改造研究》2008 年第 12 期。

80. 覃主元：《壮族习惯法及其特征与功能》，载《贵州民族研究》2005 年第 3 期。

81. 陆艳：《论壮族习惯法与我国刑法的冲突与调适》，西南政法大学 2011 年硕士学位论文。

82. 梁庭望：《壮族教育的回顾和展望》，载《中国民族教育》1998 年第 6 期。

83. 向生平、成序：《民族自治地方刑法立法变通或补充探究》，载《中山大学学报论丛》2006 年第 7 期。

84. 苑宁宁：《我国刑事公诉程序分流现状研究》，载《中国刑事法杂志》2012 年第 2 期。

85. 冯象：《秋菊的困惑》，载《读书》1997 年 11 期。

86. 潘锡海：《"平和司法"的理论基础及实践探索》，载《人民检察》2006 年第 10 期。

87. 张荆：《日本社区矫正"中途之家"建设及对我们的启示》，载《青少年犯罪问题》2011 年第 11 期。

88. 吕亚芳、黄东坡：《少数民族聚居地区刑事和解探讨——以广西壮瑶聚居地为例》，载《新西部》2010 年第 11 期。

89. 周钧：《桂西北抢婚风俗起源及演化》，载《青年文学家》2012 年第 14 期。

90. 张贤钰：《通奸罪的历史考察》，载《法学》1984 年 10 期。

91. 高其才：《瑶族刑事处罚习惯法初探》，载《山东大学学报哲学社会科学版

（双月刊）》2007年第4期。

92. 高其才：《传承和弘扬：瑶族习惯法在人民调解中的运用——以广西金秀一起相邻排水纠纷的调解为例》，载《北京航空航天大学学报（社会科学版）》2012年第2期。

93. 朱苏力：《再论法律规避》，载《中外法学》1996年第4期。

四、外文文献

1. Claus Roxin, *Strafrecht Allgemeiner Teil*, 3 Aufl., Bd. I, C. H. Beck, 1997.

2. Rachel Alexandra Rossi, "Meet Me on Death Row: Post-Sentence Victim-Offender Mediation in Capital Case", *Pepperdine Dispute Resolution Law Journal*, Vol. 9: 1, 2008.

3. Stephen Schafer, *The Victim and Correcttional Theory, Integrating Victim Reparation with Offender Rehabiliation*, in Mcdonald, *Criminal Justice and the Victim*, Beverly Hills, 232 (1972).

4. D. Stanley Eitzen, Doug A. Timmer, *Criminology*, John Wiley & Sons, Inc, 1985.